여왕벌의 집

여왕벌의 집

초판 1쇄 인쇄 | 2024년 12월 27일
지은이 | 고성현
펴낸이 | 이재욱(필명:이승훈)
펴낸곳 | 해드림출판사
주 소 | 서울 영등포구 경인로82길 3-4(문래동1가 39)
　　　센터플러스빌딩 1004호(07371)
전 화 | 02-2612-5552
팩 스 | 02-2688-5568
E-mail | jlee5059@hanmail.net

등록번호　제2013-000076
등록일자　2008년 9월 29일

ISBN　979-11-5634-615-9

* 이 책은 전라남도와 전라남도문화재단의 지원을 받아 발간하였습니다.

오십 대 중후반이 되어 겨우 낸 용기

여왕벌의 집

고성현 수필집

해드림출판사

책머리에

삶의 여정을 기록하며, 여자의 내면을 들여다 보다

  사람이 사는 길은 하나가 아니다. 중요하다고 여기는 가치가 사람마다 다르다. 불확실성은 필연적으로 다양성을 끌어올 수밖에 없다. 그러므로 어떤 삶이 좋은 삶이라는 하나의 기준은 결코 있을 수 없다. 그러나 수많은 씨실과 날실과 공간과 시간 속에서 좋은 삶은 분명 있다. 더 좋은 삶을 사는 사람들이 있고, 더 좋은 삶을 위해 인격을 가다듬으며 성숙해지기 위해 전진하는 사람들이 있다. 더 좋은 삶을 향한 소망은 누구에게든 있다.

  자유로운 영혼은 매력 있다. 자유롭게 사는 것은 아름다우나 자유의 끝이 방종이어서는 곤란하다. 자유를 추구하되 책임과 인품을 가슴에 품는 삶이 인간적이다.

  이기주의와 개인주의는 확연히 다르다. 개인주의는 합리성과 선택과 책임에 더 가깝다. 이기주의는 타인을 이용 혹은 착취하며 책임보다 권리에 더 주목한다. 자신의 책임과 타인의 권리에는 의식과 감각이 더디다. 오랜 시간 이기주의

자와 나르시시스트와 인격이 온전히 형성되지 못한 사람들에 둘러싸여 살았다. 그런 만큼 힘에 부쳤고 부대꼈다.

이 글은 지극히 개인적인 기록이다. 그러나 삶은 어차피 개인적일 수밖에 없다. 비슷하게 보일지라도 구체적 삶은 각자 다르다. 집단주의 사고에서 개인주의 가치로 바뀌었을 뿐 아니라, 개인적인 것이 정치적인 사회에 접어든 지 오래다. 개인적인 삶이 사회적 상황과 동떨어지기도 어렵다. 삶은 당시의 사회상을 어느 정도 반영한다. 상당히 독특한 경험을 포함하지만, 기성세대의 가치관이 반영되어 있으며 온갖 이기적인 욕망이 곳곳에 투영되어 있다. 여러 등장인물의 품격이 표준에 미치지 못하지만, 이 또한 사람이 어떻게 살아야 하는가에 대한 화두와 단서가 될지 모른다.

이 글은 여성의 기록이다. 결혼은 여성을 제2의 세계로 안내한다. 결혼 전과는 확연히 다른 세계다. 결혼이라는 희망과 기대와 설렘 사이로 불안과 염려가 살며시 끼어들어 있다. 배우자와 자녀로 이루어진 가정이 결코 전부가 아니다. 제2의 부모와 형제가 같이 따라온다. 배우자는 한 명이지만, 배우자로 인해 따라온 가족이 감당하기 곤란할 만큼 어마어마한 경우가 더러 있다. 배우자가 가장 중요한 몫인 건 두말

할 여지가 없다. 문제는 배우자가 바로 서지 못하고 위태롭게 흔들릴 때다. 그 틈과 공간으로 배우자의 가족이 비집고 들어와 똬리를 트는 일이 드물지 않다. 그 가족은 찢어지고 부서진 상처에 거칠게 소금을 뿌리거나, 활활 타는 고통에 끊임없이 기름을 공급하는 야전사령부 역할을 할 수 있다. 부정적인 유교적 전통과 천박한 자본주의가 결합한 결과다. 가부장적인 전통과 물질만능이 만난 결과다. 옳고 그름을 분별하는 안목과 도울 수 있으면 돕고 도울 수 없으면 방해하지 않는 태도와 균형과 조화는 도외시하고, 오로지 지배하고자 하는 힘과 육체적 욕망이 결합한 폐해다.

그동안 자가 검열로 입을 꾹 닫았던 이야기를 이제 한다. 말로 하자면 영락없이 중언부언할 판이다. 글로 정리할 필요를 느낀 지 오래이나 십 년 후나 이십 년 후가 될 성싶었다. 사람 일을 어찌 알 수 있는가. 나중을 기약하기엔 너무 막연한 세월인 데다 기억력은 나날이 쇠퇴해가고 있다.

목록 혹은 어록을 적다 보니 두세 권으로 나누어 엮어야 할 것 같았다. 그러나 정리하기 위하여 들여다보는 일조차 무시로 보대꼈다. 기억을 떠올리는 것만으로도 행복하지 않다는 게 명백하므로 애초 계획에서 후퇴하여 한 권으로 마무리하려 한다. 이런저런 이야기는 어딘가에 녹아들거나 스며들어 차차 드러나게 마련일 터이다. 삼십 년이 넘는 시간 중 초기 십 년 동안에 이야기가 몰려 있다. 스물네 살부터 서른 중반까지 아로새겨진 사건들에다 굵직한 몇 가지 에피소드를 더했다. 아직 은퇴하지 않았으나 오십 대 중후반이 되어 겨우 낸 용기다. 두려움이 없는 것은 아니나 되도록 담백하게 이야기하자고 마음을 다독인다. 다만 반면교사로 삼을 느낌과 통찰이 남는다면 용기를 낸 보람이 있을 터이다.

  지속적으로 정성껏 책을 만들어준 해드림출판사 이승훈 대표께 마음 깊이 감사 인사를 올린다.

2024년 12월

고성현

차례

책머리에 | 삶의 여정을 기록하며,
　　　　　여자의 내면을 들여다 보다　4

PART 1　정들 새도 없이

전쟁과 평화	14
엄마와 딸들	23
첫 명절	30
좋은 여자와 착한 여자	40
동상이몽	48
모시	56
태풍	61
복 없는 년	67
감정 쓰레기통	74
저것은	82
연극배우처럼	87

PART 2　연대감 없이

두려움을 만나다	95
위세	101
엄마가 되다	110
안부를 여쭙는다는 것	115
백일잔치	121
연락이 오다	129
복덩이	135
등록금	141
만 원	145
오는 길 가는 길	152
2시간의 이별	156

PART 3　강을 건너다

새로운 만남	165
집을 팔다	170
단무지 한 개	179
작은아들 돌잔치	187
공들인 보람	193
회갑 잔치	200
큰며느리 감과 용돈	205
오지 마라	214
마늘 한 봉지	220
사돈들	228
할머니와의 작별	240

PART 4 인연의 강

막내 줄래?	251
개업	260
연을 끊다	269
병원 놀이할까?	278
골프	292
사라진 사람	298
퇴행성 고관절염 수술	306
두려움이 사라지다	316
말 한마디	327
효자로 등극하다	335
고춧가루	342
여왕벌의 집	351

PART 1

정들 새도 없이

전쟁과 평화

 한 사람의 삶이 일생 평온하고 평화로우면 좋으련만 그런 행운은 모든 사람에게 허락되지 않는다.
 사람은 누구나 자신만의 전쟁을 수행 중이다. 사람은 누구나 크든 작든 자신이 풀어야 하는 문제 하나씩은 가지고 산다. 뭐가 되었든 풀어야 할 과제 하나씩은 있다. 생존이든, 안전이든, 존중이든, 사랑이든, 명예든, 인정이든, 보살핌이든, 소속감이든, 어떤 열망이든, 지식과 지혜의 추구든, 그 무언가는 중요하다. 욕망과 열망은 끝이 없으므로 전쟁을 피하기는 어렵다.
 어떤 전쟁은 지옥이다. 마디마디 뼈가 바스러지고 피가 거꾸로 솟다가 마침내 마르고 심장이 타닥타닥 탄다. 어쩌면 지옥은 살아서 겪는 것인지도 모른다. 굳이 내세까지 가서 겪을 건 무언가. 현생에서 풀지 못하면 윤회하여 다시 맞닥뜨린다니 마냥 피하고 말 일도 아니건만. 지금 여기서 매듭을 풀라는 따뜻한 격려는 가슴에 닿지 못하고 흩어지고 만다. 들으나 알지 못하고, 알지 못하니 들은들 찰나조차 머물지 못한다.

가장 큰 전쟁은 자신의 내부에서 일어난다. 마음 안에는 여러 감정이 들쭉날쭉 소용돌이치기 일쑤다. 여러 가치가 부딪히고 여러 욕망이 충돌한다.

잘못한 사람은 대체로 자신의 내부로 빛을 비추지 못한다. 대체로 고통을 회피할 뿐만 아니라 책임감도 적다. 자신과 원가족의 결핍과 한계를 보기 위해서는 고통을 감내할 힘이 필요하다. 자신과 원가족의 결핍과 한계를 마주 보는 아픔을 감수해야 한다. 그 또한 피해자였기에 켜켜이 쌓인 슬픔을 마주하는 참담함은 견디기 어려운 일일 테다. 그렇기에 진즉 현명하게 그들로부터 안전거리를 두었어야 했다.

전쟁 같은 삶은 대체로 자신의 원가족의 영향을 받는다. 부모의 삶이 영향을 크게 미친다. 돈이 문제가 되거나, 불륜 혹은 애정사가 연관되거나, 가치관이 얽히거나, 습성이 다르기 때문이다. 부모보다 빠르게, 부모보다 더 농도 짙게 영향을 미치는 존재는 없다. 기질과 환경 모두에 절대적인 영향을 미친다. 그래서 그 부모를 배제하고 그 사람을 볼 수 없다. 특히 병리적인 사람이라면 더욱더 그렇다.

부모가 전쟁 당사자일 때 자녀가 입는 피해는 상당히 크다. 위협적인 상황이 발생하면 그 자리에 꼼짝 못 하고 얼어붙거나, 어디로든 안전한 곳으로 도망가서 피하거나, 맞서 대응하는 방식 중 하나를 택하게 된다. 부모가 전쟁을 치를 때 자녀들은 얼어붙거나 도망친다. 대응하기도 맞서기도 참전하기도 어렵다. 그 참혹한 전쟁에 자녀를 굳이 참전시키는 부모가 있다. 애써 부모가 끌어들이지 않더라도 자녀라는 이유만으로 부모의 전쟁에 무관할 수 없다. 어떤 형태든 개입될 수밖에 없다. 자동 참전 조약이 없더라도 전쟁터 한복판에서 수수방관이 가능키나 한가. 다만 부모가 적극적으로 전쟁터에 용병으로 끌어들여서는 안 된다. 이해력과 판단력이 양호한 잘 큰 자식과 잔뜩 겁먹고 웅크린 불쌍한 자식과 섣부른 행동이 어떤 파장을 몰고 올지 몰라서 전전긍긍하는 안타까운 자식이 있지 않은가. 얼어붙었던 지 도망갔던 지 간에 자녀들도 언제 어떤 식으로든 대가를 치르기 마련이다.

그는 멀쩡한 가정에서 자란 듯 보인다. 그 부모가 남들 앞에서는 즐겁고 유쾌하기 때문이다. 그러나 그 부모는 수시로 때때로 무시로 말로 형용하기 어려울 만큼 서로를 혐오하고 폄훼하고 모욕하기를 마다하지 않는다. 그는 매일매일 미움과 욕설과 모욕과 애정 욕구가 부딪히는 전쟁 같은 삶에 고스란히 노출됐다. 겹겹이 두껍게 쌓인 양가감정이 언제든 요동칠 준비가 되어 있는 불안하기 짝이 없는 사람이다.

남자가 쉰이 넘을 무렵 딴짓하다 들켰다. 여자는 고등학생이던 작은딸을 데리고 가서 상간녀를 흠씬 두들겨 패고 쥐어뜯어 놓았다. 남자는 죽는다며 약을 먹었지만 독한 약은 아니었던 모양이다. 어찌 되었건 그 후로 남자는 바깥 활동을 금지당했다. 여자의 요구는 집 안에만 있으라는 거다. 당연히 돈은 벌지 않아도 된다. 쉰둘 무렵에 남자는 사회활동을 접는다. 딸들과 아내가 추상같이 명령하니 집밖에 나갈 수 없다. 바깥 외출도 부부 동반 외출이거나 허락을 맡고 잠시 다녀오는 게 전부다. 남자는 그때부터 납작 엎드렸다. 남자가 아주 가끔 일 년에 한두 번 화를 내는 일이 있지만 그뿐이다. 남자는 아내의 눈초리에서 벗어날 수 없다. 틈틈이 아내가 여간하지 않다고 여기저기 하소연하다가 곧장 아내에게 맞장구치며 비위를 맞춘다. 엉거주춤 표면적인 평화는 아스라이 유지된다. 시간이 아무리 흘러도 남자에게 채워진 족쇄는 풀리지 않는다.

"나는 모르겠다. 나는 주는 밥이나 먹고 살다가 죽을란다."

남자는 삶의 푯대처럼 틈틈이 때때로 드문드문 가끔 어쩌다가 잊히지 않도록 그 말을 되풀이했다. 마치 항복 선언을 확인시켜주는 양, 자포자기를 확인하는 양, 무가치한 삶을 인정하는 양. 남자가 쉰둘 이후에 가장 많이 한 말이 그 말이다. 책임이나 의무 혹은 도덕으로부터 도망가고 싶을 때, 불리할 때나 난처할 때, 민망할 때나 괴로울 때도 '나는 모르겠다. 나는 주는 밥이나 먹고 살다가 죽을란다.'만 되뇌었다. 그 말이 어떤 이에게는 항복 선언 내지는 화해 신호로 들릴지 모르지만, 어떤 이들에게는 도무지 헤쳐 나올 수 없는 덤불이고 아무래도 넘을 수 없는 높디높은 벽을 확인하는 신호일 뿐이다.

여자는 세 살 때 엄마가 쫓겨났다고 한다. 생모는 여러모로 키워 준 엄마와 달랐다. 일찌감치 상실을 맛본 여자는 세 살부터 새엄마와 살았다. 새엄마는 미인이고 얌전했으며 점잖았다. 세 살부터 키웠으니 거의 키운 셈이건만 서운한 마음이 무시로 든다. 이복동생들은 아무래도 동질감이 덜하다. 결혼하고 다섯 남매를 낳았는데 큰딸이 어떻게 성공했는지 스물한두 살부터 연예인만큼이나 멋졌다. 때마침 공을 들였더니 영험한 능력까지 생긴 것 같다. 거침없는 여자는 입에서 나오는 대로 말했다. 혹자는 신기(神氣)가 들었다고 거들었다. 하늘 높은 줄 모르게 올라간 여자는 큰딸과 큰아들 외에는 누구라도 하찮다.

가장 화려한 날들을 보내며 풍선을 타고 하늘을 날듯 신이 오른 마당에 남편이 다른 여자 집에 드나든다는 말을 들었다. 결단코 그대로 둘 수 없다. 고등학생인 작은딸을 데리고 가서 흠씬 쥐어뜯어 놨다. 그래도 속이 후련치 않다. 아무래도 남자를 대문밖에 내놓을 수 없다. 여자는 여태 마음먹은 대로 하지 않은 바가 없다. 누가 그녀를 막을 수 있는가. 큰딸이 '생활비를 줄 테니 아빠는 밖에 나가지 말라'고 한다. 역시! 큰딸이다. 여자 마음을 알아주는 것은 딸뿐이다. 돈이야 성공한 큰딸이 줄 터이니 남자만 대문 밖으로 못 나가게 집안에 두고 살면 그만이다.

그렇게 단속하건만 여자는 남자를 믿을 수 없다. 때때로 수상하다. 여자는 평생 남자를 집안에 두고 있지만, 부아가 치밀 때마다 욕지거리가 앞뒤 없이 튀어나와 난장을 친다.

"나는 부잣집에서 커서 근다."

여자는 수시로 '나는 부잣집에서 커서 이러저러하다.'를 입에 달고 살았다. 추임새처럼 서두에 '부잣집에서 컸다'를 강조하며 말을 시작한다. 이 또한 범접할 수 없는 가시덩굴 울타리다. 간신히 얼굴만 보이게 가시넝쿨로 둘레를 두껍게 둘러친 보호막을 하고 사람을 대한다. 약한 나를 무시하지 말라는 호소가 아니다. 부잣집에서 넉넉하게 자란 자신을 우러러보라는 압박이다. 부잣집에서 자랐으니 그리 대하라는 명령이다.

환갑을 넘어가며 딸들은 그림자조차 볼 수 없다. 이십 년이

홀쩍 넘도록 딸들을 볼 수 없다. 인연을 끊은 딸이 있고, 가슴에 묻은 딸이 있고, 오래오래 기다리는 딸이 있다. 자기 앞가림도 아득한 큰아들이 있으나 어쩌랴. 오매불망 큰딸은 예나 지금이나 화폐에 버금가는 신앙이다.

여자가 삼십 오륙 년이 훌쩍 넘도록 남자를 대문밖에 내놓지 못한 것은 또다시 상실을 맛볼 수 없다는 절박함이었을까? 자식들을 희생하더라도 남자의 점유권만은 한 치도 양보할 수 없다는 이기심이었을까?

남자가 아내를 감당하기는 결코 쉬운 일이 아니라는 것은 분명하다. 아내가 어디 보통 여인인가. 신기(神氣)가 있는 듯 행세하고, 생사여탈권(生死與奪權)을 손안에 쥔 듯 호령하고, 남다른 세상을 사는 여인이 보통 여성은 아닌 것을. 남자는 수시로 때때로 누구라도 붙잡고 하소연했다. 하루에도 열두 번은 사는 게 힘들다고. 그렇더라도 남자가 바깥에 여인을 둔 행동은 모두를 불행하게 만들고 말았다. 사과도 복종도 어떤 것도 먹히지 않았다. 남은 평생이 다하도록. 남자는 다른 여성과 즐겁게 논 대가로 남은 인생을 대문 안에 갇히게 될 줄 알았을까? 멀쩡하게 사는 자식이 없는 상태로 돈 한 푼 벌지 못한 채 사십 년 가까이 살게 될 줄 알았을까? 일찌감치 일을 안 하고 한량같이 살았으니 이만하면 된 걸까?

통찰이 안 된다는 것은 스스로는 스트레스를 받지 않는다는 말이기도 하다. 전쟁이 길어지며 쏟아진 유탄들은 가까운 사람을 기꺼이 쓰러뜨리고 만다.

유전이든 모방이든 반복되는 반지성과 비도덕. 자신의 결핍과 한계를 모르고 성찰과 통찰이 되지 않으면 자신만 쓰러지는 게 아니다. 가장 가까운 사람들을 쓰러뜨린다. 가장 가깝고 소중한 사람에게 지속적인 상처를 입히면서도 고통을 보지 못하고 아픔을 듣지 못한다.

완벽한 삶은 없다. 마땅히 완전한 사람도 없다. 길고 긴 삶의 여정에서 흔들리며 걸어가고 흔들리며 나아갈 뿐이다.

누구나 평화를 바란다. 국지적인 전쟁이 없는 것은 아니나 전면전으로 치닫지 않도록 힘쓴다. 웬만한 사람은 파국을 원치 않는다. 공멸의 길로 치닫지 않으려고 한다. 모든 사람을 걸고 모든 인생을 걸어야 할 값어치의 여인은 없다. 삶이 없이, 생활이 없이, 오로지 쾌락만 공유하는 사이는 자기연민의 다른 이름일 뿐이다. 자기연민이자 자기애에 불과하다. 잠시 잠깐의 쾌락 뒤에 공허한 슬픔이 영혼을 갉아먹는 줄 모른다. 부모 자식은 물론 전 생애를 부정하면서까지 취할 타인은 없다. 음침한 어둠 속 타인이 뭐라고.

가장 큰 전쟁은 자신의 내부에서 일어난다. 전쟁이 불가피하다면 추저분한 전쟁은 홀로 치러야 한다. 추접지근하게 가족을 참전시키면 안 된다. 가족은 그들이 선택한 삶을 살게 두어야 하지 않은가. 사랑이든, 명예든, 보살핌이든, 소속감이든, 어떤 열망이든, 지식과 지혜의 추구든, 뭐든.

   평화는 인간다움을, 고귀함을 잊지 않으려고 애쓰는 사람에게 다가온다. 결핍과 한계를 마주 보지 않으면 평화는 아득히 멀다. 해가 서산에 가깝다. 요동치는 양가감정에 가만 귀 기울여도 좋을 시간이다.

엄마와 딸들

엄마는 딸이 일곱이다. 가장 예뻤다는 첫딸을 네댓 살에 잃었으니 낳은 딸은 여덟이지만, 출가하도록 다 키운 딸이 일곱이어서 칠 공주 엄마라 했다.

엄마는 몇 대 장손 맏며느리다. 동서 넷 모두 아들들을 세 명 이상 두었으니 가시방석 같은 시집살이를 했다. 할머니는 전형적인 남아선호를 신앙처럼 굳게 가졌고, 작은어머니들도 기세가 당당했다. 아들을 낳지 못한 엄마는 숱한 구박을 받았다. 아이를 낳아도 아무도 미역국을 끓이지 않았고, 쌀밥은 구경조차 할 수 없었다. 엄마는 세 번째 딸을 낳았을 때, 떡 한 석작(가는 대오리를 걸어 만든 이바지함)을 머리에 이고 친정으로 돌아가라는 할머니 명을 받았다. 효를 하늘처럼 여기던 아버지께서 목숨으로 막아서는 바람에 엄마는 재를 넘지 않고 딸들을 키울 수 있었다. 엄마는 아버지를 하늘처럼 공기처럼 산과 들처럼 구들방처럼 물처럼 숨처럼 사랑하고 의지했나. 아버지도 엄마를 분신처럼 아꼈으며 고마워하고 안쓰러워했다. 두 분 사이에는 큰소리도 없고 눈 흘김도 없었다. 두 분이 있는 공간과 시간은 평화롭고 고요했다. 쉰이 넘어가며 자꾸 몸이 아픈 아버지는 엄마를 더욱 안타까워했고 엄마는 아픈 아버지를 더욱 애달파했다.

엄마 나이 마흔일곱 되던 해, 큰딸이 스무 살이 되었는데 아버지 병세가 하루하루 짙어졌다. 가을 무렵, 선을 보고, 사주가 오가고, 편지가 오가고, 결혼 날짜가 잡혔다. 살아생전 큰사위를 보고 싶은 아버지 뜻이다. 당신께서 돌아가시면 집안에 남자 한 명 없이 엄마와 딸 일곱이 남을 것을 염려한 까닭이다. 외손만 있을 터이므로 아버지는 외손발복(外孫發福)할 터도 미리 잡아두고 당부를 아끼지 않았다. 아버지는 급격히 병세가 악화되어 큰딸의 결혼식에 참석하지 못했다. 결국, 삼사일 후에 있을 큰사위의 장인걸음(再行)조차 기다리지 못하고 운명의 끈을 놓았다.

엄마에게는 남은 딸 여섯 명을 무사히 키워서 출가시키는 것이 생의 과제로 부상했다. 아버지에 대한 의리를 지키며 자신에게 주어진 숙제를 마쳐야 하는 모범생 같다. 아무래도 가장이 안 계시니 사돈댁과 사위를 고를 처지가 못 되는 것이 기막히다. 다만 예쁘고 착한 딸들을 믿는다. 아버지의 흠 없는 자식으로 딸들을 명예롭게 출가시키기 위해 단속하고 염려하고 애를 태운다.

큰딸이 시집살이의 애로를 호소하면 동생들의 앞길을 생각해야 한다고 되레 애원했다. 물론 큰사위는 술 한 모금 하지 않고 성실하니 그만하면 양반이다. 작은딸은 동네에서 탐을 내니 못 이기는 척 결혼을 허락한다. 딸들이 차근차근 남자를 만나 결혼했다. 물론 양에 다 차지는 않는다. 아버지께서 살아계셨다면 사윗감도 보고, 사주도 보고, 사돈과 소통하고, 사돈 집안의 평판도 들으며 지혜롭게 결정할 터이나, 홀로 딸들을 성혼시키는 과정이 엄마에게는 여간 만만찮다.

딸이 일곱이라 하면 예비 안사돈이나 주선자가 조심스럽지만 아주 중요한 절차인 양 언니들의 결혼과 이혼을 물었다. 행여 한 명이라도 이혼한 언니가 있으면 결혼에 좋지 않은 영향을 미칠 판이다. 그러니 연대감처럼 딸들은 자신의 삶에 더욱 충실할 수밖에 없다. 어려운 고비가 있어도 자매들에게 피해를 주지 않아야 한다는 마음으로 힘겨운 고난을 참고 견딘다. 엄마의 성정이 그러하더니 딸들도 알게 모르게 엄마의 성정을 닮아갔다.

엄마는 딸들의 명예와 아버지의 명예가 자신에게 달린 듯 문을 단단히 걸어 잠그듯 지켰다. 엄마는 뜻밖에 여장부 소리를 들으면서도 오로지 딸들의 앞날을 생각했다. 아버지에 대한 사랑과 의리도 한몫했겠지만, 엄마로서 여성을 이긴 삶이었다.

 엄마와 자매들은 서로 연대한 것처럼 자신의 삶이 서로에게 영향을 미친다고 여겼다. 그리하여 때때로 삶이 뜻대로 흘러가지 않고 암초를 만난 듯, 거친 풍랑을 만난 듯 힘들어도 기꺼이 감당하고 감내했다. 유독 배우자가 가정적이지 않고, 시댁에 온갖 일이 들이닥쳐 그 풍랑이 높고, 그 암초가 커서 살아가는 일이 여간 만만치 않더라도.

 딸 일곱은 착실하게 가정을 꾸려 자식을 낳아 키우며, 자식에 남편에 시댁에 최선을 다하고 산다. 자신의 행실로 친정이나 자매들에게 누가 되지 않도록 베풀며 산다. 상식적이고 보편적이되 인정스러운 일상을 산다. 엄마와 아버지가 그러했듯 서로 위하며 산다. 그렇다 한들 엄마와 아버지만큼 따뜻하고 고요하며 아기자기한 사랑은 저만치 멀어 따라갈 수 없다. 딸들은 엄마를 닮아가고 사위들도 한두 명을 제외하고는 대체로 아버지 모습을 닮아간다. 아버지는 선비지만 따뜻했고 다정하지만 현명하여 현인군자 같았으니 아버지를 닮아가기란 그리 쉬운 일이 아니다. 그러함에도 형부들과 제부들 성품이 따뜻하고 다정하니 감사하고 다행스럽다.

어떤 여자도 스무 살이 넘은 딸 셋을 두었다. 어찌하여 남편과 헤어지고 술집에서 일하며 딸들을 키웠다. 여자는 술도 좋아하고 남자도 좋아하므로 술집 일이 썩 괜찮다. 술꾼들 비위도 제법 맞추고 농에도 곧잘 응한다. 먼 남쪽 나라 물색인 술집 여자는 남자와 논다. 여자는 남자의 내력을 모른다. 알 수도 없을뿐더러 알고 싶지 않다. 안다고 달라질 게 없다. 책임은 없고 드문드문 대접만 받으니 황홀하다. 마치 자신이 훌륭한 사람 같다. 가장 작은 차를 남이 타던 외제차로 바꾸어준다. 몇 달 못가 문을 닫고 말았지만, 작은 가게를 내는데 넉넉히 후원도 받는다. 그럴듯하다. 속은 어떨지언정 겉은 번지르르하다.

남자는 직장을 열댓 번 바꾸며 처자식이 굶어 죽지 않을 만큼 돌보다가 그나마 힘에 부쳐 도망쳤다. 시집살이와 가난과 정서적 학대와 경제적 유기와 방임과 방치는 모르는 단어다. 낳았을 뿐 거의 돌보지 않은 아들들은 아내가 있으니 무슨 상관이랴. 마흔셋에 수술한 다리가 쉰 즈음엔 꽤 멀쩡해진 것도 한 몫 단단히 했음은 물론이다.

놀 만큼 놀았을까? 남자가 문득 자식들에게 눈길이 간다. 남자가 자식들을 챙기기 시작한다. 오로지 살림하고 공부하고 일하며 자식들을 키운 조강지처(糟糠之妻)에게 애틋한 마음이 들었는지 모른다. 온갖 회한이 해일처럼 밀려왔는지 아니면 그냥 어쩌다 새삼 눈에 띈 건지는 모른다.

 남자가 자식들에게 돌아간 것을 알지만 여자는 남자를 놓을 마음이 없다. 쉰 줄에 든 여자는 여러모로 어둡다. 여자는 술집에서 일하던 솜씨로 남자를 잡는다. 어차피 남자는 돈도 넉넉하고 기분이 아주 좋을 때만 만난다. 여자는 조강지처가 기겁하든 말든, 서른 안팎이라는 아들들이 벼르든 말든 개의치 않는다. 남자가 오래된 여자 하나와 자식 셋을 어찌 못할까 싶다. 죄 없는 영혼들이 갈기갈기 참혹하게 찢기더라도 알 바 아니다. 천지 분간 못 하는 여자가 가정을 유린하든, 우롱하든 남자는 멍하다. 둘 다 도덕은 알지 못하고 염치는 안중에 없다.

 연어도 바다를 떠돌다 마지막 여정에는 귀향하고, 여우도 죽을 때 머리를 태어난 언덕 쪽으로 향한다고 한다. 머리카락이 희끗희끗해진 지 이미 오래지만, 약이 있고 차가 있으니 늙는 줄 모른다. 귀향은 까마득하다. 집도 모르고 자식도 모르니 혼탁하고 혼탁하다. 몸도 맘도 혼도 온전하게 보존할 리 없다.

 딸을 둔 엄마가 다르다. 엄마에 따라 딸들도 다르다. 엄마를 보고 딸이 자란다. 아버지와 딸들에게 고왔던 엄마를 보고 자랐으니 다행이다. 도덕과 상식과 인격을 갖춘 아버지와 엄마 밑에서 자란 것이 새삼 감사하고 감사하다.

첫 명절

 결혼은 다른 세계로 진입하는 문이다. 문을 열기 전까지 그 세계는 미지의 땅이다. 앞날에 펼쳐질 삶의 경작지가 황무지인지 옥토인지 밀림인지 보이지 않는다. 삶을 일굴 기반이 문전옥답이기를 소망하지 않는 이가 어디 있으랴. 모든 뜰이 문전옥답일 리 없기에 어른들과 친구들과 형제자매의 눈썰미를 무시할 수 없건만, 헛똑똑이들은 가끔 제 발에 걸려 넘어진다. 경작해본 후에 비로소 안다. 살아본 후에 겨우 안다. 보이는 게 전부가 아니었음을. 실체가 감추어진 경우도 드물지 않음을. 알려진 게 터무니없었음을, 때로는 요지경도 있다는 걸.
 결혼으로 생긴 가족이 배우자 한 명일 리 없다. 제2의 부모와 형제가 같이 따라온다. 배우자는 한 명인데, 배우자로 인해 따라온 가족이 한두 명이 아니다. 때로는 감당하기 곤란할 만큼 어마어마할 수 있다. 식구가 몇 명인지 헤아리는 숫자 얘기가 아니다. 규모의 크기를 언급하는 게 아니다. 자녀를 낳은 이후에도 여전히 시댁의 강력한 영향력 아래 머무는 경우도 더러 있다. 지금처럼 개인주의가 어느 정도 통용되는 사회가 아니다. 유교적 전통과 대가족중심의 집단주의가 주류이던 시대가 그리 오래전이 아니다.

결혼은 성장한 성인에게 허락된 법률적 제약이고 사회적 약속이다. 결혼을 두고 인륜지대사라 하지 않던가. 성인은 아이가 자라서 어른이 되었다는 의미다. 어른은 경제적 사회적 정서적 신체적으로 독립한 인격체에 적합한 칭호다. 부모에게 경제적 정서적 의존상태거나 지배당하는 사람은 아무리 나이를 먹어도 성인이라 칭하기 어렵다. 부모 형제와 분리되지 못한 성인을 어른이라 부르기 난감하다.

행복을 바라지 않고 결혼하는 사람은 없다. 헛똑똑이도 어리석지만은 않기에 희망과 기대와 설렘 사이로 불안과 염려가 살며시 끼어드는 걸 안다. 두 사람이 사랑 가득한 눈빛으로 오래오래 바라볼지 장담할 수 없음을 인정한다. 같은 방향으로 다정하게 걸어갈 수 있을지 확답하기 어려움을 수긍한다. 아름다움도 예쁨도 귀여움도 영원하지 않다는 것은 여실하다.

처음 어른들께 인사드리러 갔을 때 예사롭지 않은 분위기와 인상을 받았다. 아버님은 따뜻한 봄 이미지다. 며느리 사랑은 시아버지라 하더니, 역시다. 부드럽고 따뜻하게 환대했다. 그래서 그런지 푸근하다. 어른 이미지는 독특하다. 첫인상이 차갑다. 그리고 묘하다. 잠시 웃었지만 어색하다. 특이하게도 동남아시아 느낌이 강하게 나서 이국적이다. 여태 보던 우리나라 보편적인 여성의 얼굴이 아니다. 농촌에도 도시에도 어디에도 볼 수 없는 인상이다. 인자함이 없다. 따뜻하지 않다. 부드러움이 느껴지지 않는다. 동지섣달 냉기가 감도는 것 같다. 두 분이 서로 스며들어 평균치가 되면 다행일 텐데, 오월 봄바람과 동지섣달 찬 바람처럼 극과 극이다. 친정엄마도 같은 인상을 받았다.

"시아버지 될 어른은 괜찮다만, 어매 될 사람은 어쩐다냐. 우리나라 사람 같지도 않고 인상이 어째 저런다냐. 영 차고 냉허네. 니가 살아낼까 모르겄다. 저러면 힘든디. 큰일이네…."

사윗감이 맘에 든 게 아니다. 눈에 띄는 장애를 가져 군대에 다녀오지 않았고, 공부를 마친 것도 아니고, 일을 해본 것도 아니다. 안경 쓴 눈빛이 맑지 못하고 누르스름 탁해서 여간 마뜩잖은 게 아니다. 주위 모든 사람이 넷째 사윗감이 넷째 딸의 짝이라는 말에 하나같이 놀라워했다. 반기거나 축복하는 사람이 아무도 없다. 아무래도 염려가 앞서 말려보건만 사윗감이 다방 바닥에 한 시간이 넘도록 무릎을 꿇은 채 맹세하고 사정한다. 더구나 딸이 '착한 사람'이라며 고집을 부린다. 사윗감의 맹세보다 딸을 믿지만 무거운 숨이 가슴을 누른다. 성에는 반의반도 안 차는데 안사돈도 첩첩산중(疊疊山中)이다. 칠 남매의 맏며느리로 시집살이를 호되게 당한지라 딸이 겪게 될 일을 가늠했다. 엄마는 종내에는 화병이 도지고 말았다.

지인 중 누구 한 명 결혼에 찬성하지 않는다. 친구로 지내다 말란다. 그러나 시골 친구들이 소개한 사람이기에 이미 알려진 사이다. 그렇기에 누구 입에서인들 오르내릴 것이 여간 명예롭지 않다. 몸이 불편한 것은 마음이 불편한 것과는 다르기에 헤어짐의 충분한 이유가 되지 못한다. 대개 엄마 말에 순종했으나, 성인이 스스로 선택한 도리를 저버릴 수 없다. 첫사랑 아닌가. 그도 나도 스물셋 봄에 만나 가을이 오기 전에 처음 이성의 손을 잡았다.

그와 결혼하는 것이지 그의 부모님과 결혼하는 것은 아니라는 안일한 생각, 나에게 엄마가 소중하듯 그에게 부모님이 소중하다는 보편적인 생각, 내 엄마를 보기 위해 그의 부모님에게도 할 만큼 해야 한다는 현실적 셈법, 부모님이 정상분포를 넘어서지 않을 거라는 작은 믿음이 작용했다. 좋은 쪽으로 50% 안에 들면 좋겠지만, 독특한 극단에 있을 거라는 생각까지는 미치지 못했다.

그가 한 말 중 상당 부분이 거짓말이라는 것은 눈치를 챘지만, 거기까지는 상상하지 않았다. 너무나 많은 거짓말이 촘촘히 짜이고 틈틈이 스며들어 알 수 없었다.

처음부터 따로 살아야 마땅하나 경제적 독립을 못 했기 때문에 시댁에서 신혼살림을 시작했다. 첫 단추가 잘못 꿰졌다. 작은아들이 진단하기를 불행의 시발점이 이 지점이라고 한다. 맞다. 신혼이 없다. 둘이 알콩달콩 살기란 불가다. 억울함이 켜켜이 쌓이기 시작했을 뿐, 아름다운 나날이 즐거운 순간이 기쁨의 찰나가 극히 적다.

새벽 다섯 시면 어김없이 천수경이 흘러나왔다. 청각에 예민한 나는 새벽 꿀잠을 잃었다. 천수경은 테이프를 돌려가며 몇 번씩 튼다. 어른들 식사는 이른 아침부터 준비해야 한다. 쌀 씻어 밥 안치고 맑은국을 준비한 후에 예쁜 접시에 반찬을 각각 담아 식탁에 차린다. 시누이들은 느지막이 일어나므로 다시 접시에 반찬을 담아 식탁에 차린다. 그러느라 하루 다섯 번 식탁을 차리고 치우고 설거지를 반복한다. 막 앉기 시작한 육 개월 조카 기저귀를 빨아 삶고, 이유식을 먹이고 우유병을 소독하고, 하루 두 번 30분 혹은 1시간씩 업고 돌아다니다가 낮잠이 들면 살포시 잠자리에 누인다. 아무리 살포시 내려도 등에서 내리자마자 깰 때의 허망함과 난처함이란…. 조카가 돌이 될 무렵까지 반년은 족히 업어 재웠다.

청소와 일곱 식구 빨래가 다 맨손으로 해야 하는 일과다. 이게 무언가 싶다. 이게 결혼생활인가 싶다. 이게 사랑의 대가인가 싶다. 매일 시누이들 속옷까지 빨래하고 매번 물 한 컵까지 수발들면서, 조카 돌보는 일을 얼추 하는 날들이 무언가 싶다. 이러자고 서울에서 왔나 싶다. 그는 천진난만하게 즐거운데 나는 낯선 집에서 경험한 적 없는 사람들과 사는 삶이 만만치 않다. 불면증이 시작됐다. 몸은 천근만근인데 머리는 명료하여 잠들지 못한다. 그가 밤새 이를 뿌드득 갈아대니 불면증이 예사롭지 않다.

1992년 9월 10일, 두 달 만에 온 가족이 모인 첫 번째 명절을 맞았다. 송편을 빚고 열 가지 나물을 무치고 볶았다. 온갖 전을 부치고 씨알 굵은 생선을 굽고 쪘다. 상다리가 부러질 지경으로 차례를 준비한다. 차례나 제례는 집마다 다를 수 있어서 왈가왈부할 일은 아니더라도 고개가 갸웃하다. 친정이 몇 대 장손이어서 연중 기제사만 열세 위를 모셨기에 차례와 제례가 익숙하다. 큰집이 있고 부모님이 모두 계시니 딱히 조상을 모시기 위한 차례는 아니다. 누구를 위해 상다리가 휠 정도로 음식을 준비하는 건지 의문이 든다.

마당 장독대 위에 놔둔 생선을 고양이가 물고 가려고 하자,

아버님을 호되게 나무랐다. 아버님은 먼 산 바라기다. 남편은 잠들어 있다. 온통 어른의 지시와 명령과 짜증과 변덕이 거실과 주방을 넘나들었다.

남녘은 대체로 추석 전날 저녁에 차례를 올린다. 마침내 유식 준비가 끝나서 다섯 자식을 비롯하여 나와 큰사위까지 모두 거실에 모였다. 마지막으로 다섯 자식이 모두 모인 명절이었고, 처음으로 남의 자식 둘을 포함하여 가장 많은 식구가 모인 명절이다. 큰사위가 참석한 명절은 이날이 처음이자 마지막이었고, 작은사위나 막냇사위도 명절에 참석한 일이 불과 한두 번 혹은 서너 번에 그치고 말았다. 낮게 잡아도 족히 열댓 명은 넘었을 큰며느리 감도 명절에는 한 번을 함께 하지 않았기에 꾸준하게 명절에 참여한 자식은 작은아들 가족뿐이다. 그날 그 자리에 있던 사람 중 누가 마지막으로 다섯 남매가 모인 자리이자 명절이라고 상상이나 할 수 있었을까.

"나는 사람을 살릴 수도 있고, 죽일 수도 있다. 나를 가르칠 사람은 세상에 한 사람도 없고…."

어른이 이해할 수 없는 말을 한다. 말이 이어지지만 옳은 말은 한마디도 없다. 기이한 풍경이 펼쳐졌다.

'에이, 무슨 말을 그렇게 해요'라고 한마디 할 법도 한데, 누구 한 사람 입도 벙긋하지 않는다. 마치 폭군 앞에 복종하는 신민 같다. 어려서부터 세뇌되어왔을까? 이미 중독되었는지 얼어붙어 있다. 마치 벗어날 수 없는 포로들 같다. 평소에는 무질서하고 자유롭기 그지없는 자녀들이 꿈쩍하지 않는다.

합리적인 대화가 불가능했던 이유가 명확해졌다. 한글을 익힌 것 말고는 학교에 다닌 적 없던 어른은 이미 모든 것을 아는 경지에 이른 모양이다. 어른은 한번 말하면 그만이다. "그러냐?"는 단 한 번도 들어본 적 없고 "그럴 수도 있겠구나!"라는 말은 결코 들을 수 없다. 상황이 바뀌면 말을 바꾸거나 아무렇지 않게 거짓말을 하고 우기면 그만이다. 어른은 사람 목숨도 좌지우지할 수 있다고 공언한다. 사람을 살릴 수도 있고 죽일 수도 있다는 어른과 동조하듯 아무 말도 하지 않는 식구들이라니… 절망스러웠다. 어리석게도 내 발로 요지경에 걸어 들어갔구나 싶었다.

'요지경 속이구나…. 이 요지경 속에서 살아가야 한다니….'

추석날 큰집에 갔다. 할머니와 큰어머니와 아주버님들과 형님들이 무척 반긴다. 비로소 사람 사는 집에 온 느낌이다. 푸근하다. 아버님은 명절과 기제사에 늘 나와 아이들을 대동하고 큰집에 다녔다. 할머니와 큰어머니와 아주버님들은 늘 귀히 여기고 예뻐했다. 외가댁에서도 외할머니와 외숙모 외삼촌이 반긴다. 외삼촌은 수없이 "너희 어머니는 정말 싫다!"라고 고개를 가로저었다. 어른은 큰집에는 거의 발길을 끊었고, 외가에도 십 년에 한 번 갈까 말까 하는 외톨이 독불장군이다. 오로지 집에서만 큰소리치는 쉰 살의 여인. 그렇게 세상 무서울 게 없는 독불장군이 딱 쉰 살이다.

첫 명절은 모실 조상이 없어도 상다리가 휘어지게 차례상을 차리는, 손으로 만지기만 해도 '사람을 살릴 수도 있고 죽일 수도 있는' 비범한 자칭 타칭 도사님의 정체성을 확인한 날이다. 새벽마다 들려온 천수경이 '승공협회'라는 단체에서 받은 '약도사' 자격증과 무관하지 않은 의식이라는 것도 확연히 알았다.

나중에 보니 차례상은 임자 없는 세 위 제사를 모시기 때문이다. 그리하여 주인은 없는데 객만 있는 차례를 상다리가 휘어지게 지낸다. 어른의 지시와 짜증과 변덕과 호된 질책은 마땅히 상수다. 가끔 양푼을 주방 바닥에 힘껏 내동댕이치기도 한다. 게다가 무수한 사람들을 향한 욕설과 막말을 한다. 늘 나와 아이들을 시댁에 데려다 놓고 누가 부르든 부르면 나가는 남편은 함흥차사다. 일꾼을 데려다 놓고 돈까지 쓰면 그의 임무는 완벽하게 끝난다는 협정이라도 맺은 것 같다. 명절이며 임자 없는 기제사가 무에 그리 반가웠겠는가.

매번 짜증과 화와 변덕이 주방에 가득 차 음식을 준비하니 어떤 현고학생부군신위(顯考學生府君神位)인들 혹은 현비 ○○○씨유인신위(顯妣○○○氏孺人神位)인들 편히 앉았다가실까 싶다. 어떤 신위를 모시는지 알지 못하거니와 얼마나 오랜 신위인지도 알 수 없다. 다만 누구라도 머물기를 마다 할 것 같다. 공(供)을 들인다며 모시는 제사와 차례건만 아무래도 공이 될 리 없다.

다만 요지경 같은 집에서 군소리 없이 손발 놀려 허리 펼 새 없이 일한 세월이 무상하다. 이십 년이 넘고 삼십 년 넘게 차례와 제례를 지냈으면 조상님이 돌봐도 돌봐주련만, 임자 없는 객을 위한 차례와 제례를 지낸 까닭인지 조상님의 보살핌과 은덕을 느끼지 못한다. 비록 작은며느리라고 하지만 유일한 며느리로 그토록 오래 헌신했으면 누구의 은덕이든 있을 법도 하련만….

애들 아빠가 무슨 애를 먹여도 옳은 말과 바른 소리를 하는 사람이 없다. 누구보다 큰 힘이 되어 주셨던 할머님과 큰어머님은 돌아가신 지 오래고, 비록 왕래가 적었다지만, 외삼촌도 안 계신다. 어떤 상식조차 통하지 않으니 조상이라도 찾고 싶었던 걸까. 헛제사가 아니었으면 조상이 돌봐도 돌보지 않았을까 하는 아쉬움이 명절 끝에 남았나 보다.

산 인연이든 조상의 음덕이든 바른 기운이 아니면 무슨 소용인가 싶다.

좋은 여자와 착한 여자

　결혼은 부부가 중심이 되는 새로운 우주다. 부부를 중심으로 하나의 별이 탄생한다. 강력한 누군가가 그 별을 너무 가까이 끌어당겨 마침내 충돌하면 어느 별도 온전히 보전하지 못한다. 두 사람 중 한 사람이 밖으로 떠돌아도 별은 깨어지고 만다. 별은 끝내 빛을 잃는다.
　결혼은 인륜지대사라 여러모로 갖춰야 할 덕목이 많다. 한 사람의 개인적 성숙과 사회적 책임감은 결혼의 필수 전제다. 평생 한 사람을 사랑한다는 약속은 결코 가벼운 약속이 아니다. 이십 년이 지나고 삼십 년이 지나는 동안 어떤 일들을 겪고 무슨 도전을 받을 줄 아는가. 사랑을 배신하지 않겠다는 약속은 인내와 배려와 헌신으로 무던하게 꾸준하게 함께 머물겠다는 맹세를 담는다.

오로지 자신의 기분과 체면이 최우선인 사람에게는 평생 한 사람을 사랑하겠느냐는 혼인서약이 흔한 관용구에 지나지 않는다. 한 사람은 가슴에 맹세가 남았으나 한 사람은 머리카락 사이 귓전으로 스쳐 지나가고 만 것인가?

상대방이 어디에 맹세했는지는 살아봐야 안다. 사노라면 좋은 일만 이어지지 않는다. 행운이 줄곧 이어지면 행운이라 부르지 않는다. 행운이 지속되길 바라지만, 예기치 못한 돌풍을 만나고 상상보다 독한 현실을 마주하기도 한다.

어떤 인생이 줄곧 상승기류만 타는가. 상승기류만 타고 올라가면 어디까지 올라가는가. 이카로스의 날개를 달고 태양 가까이 다가갈 텐가. 태양이 지향점이라면 힘이든 사랑이든 권력이든 부귀영화든 좋은 것이 이상향일 텐데 태양 가까이 날아갈 수 없다. 인생 그래프는 상승하다가 하강하고, 하강하다가 다시 상승하며 오르락내리락하기 마련이다. 따뜻해지면 더워지고 더위가 절정을 지난 다음에는 시원해지다가 다시 추워지는 게 자연의 순리다. 사계절이 순환하듯 인생도 순환한다. 줄곧 상승기류만 타는 인생이 어디 있는가.

두 사람이 같이 걸어가도 때로 힘든 길이 결혼이다. 한 사람이 어디선가 헤매면 남은 사람은 그 몫까지 감당하며 몇 배의 고통과 고난을 겪을 수밖에 없다.

성숙과 책임이 스무 살에 미치지 못한 사람은 힘든 일은 배우자에게 떠맡기고, 기쁜 일은 가족과 나누지 않는다. 자신이 감당해야 할 몫까지 배우자에게 온통 짐 지우고 태초의 고통으로부터 도망친다. 엉겁결에 남은 사람은 온갖 낯선 시름에 시달리건만 멀찌감치 뛰쳐나온 사람은 즐거움과 기쁨을 찾아 방랑하며 희희낙락이다. 새로운 별을 만들지 못한 남자는 이상하고 독특한 별에 배우자를 남겨두고 태연하다. 사랑하고 믿으며 무던히 책임과 의무를 행하니 당연하게 여긴다. 염치없는 상황이 지속되니 미안한 마음도 옅어지고 고마운 마음도 얕아지고 말았던가. 이상한 세계에 떨궈놓고 기만하기를 마다하지 않는다. 남자는 가까스로 독립한 별에 대한 애착이 불안하고 흔들린다.

새로운 별이 된 가정을 강력하게 끌어당기는 사람은 대개 여성이다.

아름다운 가치인 효를 내세워 며느리를 억압하던 때가 그리 먼 얘기가 아니다. 가족 중심적이고 집단중심적인 사회였기에 결혼에서 시댁 어른이 차지하는 비중은 무척 컸다.

시집살이하느라 온전한 신혼은 되지 못했다. 서툰 살림살이 중 가장 어려운 것이 삼시 세끼 반찬 만드는 것과 국 끓이는 일이다.

"며느리를 보니 이제는 부엌에 들어가기 싫네."

이제 막 쉰 살인 어른이 대뜸 마실 온 이웃에게 툭 내뱉는다. 생각지 못한 말에 화들짝 놀라고 당황스럽다. 음식을 골고루 할 줄 모르고 입맛에 맞추기도 어렵다. 붉은 고춧가루 국물을 즐기지 않는 아버님 식성 때문에 그 흔한 김치찌개는 선택지에서 제외다. 건강에 해롭다며 조미료는 일절 쓰지 않으니 제약이 더 있는 부엌살림이다. 아버님 식성과 시누이들 입맛을 어찌 맞출지 까마득하다. 게다가 하루 세끼 다섯 번 밥상을 차리고 치우느라 부엌에 머무는 시간이 제법 길다.

빨래는 오로지 손으로 빨아야 한다. '세탁기로 하는 빨래는 더럽다.'라고 마다하니 할 수 없다. 행주 삶고 걸레 삶아 청소하고 빨래하고, 조카 기저귀는 빨래할 때마다 두 번씩 삶아야 한다. 한 번은 비눗물에 삶고 한 번은 헹궈 맑은 물에 삶는다. 비눗물이 독하니 한 번 더 맑은 물에 삶으란다. 종이 기저귀는 일체 사용할 수 없어서 외출할 때조차도 천 기저귀다. 기저귀 빨래 세 장이 쌓이니 '바로바로 빨지 않는다.'라는 짜증을 듣는다. 영락없는 가사도우미다.

그가 "좋은 여자 데려와서 효도하겠다."라고 약속했다고 한다. 부모님은 그 약속을 철석같이 믿고 좋아한 모양이다. 철없는 아들의 귀여운 약속을 바위에 아로새긴 언약처럼 믿은 것일까? 어른이 기대한 효도가 가사도우미처럼 온갖 집안일을 해내는 것이었을까?

"아이, 이거 삶아라. 아이, 저거 해라. 아이, 이거 빨아라. 아이, 저거⋯."로 이어지던 지시들이 영락없이 가사도우미에게 일을 시키는 것 같다. 딱 한 번 고용한 가사도우미가 한 달을 못 버티고 그만둔 적이 있단다. 사람을 어중간하게 부려본 경험이 입술에 손가락 끝에 남아서 며느리에게 향했다.

 좋은 사람과 배필이 되는 것은 부모가 바라는 바이며 기뻐할 일이다. 좋은 사람과 가정을 이루어 자식들 낳아 기르며 행복하게 사는 것이 효도라는 시각. 배우자가 부모를 봉양하며 기분이 언짢아지지 않게 살피면서 온갖 집안일을 부족하지 않게 하는 것은 물론, 물질적으로 정신적으로 끝없이 헌신하는 것이 효도라는 인식. 그가 막연히 알았던 효도는 후자다. 어른이 바라는 효도가 후자기 때문이다.

 그는 좋은 여자를 데려와서 효도를 맡기는 것으로 알았다. 안정적인 애착이 되지 않았거니와 양가감정이 상당하기에 효도를 대행해 주기를 바랐다. 의논 없이 덜컥 효도하겠다고 약속하는 무모함과 철없음이 지뢰가 군데군데 묻힌 결혼이 될 수밖에 없는 시작을 예고한 셈이다.

 효도하겠노라고 선언하고 결혼생활을 시작할 만큼 무모한 약속을 하는 사람이 어디 있는가. 모든 인간관계는 상대방이 있는 법이다. 겪어보지도 않은 채 효도하겠다는 선언부터 하고 며느리 역할을 시작하는 어리석은 성정으로 보았단 말인가.

 부모에게 사랑받고 은혜를 입으면 그 고마움에 저절로 존경과 감사가 따라올 일이다. 임신과 출산을 겪으며 아내로서 엄마로서 여성이라는 연대감을 느끼며 정이 더욱 듬뿍 들어갈 것이다. 모르는 사람이 내 아이를 예뻐해도 마음이 흐뭇한데, 부모님이 내 자녀를 예뻐하고 아껴주며, 내 남편도 여전히 사랑하면, 더 큰 가족이라는 연대감으로 더 큰 울타리를 느낄 것이다.

받은 사랑과 은혜 없이, 여성이라는 연대감도 없이, 더 큰 가족이라는 연대감도 없이 이십여 년을 삼십여 년을 효도할 재간이 있는가. 대를 이어 편애와 차별로 얼룩진 시간이 흘렀다. 오로지 의무와 책임만 철저히 요구받은 시간이 아름다울 리 없다.

오로지 본인 부모에 대한 효는 사소한 온갖 치다꺼리까지 도맡아 해내기 바라면서 배우자 부모에 대한 도리는 최소한의 기본조차 하지 않았다. 아무래도 셈이 불가하다. 한쪽 창고는 텅텅 비었고 한쪽 창고는 미어터져 쌓을 곳이 없다. 덕일까? 헛짓이었을까?

그도 머잖아 며느리를 볼 나이에 이르렀다. 며느리를 보게 될지, 며느리 근처에 가지 못하게 될지 아직 알 수 없다. 어쩌면 초대받지 못한 객이 되어 설 자리 앉을 자리조차 없을지 모르겠다. 설령 며느리를 보게 된다면 그는 며느리에게 어떤 효도를 바랄까?

하나의 별을 깨뜨리는 것은 한 명을 끌어당기는 것 이상이다. 어둡고 탁한 여자는 자신의 불행을 보상받기 위해 기꺼이 님의 가정을 유린한다.

천지 분간 못 하는 남자는 속절없이 루비콘강을 건넌다. 바깥 여자는 천륜을 도덕을 인륜을 알지 못한다. 오로지 자신의 잇속을 틈틈이 꼼꼼히 챙긴다. 불쌍한 척 사연을 팔고, 눈물을 팔고, 술을 팔고, 웃음을 팔고, 인생을 팔고, 몸도 팔고, 신기루 같은 꿈도 판다. 공짜는 없다. 이것저것 짚이는 대로 보이는 대로 걸리는 대로 다 판 여자는 남자가 주는 것이라면 약인지 독인지 개의치 않고 삼킨다. 남자는 여자에게서 뭔가를 취한 대가를 지불한다. 돈을 지불하고, 젊음을 지불하고, 인생을 지불하고, 명예를 지불하고, 양심을 지불하고, 평화를 지불하고, 미래를 지불한다. 그 무엇이든 대가를 지불하지 않을 방안은 없다. 두 사람은 팔고 사느라 남은 게 없다. 좋은 것은 하나도 남은 게 없다. 깎인 체면과 진이 빠진 육신으로 빛바랜 기억을 되새긴 들 언제까지 황홀할까.

생긴 대로 사연 팔이 한 대로 불쌍한 여자 지위에 오른 여자는 불현듯 착한 여자로 변신하는 기염을 토하기까지 한다.

배우자에게는 끝없는 효도를 요구하고 희생과 헌신만 강요하다가 천 개 중 하나라도 만 개 중 하나라도 성에 차지 않으면 나쁜 여자라 하고, 오로지 놀던 여자는 웃기만 해도 착한 여자라 한다. 의무와 책임 없이 귀한 대접만 받으니 여자가 마음 상할 일은 없다. 밖에서 겨울을 난 종려나무 이파리처럼 상한 여자는 뜻밖의 훌륭한 대접에 웃을 일이 천지다. 가족에게는 삼십 년이 넘도록 자장면 한 그릇 안 사던 남자가 스물이 넘은 딸 셋을 둔 노는 여자에게는 온갖 진미를 대접하며 아양을 떤다. 때때로 불쑥불쑥 큼직하게 내주며 환심을 산다. 그래놓고 어찌하여 공허하다 했는가.

  착한 여자는 좋은 남자가 안다. 나쁜 남자는 여자 자체를 모를 뿐 아니라, 좋은 여자를 나쁜 여자라 하고 나쁜 여자를 착한 여자라 한다. 비슷한 사람끼리 끼리끼리 노는 줄 모른 게다.

동상이몽

결혼으로 맺은 인연은 결코 가벼운 인연이 아니다. 공간과 시간을 그보다 많이 보내는 인연이 없다.

어떤 결핍이 서로를 끌어당겼든, 우연히 그 시간 그 자리에 있어서 만나게 되었든, 신의 장난이든, 도무지 이성으로 설명할 수 없는 아이러니든, 전생의 업이든, 결혼으로 맺어진 인연이 가벼운 인연일 리 없다.

십 년, 이십 년, 삼십 년 흐르는 시간 속에서 세상 누구보다 독하게 변질될 수 있는 사이가 부부 사이다. 부모 자식보다 친밀해서 한 치의 틈도 허하지 않던 사람이 고약한 악연으로 돌아서는 일이 일어난다. 어쩌다 들이닥친 비극이었을까? 애당초 비극과 파멸의 씨앗을 품은 채 시작한 여정이었을까?

나는 가난과 아버지를 일찍 여읜 바람에 대학교에 진학하지 못한 것이 핸디캡이었다. 처음에는 나의 결핍이 태산처럼 크게 느껴졌다. 다만 나의 약점은 내가 잘못한 결과가 아니라 환경에서의 제약이었으니 엇비슷하게 봐주길 바랐다.

그는 "대학에 보내주겠다. 고생시키지 않겠다." 약속했다. 그 약속을 믿을 만큼 어리석거나 순진하지는 않다. 그러나 '대학에 보내주겠다'라는 말은 마음을 끌었다. 비록 그 약속이 지켜지지 않을지라도…. '아픈 마음을 알아주니 좋은 사람이다.' 싶었다. 맹세코 전 생애를 거쳐 가장 아픈 구석은 공부를 접어야만 했던 처지다. 엄마와 동생들을 외면할 수 없었지만 가장 아픈 대목이란 건 명백하고 확실하다.

삶이 만만찮을 가능성은 존재했다. 좋은 쪽으로 보면 친구처럼 평화롭게 다정하게 살 것 같고, 불리한 쪽으로 보면 여태까지의 삶은 전초전에도 미치지 못하리라 짐작했다. 나는 서민으로도 귀족으로도 살 수 있노라 했다. 그는 그 말의 의미를 전혀 알지 못했다.

서로 핸디캡이 있으니 서로 이해하고 서로 아껴주며 사랑하며 살기 바랐다. 서로 존중하자는 동맹, 서로 이해하자는 양해각서, 서로 사랑하자는 맹세. 그게 내가 그에게 기대한 결혼의 기본 모양새다. 『논어』와 『맹자』, 『내훈』과 『명심보감』, 『채근담』 등을 쓰면서 읽었기에, 화무십일홍(花無十日

紅)을 알기에 비록 빛이 낡아지고 흐려지더라도 큰 틀은 그러하기를 바랐다.

그는 여러모로 어렸다. 나이는 동갑이지만 살아온 여성은 아주 달랐다. 일찍이 농사일을 돕고 사회생활을 한 나와 달리, 그는 넉넉한 용돈으로 공부만 했음에도 대학진학을 못하고 있었다. 그러다 보니 노량진 학원가에서 몇 년을 지냈을 뿐 사회생활 경험 자체가 없다. 그저 넉넉한 용돈으로 두루두루 인심을 쓰며 지낸 모양이었다.

그는 신체적 핸디캡과 공부에서의 실패감과 복잡한 부모형제를 두고 있었다. 높다란 장벽 같던 나의 결핍 못지않게 그의 결핍 또한 산더미 같다. 그는 눈에 띌 수밖에 없는 핸디캡을 모르는 척해주기를 바랐다. 한번은 용기 내어 물어보니 양말을 벗어가며 발바닥을 보여준다. 마침 생긴 종기가 덧나 아프므로 절뚝거릴 수밖에 없단다. 무슨 수로도 감출 수 없지만 드러내고 싶어 하지 않으므로 굳이 아는 체하지 않는다. 오수를 한 것도 별말 안 한다. 공부하는데, 거의 지원을 받지 못한 나는 부러움이 더 컸다. 그런 지원은 고사하고 최소한의 권리라도 누릴 수 있었다면 내 삶은 아주 많이 달라졌을 것이다. 그토록 참으며 견디며 받들며 처신하지 않아도 됐을 터이다. 내 몸 하나와 내 자식은 건사할 힘을 갖추고도 남지 않았을까?

깊이와 폭을 알 수 없는 가정사는 겉이 번지르르하므로 짐작조차 하지 못했다. 그는 부모에게 효도할 여성, 자식을 영재 혹은 수재로 키울 지능이 좋은 여성, 그러면서 항상 예쁜 여성을 배우자로 두고 싶었던 모양이다. 솔직하게 말을 한 것도 아니기에 나중에야 뒤통수 맞듯 그의 열망을 알게 되곤 했다.

그의 두 번째 열망 혹은 기대는 열등감에 대한 보상이다. 그는 갓 중학생이 된 아들에게 폭주했다.

"기말시험에 성적을 올리지 못하면 너희 엄마랑 이혼할 줄 알아라."

아무리 실망이 컸다고 한들 말이 지나치다. 거칠다 못해 폭력적이다. 수학경시대회에서 메달을 받아올 때는 자랑하고 좋아하더니, 중간고사 성적표에 거칠게 몰아붙인다. 몰아붙이는 정도가 아니라 벼랑 끝으로 몰아세운다.

결혼 십오 년이 되기 전에 그는 직업을 열다섯 번 바꾸었다. 평생 한두 번 직업을 바꾸기도 쉽지 않은 일일 터인데 그는 어느 해에는 직업을 세 번 바꾸었다. 그나마 상의 없이 네 곳에 대표이사 이름을 올렸다가 신용불량 상태가 된 상황이다. 네 회사에 대표이사 이름을 올리고 대접을 받고 접대를 받고 돈을 받아 쓸 때는 즐거웠을 터이다. 마냥 달달한 자리가 아니라는 눈치를 챈 후에 그가 내민 카드는 당혹스럽기만

하다.

"실은 대표이사를 맡았는데, 부도 직전이어서 법적으로 이혼해 놓아야겠다."

대표이사를 맡은 대가로 받은 돈은 유흥비로 쓰고 없다. 집에서 모르는 일이고 모르는 돈이니 온전히 혼자만의 자유로운 돈이다. 그는 노느라 집에 오지 않은 날이 더 많았다. 아들들은 초등학생이거나 어린이집에 다니는 데다, 타격받을 재산이 별로 없다. 얻을 이익은 없고 잃어버리는 건 가정 자체다. 제대로 된 제안도 아닐뿐더러 마땅한 대안도 대책도 없는 세월이 덧없이 흘렀다. 그는 별도리 없이 가벼운 즐거움에 대한 대가를 무겁게 치를 수밖에 없었다.

그랬던 사람이 아들의 성적표를 두고 이혼 운운하며 아들과 나를 동시에 타격한다.

비로소 그의 열망을 확실히 알았다. 묘한 포인트에 "왜 결혼했는지?"를 물었다. 그는 '고등학교생활기록부'를 본 것이 결혼을 결심한 계기였다고 했다. 앨범에서 장학증서와 생활기록부 등을 봤단다. 그의 열등감을 해결하고 그의 열망을 실현하기 위한 도구가 된 듯 난감했다. 황당하고 어이없다. 매콤하고 씁쓸하고 쌉쌀했다. 결혼생활이 힘들었던 이유를 알게 된 것 같다.

자신은 틀렸지만, 자식은 수재가 될 수 있다고 여겼던가.

지능은 공부의 필요조건은 될지언정 충분조건은 아니다. 대체로 공부를 잘하기 위해서는 정성을 들이고 시간을 들이고 돈도 들여야 한다. 그는 정성도 시간도 돈도 그 어느 것도 들이지 않았다.

예쁜 모습으로 살고 싶은 건 보편적인 여성의 소망이다. 누구보다 예쁜 모습으로 살고 싶었다. 새벽부터 잠들 때까지 시집살이와 다섯 달씩 입덧과 아이들 양육과 가난하기 짝이 없는 살림으로 지치고 싶지 않았다. 서울에서 처음 만난 스물세 살 모습으로 오래오래 예쁘게 살고 싶었지만 예쁜 모습도 공짜가 아니다. 돌보지 않은 험한 세월은 제쳐두고 어려 보이지 않고 날씬하지 않다고 구박하는 심보라니.

어려운 상황이나 곤란한 상황을 만날 때에 인격이 더 잘 보이는 법이다. 어려움을 모르고 자란 사람이라 맑고 순수했지만, 눈물 젖은 빵을 모르는 사람이라 세상을 알지 못했고, 인격은 성숙하지 못했다. 큰 어려움 없이 안정적으로 평온하게 살 수 있었다면 그는 일생 밝고 해맑게 살았을지 모른다. 예상치 못한 어려움이 닥치자 실존은 위태롭게 흔들렸다.

아사리밭 같은 환경에서 처자식이 물질적, 정신적, 신체적 삼중고를 고스란히 겪었다는 건 도외시한다. 자신의 역할이 공백이거나 가해자와 한 편이거나 적극적인 가해자일 때도 있었다는 건 모르쇠다.

결혼은 자신의 결핍을 채우기 위해 배우자를 선택하는 경향이 있다.

결핍을 해결하는 것은 삶의 과업이다. 결핍이 있는 부분은 약한 고리이고 쉽게 뚫리는 연약한 경계이기 때문이다. 언제든 뚫릴 수 있는 취약한 부분을 안다는 것과 단단하게 만들어가는 것이야말로 중요한 삶의 과업이다.

그는 자신의 결핍을 모른다. 회피나 무시로 일관한다. 자신이 할 수 있는 일과 할 수 없는 일을 구별하지 않을뿐더러 인정하지 않는다. 자존심만 푸르다.

나는 결핍을 해결하기 위해 십 년 이상 공부했다. 제도권의 공부와 더불어 다양한 공부에 시간과 마음을 할애했다. 나의 결핍을 아파했고, 애도했으며 두루두루 화해해나갔다. 끝내 경제적 정신적 자립만이 자신을 구원한다. 나를 구원하는 것은 성장하려는 노력뿐이다. 달리 누가 대신할 수 있으랴.

동병상련을 기대했던 결혼은 동상이몽이 될 여지를 충분히 내포하고 있다. 어디에 무엇이 감추어져 있는지, 어느 모퉁이에서 무엇이 튀어나올지 예측할 수 없는 삶이 드물지 않다.

결혼은 미처 상상하지 못한 상황을 겪으며 온갖 문제를 해결하며 살아야 하는 긴 여정이다. 부모, 형제, 자녀 양육, 사회, 정치, 경제, 가치관, 우선순위, 취미, 습관 등 어디서든 갈등이 전혀 없을 수는 없다. 갈등을 해결하는 방식에 주목할 일이다. 문제를 에둘러 피하거나 엉켜 놓은 채 도망가듯 사는 사람도 있다. 상대가 지배적인지, 희생을 강요하는지, 조율할 수 있는지 봐야 한다. 그게 인격이고 인품이고 인간성이다. 삶에서 맞닥뜨리는 갈등을 합리적으로 해결할 수 있는 능력이 가장 중요한 요소다. 갈등 상황에서 대화가 되는 사람인지 보아야 한다. 동상이몽으로 허망하게 끝나지 않으려면.

모시

　햇볕이 따갑게 내리쬐는 무더운 여름 한낮, 마당에는 감나무가 푸르게 서 있고 즐비하게 늘어선 화분들은 햇볕 아래 고요하다. 거실에 있는 선풍기는 천천히 돌고 안방에는 종일 텔레비전이 켜져 있다.
　햇볕이 따가운 여름이면 빨래 널기에 더없이 좋다. 손으로 주물러 시원하게 헹군 빨래를 마당에 널고 나면 햇볕이 뽀송뽀송하게 말려준다. 조카의 하얀 기저귀를 두 번 삶아 마당에 널면 길쭉한 기저귀가 눈이 부시게 하얗다가 푸르렀다. 날이 맑은 여름날은 악력이 약한 손으로 있는 힘껏 애써 빨래를 쥐어짜지 않아도 빨래가 잘 말랐다. 대야에 담은 일곱 식구 빨래를 탈탈 털어 빨랫줄에 널어놓으면 오전 일과가 절반 이상 끝났다는 신호이기도 하다. 이제 청소하고 우유병

소독하고 조카를 업어 재우면 점심 준비를 해야 할 것이다.

무더운 여름이면 시어른들은 모시 한 벌씩 갖춰 입고 바깥 출입을 즐겼다. 모시는 한 번 입고 나면 그만이다. 빨래하고 풀 먹여 말리다가 완전히 마르기 전에, 꺼들꺼들해지기 전에 형태를 잡아 다림질해주어야 한다. 주머니에 밥을 넣고 주무르면 풀처럼 묽은 형태의 끈적임이 발생한다. 그 끈적이는 물기에 빨래를 마친 모시를 주물러 풀이 고르게 먹도록 한다. 적절하게 풀을 먹은 모시옷을 말리고 손질하여 형태를 바로 잡고 다림질하는 일은 손이 많이 가는 일이다. 손도 손이지만 시간을 놓치면 안 된다. 풀을 먹었기에 딱딱하게 굳은 채 말라버리면 형태를 바로잡는다는 건 거의 불가능하다. 다시 물기를 묻혀 꺼들꺼들해지기 전으로 되돌려야 한다. 부드러운 상태라야 말을 듣는다. 모시옷이 말랑말랑해지려면 물뿌리개로 촉촉하게 적시든지 입에 물을 머금어 뿜어야 하는데, 입에 물을 머금어 뿜는 방식이 익숙하지 않은 나는 다시 풀을 먹이는 방식을 사용했다. 물뿌리개 하나 장만할 자유가 없었던 모양이다. 아무런 권한 없이 예전 방식으로 일할 의무만 있었다 할까.

언제부터 모시옷을 즐겨 입었는지 갓 쉰이 된 어른은 원피스로 바지로, 셔츠로 볼레로로 개량한 옷들을 여러 벌 갖추고 있었다. 두 분 양주가 한 벌씩 차려입고 나서면 낱개로는 네 개의 모시옷을 손질해야 한다. 여름 햇볕이 좋다지만 빨래와 다림질이 더 늘어나는 것은 어쩔 수 없다.

 한 번 외출로 모시옷 빨래와 풀 먹이기와 말리기, 다림질은 다시 반복된다. 다듬은 옷을 옷걸이에 걸어놓으면 보기 좋다. 연한 옥색 볼레로도 예쁘고 진분홍 원피스도 곱다. 여기저기 수놓아진 꽃무늬도 산뜻하고 하늘거리는 모시 옷감의 결도 정갈하다.

 어느 날, 작은언니가 시장에서 어른들을 봤다고 했다. 멀찌감치 떨어져 있지만 알아보겠더란다. 두 분이 모시옷을 멋지게 입고 장에 나섰는데 먼 데서도 눈에 띄더란다. 뛰어가서 인사할 정도는 아니어서 '사돈어른들이 모시옷 입고 시장 나들이 나왔구나!'하고 말았다고 했다. 누가 보면 그럴싸하겠더라고 했다. 누가 본들 그럴싸하지 않을까. 그럴싸하라고 애써 차려입은 옷인 것을.

 물론 모시는 천연소재이고, 조상의 지혜가 담긴 옷이고, 정성스럽게 손질하여 입는 멋들어진 옷임에 틀림이 없다. 온갖 집안일에 찌든 며느리가 그나마 쉴 수 있는 틈새마저 없이 매만져서 입는 옷이 아니라면 더욱 품위가 넘쳤을 것을. 가사도우미처럼 부리지 않고 며느리로 식구로 대했더라면 모시옷이 더욱 우아했을 것을. 겉만 가꾼 옷이 아니라, 겉만 정갈한 옷이 아니라, 겉만 말끔한 옷이 아니라 속도 그러했더라면 얼마나 아름다웠을까? 얼마나 평화로웠을까? 다듬는 사람도 입는 사람도.

그 해와 다음 해 여름에는 유난히 모시옷을 즐겨 입었다. 늘 그러는 줄 알았더니 아니다. 며느리가 손질하니 그랬던 거다. 어쩐지 모시옷을 자꾸 더 사 오더라니. 한동안 모시옷에 빠진 사람처럼 모시옷만 사더라니. 그때가 절정이었다. 쉰 살과 쉰한 살이던 이태 정도는 원도 한도 없이 모시옷을 입었을 것이다.

두 분 양주는 멋쟁이다. 아버지는 하루에도 서너 번 옷을 갈아입고 반짝이는 액세서리도 무척 좋아한다. 무대에서 입을 만한 눈에 띄는 옷을 입고 사람들과 어울려 놀기를 즐긴다. 먼 남쪽 나라 풍에 왜소한 어른은 꽃무늬가 들어간 온갖 옷을 즐긴다. 모든 옷에는 화려한 꽃무늬가 찬란하다. 찬란한 꽃은 옷에서만 핀다.

쉰이 될 때까지 사계절 옷을 다 합쳐도 세 자짜리 장롱 한 칸이 차지 않았다. 남편 옷은 좋은 것으로 입혔다. 어디 가서 기죽지 말라고 몇 개월씩 할부를 끊어가며 좋은 옷으로 입혔다. 그랬더니 엉뚱한 데서 폼을 잡았던 모양이지만…. 자식들 옷도 허름하게 입히지 않았다. 최상은 아니어도 대체로 좋은 옷으로 깔끔하게 입혔다.

옷을 좋아하지 않은 여성이 얼마나 있으리. 일을 하니 옷이 늘었다. 누구 못지않게 옷을 좋아하는 성정도 발견한다. 오십 대가 넘어가니 버젓한 드레스룸도 생겼다. 나이가 든 때문인지, 자유로워진 까닭인지 색깔도 다양해졌다. 무난한 검정과 짙은 청색 위주의 옷장이 무지개처럼 환해졌다. 이들이 '이제 됐다'라고 했다. 아들이 됐다고 하니, 그럼 된 것이다.

앞으로도 내 몸과 내 옷은 내 손으로 가다듬고 살기를, 혹여 칠순이 되고 팔순이 넘더라도 행여 살아있다면 사는 동안 그러하기를. 누구를 도왔으면 도왔지, 피해 주지 않고 살아왔듯 그러하기를. 앞으로도 그러하기를.

태풍

 1992년 시월 하순 즈음이다. 갑자기 그와 아버님이 서울에 다녀온다며 황급히 집을 나섰다. 집안 공기가 급속히 냉각되었다. 찬바람이 휑하니 훑고 지나간 뒤 숨소리조차 낼 수 없는 적막이 흘렀다.

 서울에서 가져온 소식은 충격적이다. 어른의 신앙이자 집안의 지휘자이자 북극성이자 지지 않는 태양인 큰딸이 잠적했다. 오 남매의 첫째인 귀숙이 어디론가 사라졌다는데 뒷수습이 손을 댈 수 없는 지경인가 보다. 풍비박산이라는 말 외에 달리 대체할 말이 없다.

 귀숙은 고등학교를 졸업하고 서울로 상경하여 여행사 가이드를 했다. 당시는 해외여행이 자유롭지 않을 때다. 1989년 해외여행이 자유롭게 되기 전까지 해외여행 자체가 특별한 권리였다. 어찌어찌하여 일본어를 익힌 귀숙은 일본 관광객 가이드를 했다. 그런 까닭에 이십 대 초반부터 해외에 나길 기회가 더러더러 있었다. 덩달아 명품의 세계에 일찌감치 발을 들여놨다. 말이 일본 관광객 가이드지 실제로는 나이든 일본 남성들을 주 고객으로 하는 여행업종의 하류에 종사한다.

대체로 일본 할아버지들은 키가 작았다. 유난히 작은 일본 할아버지가 본가에도 다녀갔다고 한다. 환갑은 족히 넘었을 혹은 일흔에 가까운 일본 할아버지가 이태원에 아파트를 얻어 주고 수시로 드나들었다. 가장 큰 고객인 할아버지는 명품 가방을 비롯한 값비싼 선물을 무시로 준 모양이다. 그렇다고 그들이 마냥 후하게 주는 건 아니라 했다. 일본 남자들은 계산이 꼼꼼하고 철저한 편이라 했다. 서비스에 대한 계산은 넉넉하게 하지만, 호구처럼 과하게 지불하지 않는 성향이라 했다.

프라다, 샤넬, 루이비통, 구찌 등 다섯 손가락 안에 든다는 명품 회사 가방을 수십 점 가지고 있던 귀숙은 여러 차례 해외에 다녀오면서 빛나는 이십 대 초중반을 보냈다. 80년대 중후반 무렵에는 《여성중앙》과 《주부생활》이라는 월간 잡지에도 화려하게 등장했다. 영국을 비롯한 유럽의 엔틱 가구를 곳곳에 배치한 아름다운 인테리어 사진과 연예인처럼 화려한 사진을 곁들였다. 서울의 욕망이, 젊은 여성의 욕망이, 자본의 욕망이 정점에 이른 듯 치장한 채 수많은 여성의 추앙을 마땅히 즐긴다. 잡지 내용을 액면 그대로 보면, 일찍 성공한 세련된 젊은 여성이나, 실은 이름은 물론 경력도 기사 내용도 진실과는 거리가 멀다. 귀숙이 말하길 이름이 촌스러워 가명을 썼노라 했다. 그녀의 본명이 꽤 촌스러우므로 바로 수긍되는 대목이다. 진실과 거리가 먼 것은 이름만이 아니다. 화려하게 꾸민 얼굴과 엔틱 가구 외에는 대부분 거짓이다. 잡지에는 미술을 전공한 스물네다섯 살 여성이 하얀 이를 드러내고 유난히 큰 빨간 입술로 활짝 웃고 있다. 입이 크고 돌출되어 전통적인 미인 축에는 들지 않으나 세련된 옷차림과 화려한 화장과 스물네댓 살의 자신감은 흡사 연예인 못지않다. 그녀는 큼지막한 사진을 집안 곳곳에 배치했다. 미술 전공의 예술 감각이라는 듯 이젤을 배치한 프레임도 빠뜨리지 않는다.

육칠십 대 키 작은 일본 할아버지들과 명품으로는 채울 수 없는 허기 때문이었을까. 귀숙은 남자를 만나 연애를 했다. 남자는 젊고 우람했다. 국가대표 유도선수를 지내고 갓 은퇴한 건장한 남자는 여자가 며칠씩 집을 비우는 걸 원치 않았다. 사랑을 선택한 귀숙은 더는 일본 고객 가이드를 하지 못하고 이태원에다 옷 가게를 열겠다고 한 모양이다.

1990년 귀숙이 스물여섯 살 때다. 귀숙은 친정집과 논을 담보 잡혀 일억 오천만 원을 가져갔다. 그 후에 친정 고모님에게도 두 달만 쓴다며 시계 하나를 주고 마을 사람 돈 이천만 원을 가져갔다. 그뿐 아니라, 그녀 시댁에서도 건물을 담보 잡혀 일억 오천만 원을 가져갔고, 시이모님에게도 또 많은 돈을 가져갔다. 1990년이면 오 남매를 둔 부모님에게는 학생이 세 명이며, 스무 살이 되지 않은 자식도 둘이 있는 상황이다. 어른들은 덜컥 귀숙에게 전 재산인 집과 논을 담보 잡혀 대출을 받아주었다. 그런 후 92년이 되자마자 태어난 지 28일 된 외손자를 데려와서 애지중지 키우던 중이다.

나중에 시간이 많이 지나면서 퍼즐 맞추듯 알게 된 대출 시점이 아버님의 바람과 밀접하다. 어른이 아버님의 사회활동을 금지하면서 모든 경제권을 귀숙에게 넘긴 모양이다. 금치산자처럼 사회적 죽음을 선포하고, 마당 안에 가둬두는 대신 밥은 주는 것으로 정리한 모양이다.

'주는 밥이나 먹고 살다가 죽을란다'는 말은 쉰다섯 이후 줄곧 들은 가장 대표적인 시그니처 언어다. 경제활동은 이미 능력을 입증한 귀숙이 대신하기로 합의되었던가 보다. 그러니 전 재산이나 다름없는 집과 열두 마지기 이천사백 평 논을 담보 잡혀 주지 않았겠는가.

귀숙의 능력은 일본 노인 남자를 상대하는 데서 나왔다. 주

특기가 아닌 낯선 영역인 옷 장사는 재주가 먹히지 않았던 모양이다. 여기저기서 끌어들인 빚이 기하급수적으로 늘어났고 결국 귀숙은 어디론가 훌쩍 잠적하고 말았다.

서울에서 온 소식에 의하면 그녀는 잠적했고, 알려진 채권자는 스물서너 명이다. 채권 중에는 양어머니로 모신 옥수동 중앙하이츠 109호 할머니의 구천만 원을 비롯하여 청소해주던 분 인건비까지 다양하다.

"어떻게 할 거래요?"

"어떻게 하긴. 누나가 우리한테 해 준 게 있는데. 우리가 다 갚아야지."

"지금 보니 전체 규모가 몇억인지 알 수 없고, 채권자도 스물서너 명이라잖아요. 은행 대출 1억5천과 사채 5천, 여기 빚은 안 갚으면 안 되니 갚아야만 하는 건데요, 서울 사채는 부모님이 보증 서준 것이 아니고, 고모가 미성년자도 아니니 여기서 감당할 수 없는 것 아닌가요?"

"누나가 우리 집에 한 게 있으니 우리가 갚아야 해!"

'여기 2억 해결하기에도 집 한 채 팔아서 될 수준이 아닌데, 무슨 재주로 서울 채권까지 감당한다고 저러는 걸까. 돈 버는 사람 하나 없는 마당에. 전 재산을 다 팔아도 여기 빚 갚고 작은 집 하나라도 장만할 수 있을지 모르겠는데…'

쉽게 풀어나갈 수 있는 문제가 아니라는 것은 분명했다. 태풍이 휘몰아쳐 왔는데, 대비도 없고 대책도 없고 수습은 난망이다. 식구들 모두 가슴에 커다란 구멍들이 뻥뻥 뚫리고 말았을 터이다. 누구 한 명 온전할 수 있으랴.

복 없는 년

큰어머니께서 안부를 물으러 오셨다. 평소 어른이 큰집에 거의 다니지 않기에 큰어머니께서 일부러 걸음을 한 것이다. 큰어머니의 방문은 이날이 마지막이다. 나는 내 방에서 수를 놓고 있고 두 분은 거실에서 이야기를 나누신다.

"복 없는 년이 들어와서 집이 망했어."

기겁할 소리다.

'그래, 백번 양보하여 천재지변이면 원망할 데가 없으니 나를 탓한다 치자. 이 재앙은 엄연한 인재인데, 뜬금없이 왜 나를 탓하나. 담보 잡혀 준 것이 이태 전 아닌가.'

큰어머니는 뜻밖의 말에 당황해서 쩔쩔매는데, 어른은 정말 며느리 때문에 집이 망한 듯 격정적이다. 어른의 어처구니없는 인식에 심장이 쿵 내려앉는다.

'잘못한 사람이 있고, 일이 진행되어 온 과정이 있으니 책임과 권한이 이치에 맞아야 하지 않는가.' 만만한 며느리한테 넘어씌우자는 심산이 답답하다. 부모가 보증을 서주었고, 딸이 돈을 썼고, 딸이 잠적했는데 느닷없이 며느리가 여기서 왜 나오는가. 이제 몇 달 되지 않은 며느리 탓을 한다는 것이 뜬금없다. 오히려 며느리에게 미안해야 하지 않은가. 앞으로 닥칠 일이 어디 작은 일이랴. 담보 잡힌 집과 논은 무슨 돈으로 이자를 갚고 원금을 갚을 것이며, 생활비는 어떻게 할 것이며, 학교에 다니는 자녀 둘의 학자금은 어떻게 할 것이며, 외손자와 뱃속의 친손자는 어떻게 키울 것인가. 큰딸에게 몰두하여 재산을 위태롭게 한 것이 다른 자녀들에게 미안할 것 같은데, 그렇지 않다. 오히려 며느리에게 뒤집어씌우고 부모님과 큰딸은 손을 털 심산이다. 이대로는 앞날이 희망적이지 않다. 엉뚱한 사람을 희생양으로 삼아 공격하면 어쩌자는 것인가. 그러고도 정다운 가족을 꿈꿀 수 있는가.

  보증을 서고 대출을 받은 것이 2년 전이다. 귀숙은 3부 4부로 이자를 준다며 무수히 돈을 빌려 썼다고 한다. 그녀의 명품에 대한 병적 소비와 사치로 인한 파산으로 서른 가정 정도는 피해를 본 것 같다. 나는 참전하지 않았지만, 유탄에 맞은 듯 아프다. 마음에 커다란 구멍이 뚫렸다. 어른의 발언은 두고두고 억울함과 한과 화를 낳았다. 화해는 없다. 미안함도 없다. 사과는 언감생심이다. 여성으로서의 연대감도 끝내 없다. 정은 아득히 멀어지지만, 의무와 책임은 한없이 져야 하는 시집살이와 시댁만 남았다.

귀숙의 잠적으로 그는 밤에 일해야 한다. 그가 한 달에 35만 원가량 준 돈으로 일곱 식구 하루 세끼 밥상을 차리고 살림을 산다. 아르바이트하고 온 그에게 낮에 들은 이야기를 한다. 그는 괴로운지 들으려고 하지 않는다. 상처 입은 처의 마음을 위로할 여유 따위는 애초에 없는 사람 같다. 최소한 어른의 상황 인식이 그러하고, 그것을 밖으로 거칠게 표출할 정도라면 앞으로도 많은 어려움을 예상할 수 있어야 한다. 온실 속의 화초처럼 여태 고생을 모르고 살아온 앳된 티를 벗어내야 할 타이밍이라는 것을 그는 알아야 했다. 그래야 비로소 한 가정의 가장으로 바로 설 여지가 있다. 그는 이도 저도 못 하고 얼어붙는다. 다만 불편한 상황이 싫어서 듣지 않으려 한다. 그는 그때부터 "아까 낮에 어머님이"하면 "그만해!" 혹은 "하지 마!"로 응수했다. 그는 한마디도 듣지 않는다. 회피하고, 회피하고, 회피한다. 상황을 파악하든지, 위로하든지, 이해하든지, 이해를 구하든지, 벗어날 궁리를 하든지, 환경을 바꾸든지 무엇이라도 해야 할 텐데, 그는 아무것도 하지 않는다. 그는 어른에게 중독된 사람처럼 몸도 마음도 굳어서 옴짝달싹하지 못하고 그대로 얼어붙는다. 그리고 회피한다.

빛 좋은 개살구가 무엇인지 눈앞에서 생생하게 지켜보았다. 사는 게 고해다. 거친 풍랑이 휘몰아치는 광활한 바다, 끝없이 메마른 사막을 걷는 것 같은 막막함, 견디어내는 것 말고 다른 도리가 없는 삶. 무엇 하나 평범한 게 없다. 모든 것을 참는 게 사는 길이다. 그런 나날들이 이어졌다.

폭풍이 휘몰아친 끝에 느닷없이 '복 없는 년'으로 강등당한 상황이 황당하다. '복 없는 년'이라는 말은 두고두고 가슴에 맺혔다.

복이 없다 하니 기가 죽었다. 그러잖아도 아버님을 일찍 여의었으니 틀린 말이 아니다. 요지경 같은 집에 결혼으로 들어온 걸 알았으니 난감하던 차다. 반감이 드는 것 못지않게 주눅도 들었다. 운명에 순응하듯 살지만, 떳떳하게 살고 싶었다. 명리는 접하지 않았지만, 다행스럽게 유교적 지식이 짧지 않다. 진인사대천명(盡人事待天命)으로 사람이 할 도리와 책임과 본분을 다하면 그뿐. 복을 받고 말고는 다 살아봐야 아는 것이 아닐까? 떳떳하게 사는 것 이상의 복이 무엇일까?

어른은 '이보살'이라는 분에게 수시로 다녀왔다. 그 이보살이 어떤 분인지는 모른다. 사주를 보고 점을 본다는 것만 알 뿐이다. 단골인 어른께 며느리 탓을 하라고 훈수를 둔 것일까. 남의 자식과 본인 자식을 견줄 수 없이 차별하는 어른의 자발적인 폭주였을까. 그들은 얼마나 훌륭한 사주를 지녔기에 앳된 새 며느리를 구박하고 천시할 명분을 준 것일까? 일의 맥락과 사람을 보지 않고 남의 집 며느리에게 온갖 덤터기를 씌운 이가 '이보살'이라면 나는 그 '이보살'이 어찌 사는지 궁금하기에 이른다. 그녀는 사주팔자에 능통했을까? 과연 그토록 사주팔자를 꿰뚫고 풀어헤쳐 여러 가정에 훈수를 둔 그녀 자식들은 어떻게 살까? 이보살의 음덕으로 부귀영화를 누리는가?

  부귀영화가 떳떳한 것이 아니라면 복(福)은 화(禍)가 잠시 복처럼 보인 것에 불과하다. 복의 옷을 입은 화는 무수히 많다. 나쁜 사람도 한때는 잘나가는 때가 있다. 십 년가량 골프도 치고 숱하게 여자들도 만나면 천상천하유아독존인 줄 안다. 세상이 손바닥 안에 든 듯 안하무인 기고만장이다. 반짝 몇 년 만진 돈의 쾌감에 황홀하다. 눈앞에 사람이 보이지 않고 돈만 보이는 사람은 더 큰 돈을 노리다가 망하는 길로 거침없이 걸어간다. 오로지 돈과 쾌락을 탐한 사람답게. 잠시 반짝한 복이 영원할 것처럼 뽐내던 위인들. 안정적이지 않고 떳떳하지 않은 복은 진정한 복이 되지 못한다. 무지개가 영원하든가.

  나중에 사주 공부를 조금 하니, 비겁(比劫)이 많고 인성(印

性)이 없는 데다 겁재(劫財)와 편관(偏官)과 뿌리 없는 편재(偏財)만 천간(天干)에 뜬 그의 사주(四柱)가 훨씬 좋지 않다. 원진이 있는 데다, 길하다는 식신(食神)이 없고, 정재(正財)도 없고, 정관(正官)도 없고, 인성(印性)은 아예 없다. 흉신은 많고 길신은 비견뿐이다. 정신적 성장과 인간적 배려를 기대하기 어렵다. 어른은 시간을 제외한(알 수 없으니) 천간 셋이 계수(癸水)로 동일하고, 월지에 해수(亥水) 겁재가 있어 독특한 구조다. 물바다인 데다 고집이 보통 아니다. 냉담하기 이를 데 없다. 아버님은 천간에 상관(傷官)만 둘 있고(역시 시간을 알 수 없으니), 축오(丑午) 원진귀문(怨嗔鬼門)이 일월(日月)에 있어서 만만치 않은 형태를 보인다. 즐거움이 크겠으나 가치 있는 말을 기대하기는 역시 어렵다. 나는 재성(財性) 하나가 결핍이었으나 지장간(支藏干)에 있는 데다 월지에 재고(財庫)를 두었으니 나쁘지 않은 구조다. 더구나 월지(月支)가 정관(正官)인 데다 관인상생(官印相生) 하니 비교적 반듯하게 살 모양인 게다. 인성이 충분하여 뒤늦게라도 공부를 한 듯하다.

누구 사주인들 허점이 없을까만, 누구 사주인들 약점이 없을까만, 누구 사주인들 완벽할까만, 점을 본다는 이에게 단골로 드나들며 '복 없는 년' 운운할 일은 아니지 않은가.

사주를 직접 공부하는 것도 나쁘지 않다. '복 없는 년'이라는 말에 휘둘려 너무 오래 움츠릴 일이 아니다. 아버지께서 사주를 볼 줄 알았듯, 나도 미리 사주 공부를 해놨더라면 어땠을까? 아버지께서 살아계셨더라면 어떤 이유로도 이어지지 않았을 인연이다. '복 없는 년'이라 칭하고 그리 대하니 소중한 인연(因緣)도 악연(惡緣)으로 만들어버린 건 아닐까? 마법처럼. 주문처럼.

사주도 사주이지만, 사람이 스스로 지어낸 업이 지대한 영향을 미치지 않았을까?

완벽한 사람이 없듯 완벽한 사주도 없다. 주어진 제약에도 불구하고 사람으로서 할 수 있는 만큼 노력하는 삶, 사람으로서 차마 할 수 없는 일을 삼가는 삶, 삿대질이나 손가락질 받을 일을 하지 않고, 되도록 베풀고 되도록 선하게 사는 삶이면 족하지 않을까? 오르막일 때 내리막을 예상하고, 내리막일 때 오르막을 준비하는 것이 사주를 공부하는 이유이지 않을까? 봄에 가을을 예상하고, 겨울에 봄을 준비하는 자세야말로 사주 공부의 핵심일 테다.

끝없는 욕심을 아는 것과 부끄러움을 아는 염치, 자신에게 한없이 관대하고 남에게 강퍅하게 화를 내며 어리석게 살지 않았는지 돌이켜 볼 일이다. 탐진치(貪瞋痴)는 사주의 허물이 아니라 사람의 허물이다.

감정 쓰레기통

큰딸은 어른에게 전부다. 귀숙은 어른에게 애인이고 남편이고 우상이고 자랑이고 친구고 엄마고 전부다. 열아홉 살에 결혼하여 스물세 살에 낳은 딸이 처음부터 애인이고 남편이고 자랑이었던 것은 아니다. 중고등학교까지는 연탄집게로 때리고 혼내기를 마다하지 않았다고 한다. 귀숙이 고등학교를 졸업할 무렵, 어른은 서울로 갔다. 1년 남짓 서울에 머물다가 큰딸과 큰아들을 두고 돌아왔다.

귀숙은 일본 관광객을 가이드하기 시작했다. 단골이 생기고 해외여행도 다니더니 연예인처럼 사진을 찍고, 명품 옷을 입고, 명품 가방을 든 멋진 여성이 되었다. 곧 이태원에 있는 40평대 H 아파트에다 살림을 차리고 유럽의 엔틱 가구들로 채웠다. 상류층 여성이 되었다. 누가 뭐라 해도 겉보기에는 재벌 못지않은 차림새다. 어른은 마흔두셋부터 큰딸이 누구보다 멋진 여성으로 세상을 누비는 모습을 봤다. 머리핀 하나를 사줘도 몇만 원짜리다. 쌈지막한 건 없다. 지방에서는 구경도 못 할 물건을 가져다준다. 서울에 다녀올 때도 비행기로 오가도록 한다. 웬만한 동생들 옷은 미국제나 영국제로 가져다준다. 병원 가까이 다닥다닥한 집을 떠나 2층 슬래브 집을 장만해 이사하고 보니 이제 명실상부 상류층이다. 어른에게 귀숙은 신분 상승을 실현한 이상향이고, 마흔 초반 중년의 꿈과 희망과 행복의 원천이다. 그 딸과 함께한 사십 대가 삶에서 가장 화려하고 빛난 시기다. 어른에게는 무엇과도 바꿀 수 없는 빛난 인생을 선물한 잘난 딸이다.

사위는 전 국가대표 유도선수였기 때문에 허우대가 멀쩡했다. 꿈이 야무진 딸은 정치에 발을 디디려고 남편을 회장님이 만든 당으로 밀어 넣었다. 이제 재벌 회장이 대권까지 거머쥐면 사위도 한자리 꿰찰 계획이다. 92년 10월이니 대권이 얼마 남지 않았다. 고지가 가까운데 귀숙이 버티지 못하고 잠적하고 말았다. 눈앞에 다가온 더 큰 성공이 멀리 달아난 것이 못내 아깝고 아쉽다. 두세 달만 더 버텨서 재벌 회장이 대통령이 되면 승승장구해서 어디까지 성공할지 가늠하지 못할 터이다. 아깝고 아깝다.

딸이 어디로 갔는지 감감무소식이다. 외손자가 여기 있으니 곧 연락이 올 거라고 철석같이 믿는다. 그러다가도 벌떡 부아가 치민다. 사위가 밉고 싫다. 덩치 큰 사위가 듬직한 것이 아니라 미련해 보인다. 저 사위를 만나기 전에는 세상에서 가장 똑똑한 딸이었다. 일본말도 잘하고 세계 여행도 간 딸이다. 돈도 잘 벌고 잡지에도 실린 딸이다. 연예인보다 더 멋지게 사진을 찍어 거실과 안방 곳곳에 대문짝만하게 걸어둔 딸이다. 너무 잘난 딸이 저 사위를 성공시키려고 정치판에 내보내려고 애쓰다가 생긴 일이다. 수시로 사위를 향한 원망과 욕설이 난무한다. 내 딸은 아무 잘못이 없다.

어른이 시집오던 날, 큰집 누런 황소가 느닷없이 죽었다고 한다. 난처했는지 어땠는지는 모른다. 그것으로 시집살이를 시키지는 않았다고 한다. 그러나 살만했던 친정에 비해 그만 못한 시댁이 불만이었던지 열아홉 살 새댁은 쌀을 덜어냈단다. 쌀이 자꾸 줄어들자, 나중에 새댁 방을 누가 들어가 볼 것인지 의논이 분분하던 차에 막내 고모가 총대를 메고 들어가 봤더니 쌀이 한 말인지 두 말인지 감춰져 있어서 망신을 샀다 한다. 부끄러울 법도 한데, 방에 들어왔다는 것에 화가 난 새댁이 며칠 동안 방문을 걸어 잠가놓고 시위를 벌인 바람에 큰어머님이 쩔쩔매며 사정사정하여 밥을 먹였다고 했다. 누가 해볼 수 없는 성정이란다. 큰어머님과 할머님과 시숙들은 작은집의 작은며느리가 시집살이 살 일을 걱정하고 염려했다. 아무도 못 해보는 성정을 어찌하냐는 것이다.

그동안 보고 겪은 것이 있으므로 며느리도 걱정이 한 보따리다. 아무리 낙천적으로 긍정적으로 보려 해도 붙들 가지가 없다. 이성적이어서 객관적 사실관계를 중시하고 합리적으로 대처하면 얼마나 편안한가. 인지상정으로 이해하고 교감하면 얼마나 안정감이 있는가. 이도 저도 기대하기 힘들다. 어디에도 맞출 수 없다. 할 도리는 하되 실수는 최대한 하지 않는 방법이 그나마 방책이라면 방책이다. '책잡히지 말자'라는 푯대가 만들어진 셈이다. 태어날 아이가 없다면 이대로 끝낼 수 있지만, 뱃속의 태아로 인해 선택지는 거의 없다. 남편이 가정을 따로 분리하여 가장 역할에 충실하다면 모를까 현재로서는 다른 대안이 없다.

내세울 것이 사라진 중년여성은 위험하기 짝이 없다. 아무도 말리지 못하는 독불장군에게 걸리적거리는 것은 없다.

큰집 시숙들이 인사차 들렀다. 어른은 골이 났는지 현관에 놓인 시숙들과 형님들의 신발을 마당 쪽 계단으로 거칠게 차버린다. 나는 황망하여 신발들을 주워 현관 쪽에 가져다 둔다. 부엌에서 일하다가도 양푼을 바닥에 내던지기를 여러 차례다. 금속이 부딪치는 쇳소리에 간이 철렁철렁한다. 그러잖아도 편할 리 없건만 아무래도 마음 편하게 두지 않는다.

화를 꼭 그렇게 기어이 표출해야 직성이 풀린다. 다른 사람들 기분은 안중에 없다. 소리도 질러야 하고, 그릇도 내던져야 하고, 말도 퍼부어야 끝난다. 어른이 화를 낼 때면 아버님은 먼 산 보듯 사차원으로 피신하고, 다른 자식들은 방으로 들어가거나 텔레비전을 보며 못 본 척한다. 며느리는 피신도 하지 못하고 온전히 온 감각으로 듣고 보고 느낀다. 너무 싫지만, 당하고 만다. 뒷감당을 생각하지 않을 도리가 없다.

귀숙의 잠적 이후로 먹을거리를 사는 일은 없다. 마늘 한 접도 사지 않는다. 오로지 그가 아르바이트해서 주는 삼사십만 원이 일곱 식구 수입의 전부다. 장날마다 느지막이 떨이 장을 보고 5일 치 먹을거리를 장만한다. 배추겉잎을 얻어 오거나 싸게 사 오기도 한다. 마늘도 한 줌씩 사 온다. 빠듯한 살림에 반찬거리 국거리 장만이 또 한 짐이다. 남편만 아르바이트할 뿐, 모두 아침을 먹고 텔레비전을 보거나 낮잠을 잔다. 그동안 며느리는 설거지하고, 빨래하고 청소하고 조카를 돌본다. 점심을 차리면 모두 나와 밥을 먹고 다시 방으로 들어간다. 저녁도 마찬가지다. 다만 아침과 저녁은 두 번씩 차리는 일이 허다하다. 여섯 명은 종일 집에 있는 날이 대부분이다.

1992년 10월 하순부터는 어른이 화를 내지 않은 날이 없다시피 하다. 이미 매사에 화가 나 있는 상태다. 당신 자식들에게는 너그러운 편인데, 큰사위와 며느리에게는 매정하다. 박하다. 다른 집 자식은 육 개월 만에 태어난 줄 아는 모양이다. 만만하다. 반으로도 치지 않는다. 당신 자식은 귀하고 다른 집 자식은 천하다. 당신 뱃속은 귀한 옥당이고 사돈 뱃속은 초가삼간보다 못하다. 예외가 없다. 나중에 보니 둘째 사위도 그렇고 막내 사위도 마찬가지다. 열댓 명이 훌쩍 넘는 큰며느리 감도 모두 한 치도 벗어나지 않는다. 단 한 명도 예외는 없다. 그런 때문인지 남의 자식은 단 한 명도 끝내 자식으로 두지 못했다. 자식 대접으로 보아 당연한 결과이리라.

어른의 편애는 역사가 깊다. 어른이 젊어서는 큰아들이 7할 내지는 8할이었다고 한다. 작은아들부터 모유 대신 분유를 먹였다. 작은아들이 돌이 되기 전부터 누워서 우는데, 한쪽 다리는 그대로 두고 울더란다. 자리에서 일어나 걸어보지도 못한 작은아들이 네댓 살이 되었을 때, 고관절이 다 곪아버린 다음에 수술했노라 했다. 몇 년을 누워 있다가 수술했지만, 왼쪽 허벅지가 짧고 가늘었으며 수술 부위와 근처는 참혹한 흔적이 적나라했다. 그 아들은 어디를 잘 데리고 다니지 않았다. 어른이 젊었을 때는 아들이 귀했으나 그중 큰아들은 감히 견줄 데가 없었다.

어른이 마흔 즈음이 되었을 때 큰딸이 압도적으로 귀하게 부상했다. 이때부터 귀숙이 차지하는 비중이 8할은 될 듯하다. 일 할은 큰아들이 차지한다. 작은아들과 손아래 딸들까지 셋이 합하면 나머지 일 할에 해당할 듯하다. 조금씩 점유율이 다를지 모르지만 크게 차이 나지 않으리라. 귀숙이 고등학교에 다닐 때만 하더라도 연탄집게로 때리고 쫓아다녔다니 귀숙에게 온 마음이 다 기운 것은 귀숙이 연예인처럼 성공한 이후다.

귀숙이 눈앞에 없는 지금은 외손자를 큰딸의 대리인처럼 추앙한다. 외손자를 바라볼 때는 머잖아 곧 큰딸이 돌아올 것 같다.

'그럼 그렇지. 이런 장한 아들을 두고 오지 않을 리 없다.'

귀숙이 대문을 들어서는 순간을 떠올리면 희망이 샘솟고 열아홉 살 새댁처럼 가슴이 부푼다.

귀숙의 몰락과 잠적은 어른의 인생에서 최대 난관이다. 코르티솔 호르몬이 과다 분비되는지 스트레스가 이만저만 아니다. 누구 하나 걸리면 죽일 것 같다. 눈초리가 화살촉이다. 집안의 공기가 팽팽하다. 숨소리조차 나눠 쉬어야 할 지경이다. 아버지가 잠시 외출할 때는 그나마 제지할 사람이 아무도 없는 무법천지가 된다. '책잡히지 말자'라는 다짐은 며느리가 할 수 있는 최선의 방편이다.

한 사람이 권력을 모두 틀어쥐고 감정을 통제하지 못하면 가장 약한 사람이 가장 만만한 사람이 감정 쓰레기통이 된다. 가장 착한 자식이거나 가장 책임감이 많은 자식이 희생양으로 부상할 가능성이 크다. 희생하고 헌신한 사람은 나중에 헌신짝이 될 가능성이 크다. 헌신하다가 스스로 성장할 기회를 유예하면 약자의 위치를 벗어나기 어렵다. 약자로 남은 희생양은 여전히 무시당하고 학대당할 위치에 머무는 셈이다. 스스로 성장할 기회를 유예하는 건 학대를 당연시하고 감정 쓰레기통 취급을 용인하는 꼴이 된다. 헌신보다 중요한 것은 스스로 성장하여 약자의 위치에서 벗어나는 일이다. 정신적 경제적 독립은 당연하다.

비행기에서 산소 호흡기를 착용해야 하는 순간이 오면 보호자가 우선 착용한 후에 자녀든 약자든 주변 사람을 챙기라고 한다. 자신이 먼저 안전을 확보한 후에야 비로소 다른 누군가를 온전히 도울 수 있는 것이다. 비행기에서의 위급상황만이 아니라, 실제 삶에서도 다른 사람을 돕기 위해서는 우선 스스로 안전하게 돌보는 것이 먼저다. 스스로 성장할 기회를 만들지 못하는 것은 자신도 자신이 보호해야 할 사람도 약자로 남게 하는 일이 된다.

저것은

 귀숙이 사라지자, 69평 이층집과 이천사백 평 논을 담보 잡혀 주었던 게 드러났다. 가계는 홍수에 휩쓸리듯 급류를 탄다. 듣도 보도 못한 낯선 채권자 스물서너 명이 저 멀리 있다고 한다. 같은 아파트에 사는 채권자도 있으므로 어찌어찌 한두 명이라도 눈을 가리고 큰딸 귀숙의 살림살이를 가져오려고 어른은 삼천만 원의 빚을 내서 서울로 갔다.
 다음날, 이삿짐 트럭이 대문 앞에 멈췄다. 기다란 방을 비운 나는 두 평도 되지 않을 작은방으로 짐을 옮겼고, 비워둔 방에는 차곡차곡 짐들이 쟁여졌다. 엔틱 가구가 자리를 잡고 상자가 층층이 쌓아 올려졌다. 어른은 귀숙의 짐을 빼 온 일을 경계가 삼엄한 적진에 침투해 인질과 자산을 모두 구출해 낸 무용담처럼 자랑스러워한다. 채권자에게 들키지 않고 아슬아슬하게 이삿짐 트럭과 사다리로 짐을 빼 온 일이 여간 대단하지 않은 모양이다. 사내대장부 못지않은 훌륭한 담력이라고 자부하는 것이다.

얼마 지나지 않아 스물서너 명이 사기로 고소를 했다. 귀숙이 잠적했으므로 이듬해 기소는 중지되었다.

'귀숙은 아무 잘못이 없다. 저 미련한 큰사위가 잘못한 일이고 또 누군가가 잘못한 일이지 귀숙은 눈곱만큼도 털끝만큼도 잘못이 없다. 어림없다. 좋은 날이 금방 온다. 귀숙이 얼마나 똑똑한 줄 너희들은 모른다.'

어른은 딸을 신앙처럼 믿는다. 북극성처럼 우러러 바라본다.

어른은 때때로 딸의 살림을 뒤적인다. 귀숙의 살림을 급하게 챙겨오느라 어디에 무엇이 있는지 잘 모른다. 몇 시간씩 틈이 날 때마다 길쭉한 방에 들어가 문을 닫고 무언가를 들썩인다.

귀숙의 살림을 보관해둔 방에서 반바지 하나가 빨랫감으로 나왔다. 처음 보는 얇은 반바지다. 얇은 여름 반바지는 내줄 때부터 구김이 있다.

애초에 세탁소에 맡길 바지였다면, 빨랫감 통에 던져놓을 일이 아니다. 나중에 보니, 귀숙의 옷은 대부분 세탁소에 맡겨야 하는 고급 옷들이었다. 스물네 살의 며느리는 온 식구의 빨래를 손으로 했으므로 빨랫감 통에 던져진 옷은 무조건

손으로 빨았다. 세탁소에 맡겨야 하는 옷을 평상복으로 입는 식구는 없었다.

늦가을 볕이 따스하게 비추므로 굳이 탈수기 필요 없다. 햇볕과 바람이 마당과 2층 옥상에 골고루 비추고 드나들므로 빨래는 금방 마른다. 오후 해가 아직 기운이 남았을 때 따뜻한 햇볕을 가득 품은 뽀송뽀송한 빨래를 걷어 갰다.

"아이, 이 바지를 탈수했냐?"

"아뇨, 오늘, 탈수 안 했어요."

"뭔 탈수를 안 해? 저것은 뭘 몰라서 뭔 빨래를 어떻게 허는지도 모른당께. 으이구…."

"어머니, 오늘 해도 좋고 날도 좋아서 탈수 안 했어요. 그 바지는 처음부터 구김이 있었고요."

"저것은, 뭘 몰라서 뭔 빨래를 어떻게 허는 줄도 몰른당께. 으이구…."

어른은 오로지 자신이 하고 싶은 말만 하고 다른 사람이 하는 말은 듣지 않는다. 며느리가 탈수하지 않았다고 해도 '그랬냐?'라고 호응하지 않는다. 그러니 처음부터 바지가 구김이 있었다는 말도 듣지 않는다. '그러냐?' 혹은 '그랬냐?'라고 반응하지 않으니 오고 가는 대화는 이루어지지 않는다. 일방적인 단정과 비난과 비방과 무시를 화살처럼 쏘아붙인다. 도무지 대화 불가다. 도무지 듣지 않는다. 아예 들으려 하지 않는다. 그러니 말을 한들 귓가에 다다르지 못하고 허무하게 사라진다. 송신기는 빵빵하게 출력이 좋은데, 비해 수신기는 아예 없다. 오로지 자기 얘기뿐이다. 입을 다물 밖에. 어른은 큰딸과 큰아들 외에는 누구 말도 듣지 않는다. 며느리 말은 듣지 않을 뿐만 아니라 '저것'이라 칭하고 '뭘 몰라서' '빨래를 어떻게 하는 줄 모르는'이라고 하여 무시와 멸시와 비난을 한 덩어리 퍼붓고 만다.

어른은 아버지 계모임도 집에서 치른다. 이십 명 이상을 대접하는 일이다. 식당에서 대접하는 것이 상식이나 돈을 아끼려고 집에서 하는 것이다. 장을 봐서 온종일 부엌에서 음식을 장만하고 상을 차리고 설거지하며 동동거려야 했다. 가을이면 말린 고추 마흔 근을 혼자 닦았다. 온갖 일을 다 시키고는 사실관계와 상관없이 뭘 모르는 바보 취급하기를 마다하지 않는다. 어른의 기분이 법이다.

어른의 며느리 역할을 하려면 일은 무쇠처럼 이른 아침부터 저녁 늦게까지 오로지 맨손으로 해야 한다. 부엌일도, 청소도, 빨래도, 조카 돌보는 것도, 시누이 시중드는 것도, 물 한 잔 갖다 드리는 것도 재깍재깍해내야 한다. 말은 너무 많아도 안 되고, 너무 벽수 같아도 안 된다. 얼굴은 부잣집 맏며느리처럼 복스러워야 하고, 몸은 재게 놀려야 하고, 여우짓도 표가 거의 안 나야 하고, 시아버지와 남편의 사랑도 표가

나게 받으면 안 된다. 입덧도 유난스러우면 안 되고, 잘 웃되 기분이 나쁘지 않을 만큼 웃어야 한다. 말은 얌전해야 하고, 음식은 잘해야 하고, 눈에 나지 않을 만큼 적당히 빠질 줄도 알아야 한다. 일가친척을 비롯해 동네 사람들에게 칭찬을 받되 너무 과하게 받아도 안 된다. 손은 야물어야 하고, 입은 예의 바르고 겸손해야 한다.

어른의 며느리를 하려고 사는 건지 남편과 가정을 꾸린 건지 구별되지 않는다. 어쩌면 이중구속 되어 있는 것 같다. 쉽게 빠져나갈 수 없도록 이중으로 엮어 묶어 놓은 새장에 갇힌 느낌이다. 영원히 부리고 살 것 같다.

상대방의 말을 듣지 않고 일방적으로 강자만 말하는 세상은 온전할 수 없다. 듣지 않는데, 이해가 어디 있으며 존중이 어디 있으랴. 소통이 불가한 사람과 공존은 불가하다. 만고의 진리다. 예외는 없다.

연극배우처럼

쉰의 여인은 감정이 널을 뛴다. 가장 빛나던 사십 대를 보내고 오십 대는 얼마나 더 풍요롭고 멋질 것인가를 꿈꾸었다.

"몇 년 후에 연못 있는 집을 새로 지을란다. 그때 이 집을 너희에게 줄랑께."라고 하여 그런가 보다 했다.

"논이 열두 마지기가 있으니 그중 작은 논 다섯 마지기짜리 천 평은 너희에게 주마" 하여 그런가 보다 했다. 당시에는 집이며 논이 은행에 담보 잡힌 줄 몰랐다.

어른이 거실에 앉혀놓고 조목조목 말씀하시기에 '지금은 시집살이로 힘들어도 참고 살다 보면 경제적으로 매우 쪼들리지는 않겠다.'라는 안도감이 들었다. 아이들을 낳고 키우기에 몹시 나쁘지 않을 거라는 희망이 생겼다.

그러나 이제는 은행에 담보로 잡힌 것을 알았으니 부질없는 약속이라는 것을 안다. 집을 새로 지을 수 없을 뿐만 아니라, 당장 내년 봄에 2층으로 올라갈 수도 없다. 2층에 세 들어 사는 분들 보증금을 돌려줄 형편이 아니기 때문이다. 다달이 은행 이자가 연체 중이다. 1 금융이 아니라 2 금융에서 대출을 받은 바람에 이자가 더 높다. 보통 16% 정도다. 거기에 연체 이자까지 발생하고 있으니 가만히 있어도 갚아야 할 빚이 지속으로 늘어나는 형국이다. 12월 말이나 6월 말이 되면 은행에서 정리해야 한다고 연락이 온다. 연체 이자를 갚거나 아니면 경매에 넘겨야 한다는 것이다. 69평 2층 슬래브 집과 논 열두 마지기 이천사백 평이 경매에 넘겨지면 제값을 받을 수 없다. 경매보다는 집을 팔아서 덩치 큰 빚을 갚아야 재기의 희망이 보일 것이다. 논은 위치가 좋고 투자가치가 있지만, 토지거래허가구역으로 지정되어 있어 매매가가 높지 않으니, 집을 파는 것이 아무래도 현실적이다. 은행 대출 원금이 1억 5천만 원이고, 고모님이 동네에서 빌린 돈이 2천만 원이고, 서울에서 살림살이를 가져오기 위해 가까운 채권자 눈을 가리려고 쓴 돈이 3천만 원이다. 서울 채권자까지는 어찌 못하더라도 해결해야 할 원금이 2억이니 집을 팔지 않고 버틸 재간이 없다. 이자가 있고 연체 이자가 복리로 늘고 있으니 한시라도 바빠 집을 팔아 큰 덩치부터 해결해야 할 터인데 어른 고집이 만만치 않다.

어른은 점사를 좋아한다. 본인이 도사이기는 하지만 사람을 살리고 죽이는 도사이지 점사를 보는 도사는 아니다. 점을 보러 가끔 나갔다 왔다. 점을 보러 가서 들은 얘기는 신줏단지 모시듯 믿었다.

"시안에 팔린답디다."

올해 안에 팔린다고 하면 여름부터 겨울까지 아무것도 하지 않고 기다린다.

"육칠 월에 팔린답디다."

여름에 팔린다고 하면 겨울부터 또 봄을 지나 여름이 다 가도록 기다린다.

"가실에 팔린답디다."

가을에 팔린다고 하면 봄부터 그냥 기다린다. 물론 호가는 본인이 받고 싶은 값을 유지한다. 시세는 상관없다. 사람을 괴롭힐 때는 당장 물고를 내고 당장 끝장을 볼 것처럼 닦달하지만, 느긋할 때는 늘어나는 이자나 경매에 들어간다는 말에도 세상 한갓지고 느릿하고 여유롭다. 뜨겁고 차가움이 급하고 느긋함이 여느 집 풍경과는 달라도 꽤 다르다.

어른은 때때로 외손자를 보고 기특해 마지않는다.

"나는 세상에서 이렇게 똑똑하고 잘난 애기는 본 적이 없다. 나중에 청와대 갈 때, 이 할매도 같이 데꼬 갈래?"

귀숙은 감감무소식이다.

"우리 양자로 올려서 막둥이 삼아 키울까? 아빠! 아빠! 해 봐라."

그러잖아도 이린아이는 외숙모에게도 "엄마"라고 부르고, 외할머니에게도 "엄마"라고 부른다. 그런데 이제 외할아버지에게 "아빠"라고 부르라고 자꾸 요구한다.

"사돈 집안에 통틀어 손자가 한 명인데, 양자로 주겠어요?" 라고 한 마디 얻는다. 입바른 말 한마디로 의사를 표현한다.

어른에게 외손자는 큰딸 대신이다. 딸을 보듯 본다. 딸이 이룰 꿈을 이제는 외손자가 이루어줄 것 같다. 아빠 체격을 닮아 몸집이 우람하니 장군감이다. 장군감이라기보다 대통령감이다. 막내아들로 호적에 올려 키우고 싶다는 말을 공공연히 매일같이 내비친다. 그러려니 마음먹더라도 본가에서 허락할 리 만무하다. 조부모가 그러하고 백부가 그러하고 친부가 그러하다. 그러든 말든 딸이 낳았고 친정에서 키우니 외가 자식이라는 믿음을 탄탄히 키워나가는 중이다.

희희낙락하다가 서울에서 채권자가 전화하면 연극배우보다 빠르게 목소리가 바뀐다. 삼사일은 한 끼니도 입에 대지 못한 목소리가 나온다. 거의 울기 직전이며 쓰러지기 직전이다. 목소리만 들어도 앓은 흔적이 역력하다.

"여보세요. 아이고, 우리가 지금 사는 것이 사는 것이 아니요. 생때같은 자식이 살았는지 죽었는지도 모른다, 밥이 목구

명으로 넘어 간다요? 살아도 산 것이 아니요. 자식이 살았는지 죽었는지도 모르고, 어디 있는지도 모른디, 살아있다고 어디 살았다고 할 수 있다요? 산 것이 아니랑께요…. 그런께요. 죽었소. 조금 기다레주시오. 딸이 어찌 된 지도 모른디 안 그요?"

서울에서 채권자가 전화하면 정해진 원고를 술술 읊듯 아픈 기색으로 대사가 이어졌다. 놀라운 실력이다. 그러니 그 사람들을 상대하는 것이겠지만 매번 볼 때마다 놀라움을 금치 못한다. 누가 저 모녀를 이길 것인가.

지금이야 전화기에 발신자 번호가 뜨지만, 당시에는 누가 걸어온 전화인지 받아봐야 알 수 있었다. 평상시 목소리로 전화를 받았다가 서울에서 채권자가 걸어온 전화면 순간 장조에서 단조로 음조가 바뀐다. 금방 울 듯 쓰러질 듯 우는소리를 한다. 앓는 소리를 한다. 순식간의 태세전환이 경극의 변검 수준이다. 민첩하고 날렵하다. 전화를 건 당사자가 헷갈릴 지경이다. 차츰 전화를 받을 때부터 서울 채권자일 가능성을 염두에 두는지 낮은 도 즈음에서 소리를 낸다. 태세전환에 훨씬 유리하기 때문이다. 녹음기를 틀듯 비슷한 레퍼토리의 대사를 읊는다. 채권자의 하소연은 모르쇠다. 일단 큰딸의 생사를 모르니 죽을 지경이라는 하소연으로 그들 입을 막는다. 너희들은 돈이 문제이지만 나는 딸의 생사가 문제이니 내 앞에서 돈 얘기는 하지 말라는 강력한 압박이다.

상대방이 말할 틈을 주지 않고 일방적으로 대사를 읊는 데다 금방 울듯 금방 병원에 실려 가 링거라도 맞아야 할 듯 연기를 하니 진화의 주도권은 어른에게 있다.

 채권자들이 우편으로 편지를 보내왔지만, 한문이 군데군데 들어간 편지를 두 분은 읽지 못한다. 학교에 다닌 적이 없다. 한글은 읽지만, 한문은 아예 모른다. 서울 할아버지는 무엇을 기대하고 편지를 쓴 것일까.

 채권자 대표들이 집을 방문하겠다고 한다. 아버님은 며느리가 못 볼 꼴을 보게 할 수 없다며 친정으로 보낸다. 간략하게 사태를 들은 친정엄마는 "딸한테 환장한 시어매는 며느리가 눈에 안 들어온다."라며 걱정이 태산이다. 좋은 모습을 보이기는커녕 걱정과 염려를 끼쳤으므로 가슴앓이를 한다. 굳이 이런저런 일을 알려서 좋을 게 없으므로 이후로 친정에 별 얘기를 못 하고 만다.

 채권자들이 사기로 고소를 했지만, 귀숙의 행방이 묘연하므로 귀숙은 지명수배된 채 기소중지 되었다.

 연극배우처럼 태세전환이 빠르고, 말을 주도하는 사람은 착한 사람이 아니다. 계산이 먼저이고, 손해는 보지 않겠다는 심산이며, 주도권을 가지겠다는 의지가 크다. 애초에 돈으로든 무엇으로든 엮이지 않는 것이 안전하다. 엮인 후에는 여간 성가시지 않을 뿐 아니라, 도무지 이길 재간이 없다.

PART 2

연대감 없이

두려움을 만나다

　배가 제법 불렀다. 일머리가 늦거나 일손이 더딘 편이 아니지만, 낯선 시댁에서의 살림살이도 제법 손에 익어간다. 매일매일 일과를 수행하고 조카를 돌보고 아버지와 이야기도 나누다 보면 이런 날들이 계속 이어질 것 같다. 어른들이 놓아주지 않을 것 같은 강한 예감이 든다. '분가는 어렵겠구나. 따로 나가서 살겠다고 하면 아주 많이 서운해하고 섭섭해하겠구나' 싶다. 부모님을 봉양하는 업이 주어진 결혼 같다. 탈출구가 없는 느낌이다.

　시댁이 이 골목에 이사 온 것은 불과 사오 년 전이다. 더구나 오래 터를 잡고 살고 있던 사람들과 왕래가 잦은 편도 아니다. 워낙 온 식구가 집에 머무니 누가 놀러 온다는 것도 자연스럽지 않다. 2층에 세 들어 살던 아주머니가 오가며 형편을 대충 눈치채는 모양이다.

  손님이 드문 집에 가끔 골목 앞 할머님이 놀러 왔다. 예순이 님은 할머니는 막일을 나가기도 하고, 공공근로를 나가기도 하는 모양인데, 술에 취한 모습을 자주 보였다. 또래 남성들하고 술을 마시는 모습이 자주 목격되기에 평판이 썩 좋은 편은 아니다. 무슨 연유인지 같이 사는 며느리와 갈등이 많은 모양이다. 이 할머님이 며느리 흉을 자주 봤다. 같이 사는 작은며느리 흉을 볼 때마다 어른은 같이 흥분하고 더 분노하며 더 씩씩거렸다. 그러니 할머님은 작은며느리 흉을 보고 싶으면 어른을 찾아왔다. 어른은 할머니보다 할머니의 작은며느리를 더 미워했다. 흡사 본인에게 할머니의 작은며느리가 엄청난 잘못이라도 한 양 벼른다.

  할머니와 어른이 작은며느리를 싸잡아 흉보고 미워한 지 한 달가량 지났을까? 젊은 여성과 어른의 싸움이 붙었다. 그다지 좁지 않은 골목에 사납기 그지없는 소리로 가득 찼다.

"나가 니 작은아들을 살려줬는디, 니가 나한테 대들어?"

"제가 뭘 어쨌다고 이러시는 거예요?"

"니가 느그 시어매한테 못 헌다 글드라."

"아주머니는 잘 알지도 못하면서 왜 그러시는 건데요?"

"나가 왜 몰라! 나가 왜 몰라!"

"저희 어머니 말만 듣고 이러시는 거잖아요?"

"나가 뭘 몰라. 나도 다 알아. 이것아. 나가 니 죽어가는 작은아들을 살려줬제? 근디 니가 나한테 대들어? 시방? 시어매한테도 못하는 것이 나한테 대들어?"

"제가 뭘 어쨌는대요?"

"나가 다 안당께? 나가 니 작은아들 죽어갈 때 살려줬재? 근디 니가 지금 나한테 대들어? 시방 대들어? 그래, 니 작은아들이 어찌 되는가 보자. 한번 봐봐. 한번 보자고. 잉?"

"아주머니는 왜 저희 어머니 말만 듣고 저한테 뭐라 하시는데요?"

"한번 보자고! 어찌 되는가. 나가 니 작은아들 살려 줬냐? 안 했냐? 그런디, 니가 시방 나한테 허는 짓을 봐라. 니 작은아들이 살겄냐? 못 살겄냐? 안 그냐? 그렇게 한번 두고 보자고. 니 작은아들이 어찌 되는가 보자고!"

비슷한 말만 골목에 한 시간쯤 쩌렁쩌렁 울렸다. 남의 집 일로 골목이 시끄럽게 우악스럽게 싸우는 어른이 이해 안 되거니와 망신스럽다. 남의 집 일이다. 남의 집 일에 왜 상관하는가. 알지도 못할뿐더러 안다 한들 어찌하는가. 한쪽 말만 듣고 섣불리 할머니 대리인처럼 그 집 며느리와 거침없이 싸우는 어른이 무척 난처하다. 할머니가 빙의된 것처럼 그 댁 며느리와 온 골목이 다 울리도록 요란하게 싸우는 모습이 난감하다.

이상한 싸움이다. 맞은편 집 젊은 여성이 구체적으로 무엇을 잘못했다는 말은 없다. 우기기만 있을 뿐이다. 게다가 논섬 흐리기와 화제 전환이 능수능란하다. 느닷없이 여성의 작은아들이 악담의 대상으로 등장하지 않는가. 네댓 살 남자아이가 왜 악담의 대상으로 떠오르는가. 어른들의 말싸움에 어린아이가 호출되는 이상한 싸움이다. 배부른 새댁은 선뜻 대문 밖으로 나가지 못하고 대문 안에서 서성인다. 시간이 흐르건만 도무지 끝나지 않는 도돌이표 말싸움이 이어지므로 하는 수 없이 불쑥 나온 배를 안고 대문 밖으로 나갔다. 어른을 달래 집으로 모셔오면서 '이 동네 사람들도 어른 성질을 조금은 알게 되겠구나.' 싶다. 어쩌면 어린 새댁을 안타깝게 여기는 사람도 있을 듯싶다.

골목 앞 할머니의 며느리 흉보러 오던 걸음이 멈췄다. 그 할머니와의 인연은 작은며느리 흉을 보던 한 달이 전부다. 그 짧은 인연을 위해 어른은 한 시간 동안 목울대를 한껏 울린 셈이다.

한바탕 소란이 있은 지 두 달가량 지났다.

갑자기 놀라운 소식이 들렸다. 어른이 악담하던 그 둘째 아이가 사고로 잘못됐단다. 집안에서 감전이 일어난 모양이다. 너무 뜻밖이다. 아직 어린아이다. 네 살이던가, 다섯 살이던가. 싸움도 느닷없고 아이가 악담의 대상으로 등장한 상황도 어처구니없었건만, 그 어린아이가 잘못됐다. 악담이 공공연하게 한 시간가량 큰소리로 골목에 울렸기에 무서움을 느낀 사람들이 많았다. 소름이 돋았다. 뒷집 아주머니가 겁을 먹은 채 다가와 조용히 귓속말처럼 이야기했다.

"나는 자네 어머니가 무섭네…."

"저도 저희 어머님이 무서워요…."

언젠가 그 남자아이가 급체라도 했던지 뭐였던지 어른이 어루만져 준 일이 있었다 한다. 어른은 사람을 살릴 수도 있고 죽일 수도 있는 자칭 약도사다. 당시에 손으로 만짐으로써 죽을 수밖에 없는 아이를 살렸다는 확신이 뚜렷했던 모양이다. 시어머니한테 잘못한다는 지적 또는 비난에 '잘못했습니다.'로 대답해야 마땅한데, '왜 그러시냐?'고 묻는 말이 괘씸했을까? 은혜를 베풀었는데 대들었다고 여긴 어른은 분함을 못 이기고 그 아들을 콕 집어 악담을 퍼부었다. 우연이었는지 모르지만, 악담의 실현은 공포와 두려움을 심어주기 충분했다.

'이분은 화가 나면 악담을 퍼붓는구나. 이분은 화가 나면 물불 안 가리는구나. 이분은 누구까지 저주할 수 있을까?'

절대 밉보이거나 책잡히지 않아야 할 강력한 이유가 생겼다. 혹여 화가 치밀면 며느리는 물론 손자까지도 악담의 대상이 되지 말라는 법이 없을 것 같다는 생각마저 드는 것이다. 스산했다. 부아가 나면 파르르 떨며 악담을 마다하지 않는 어른은 아직 쉰 살이다. 두려움이 어른의 몸보다 커졌다.

어른의 악담은 이후로도 멈출 줄 몰랐다. 여든이 훌쩍 넘어도 악담과 저주는 여전하다. 횟수는 예전만 덜하지만, 강도는 오히려 더할 때가 많다.

우연이었을지라도 악담이 실현되었기에 두려움과 결합되었다. 두려움의 실체를 알기까지는 상당한 시간이 걸렸다. 마흔세 살부터 더는 어른이 무섭지 않았다. 어른의 악담도 두렵지 않았다. 더 좋은 삶을 살기 위해 스스로 성장하면 힘이 생긴다. 두려움이 아무리 크다 한들 두려움으로 사람을 영원히 가두지는 못한다. 상식이 있는 사람은 언젠가 두려움의 형체를 알게 된다. 비록 시간이 걸릴지라도. 자세히 보면 허술하기 짝이 없는 공포에 불과할 뿐이라는 것을 안다. 성냄과 분노와 악담이 늘 통하는 사람은 겁먹은 몇몇 식구뿐이라는 것도 알게 된다.

위세

 만삭이다. 이제는 언제 진통이 시작되어도 아무렇지 않은 시기다. 임신 38주부터 42주까지 있었던 이야기다.

 친정엄마 생신이어서 모처럼 친정에 갔다. 동네 어른들 아침상을 봐 드리고 뒷마무리까지 하고 느지막이 나오고 싶었지만, 언니들이 서둘러 나와야 하는 바람에 마지못해 따라나섰다.

 오전 11시, 식탁에 아침 밥상이 그대로 놓여있다. 딱 하루도 지나지 않았다. 이제는 한 끼니도 치우기 싫은 걸까. 며느리 손이 닿지 않으니 11시가 되어도 아침 밥상이 그대로 널브러져 있다. 바라보기만 했을 뿐인데 이미 지친다. 반찬과 주방을 정리하고 설거지를 마치니 빨래가 한 무더기다. 배가 부르기 시작하자 무엇보다 빨래가 힘겹다. 하는 수 없이 목욕탕 의자에 철퍼덕 앉아 다리를 넓게 벌리고 빨래를 한다. 모양이 볼품없다. 만삭이어도 겨울이어도 빨래는 손으로만 해야 한다. 원칙이어서 벗어날 수 없다. 물을 먹은 겨울옷은 무겁디무겁다. 부를 대로 부푼 배로 무거운 빨래를 빨고 헹구고 욕조에 걸쳐 물기를 뺀다. 기영과 예빈은 샤워하면 속옷도 그대로 두고 나온다. 올케 몫이다. 둘이 번갈아 한 무더기씩 청바지며 옷가지를 쏟아 내놓는다. 하는 수 없다. 조카 빨래는 기저귀가 다가 아니다. 조카 이부자리는 열 개가 넘는다. 다 외제다. 영국제품이나 미국제품이다. 하루에 한 개꼴로 이부자리가 나온다. 물을 먹은 이부자리는 쌀 포대처럼 무겁다. 헹구기도 무겁고 욕조로 끌어올리기도 버겁다. 조카 기저귀를 두 번 삶아 헹군다. 비로소 일곱 식구 하루 빨래가 끝난다. 빨래가 끝나자마자 안방에 있던 어른이 누비이불을 화장실 코앞에 던져놓는다.

"아이, 빨던 김에 이것도 같이 빨아라."

"예?"

"기영이가 친구 집에서 강아지를 데려왔는디, 강아지가 오줌을 싸부렀단다. 얼른 빨던 김에 같이 빨아라."

"나가 할란다. 니는 인자 나오니라."

아버지께서 며느리 기분을 아는지 체력을 아는지 화장실에서 그만 나오라고 재촉한다.

"뭘 헌다고 그러요? 그러기는. 아이, 빨던 김에 그 이불도 같이 빨아라. 조물조물해서 헹구고."

"예…"

한겨울이다. 온수는 끊긴 지 이미 오래다. 온수를 아주 약하게 틀고 빨래를 하다가 헹굴 때는 찬물이다. 온 식구 샤워가 끝난 후 빨래를 시작하기에 온수는 늘 조금밖에 못 쓴다. 보일러를 조절하는 버튼이 안방에 있기에 마음대로 따뜻한 물을 쓸 수도 없다. 늘 찬물로 빨래하다시피 하는데, 누비이불을 찬물에 빨 생각을 하니 거부감과 불쾌감이 먼저 든다.

'강아지를 데려올 게 뭐람. 안 그래도 일이 많은데 강아지까지 데려와서 이 한겨울에 강아지가 오줌 싼 누비이불까지 빨아야 한다니. 엄마 생신인데, 조금 느지막이 나오고 싶더라니. 친정에 조금 더 있다가 나올걸. 이게 뭐람. 기다렸다는 듯이 주방이며 빨래며 그득그득 차 있고…. 아이, 차가워. 발이 너무 시려. 왜 이렇게 거품이 안 빠진대. 아무리 밟아도 비눗물이 안 빠져. 무겁긴 또 왜 이리 무겁고. 오늘이라도 아기를 낳아도 될 38주 만삭인데 누비이불을 손으로 빨라고 하네. 그것도 엄동설한에.'

"인자 나오니라. 고생했다. 인자 내가 탈수하고 널란다."

안타깝게 거실에서 기다리던 아버지께서 탈수부터는 해방시켜 주신다. 세탁기는 화장실에 없다. 뒤란에 있는데, 화장실을 나와서 주방을 지나 뒤란으로 나가는 문을 열고 조금 더 가야 세탁기가 있다. 그러니 무거운 누비이불을 늘고 끙끙거리며 그 거리를 걸어서 탈수하기가 만만치 않은 일이다. 아버지의 인정으로 그나마 살만하다. 비로소 화장실에서 해방되니 발이 빨갛다.

시댁의 경제 상황은 말이 아니다. 이자는 연체되고 있고 은행에서는 경매를 언급한다. 유월 말과 연말에는 은행의 정리 절차 개시가 예고되고 그럴 때마다 수천만 원의 새로운 빚이 추가로 발생한다. 이대로 가다가는 배보다 배꼽이 커지지 말란 법이 없다. 답답하나 말이 통하지 않거니와 며느리는 발언권이 극히 미미하다. 씨알도 안 먹힌다. 하기는 어른이 간간이 묻고 오는 점쟁이 말 말고 누구 말이 씨알이나 먹히던가.

어른은 얼마 전부터 집에서 손님을 받았다. 약도사로서의 정체성을 드러내고 일을 시작했다. 아프다는 사람과 통화를 하고 집을 알려주면 그들이 찾아왔다. 그들은 하루 이틀이 아니라 열흘도 다니고 한두 달도 다녔다. 손님은 하루에 한두 명에서 두세 명 정도다. 어른은 그들을 편안하게 안방에 누이고 손으로 여기저기를 만지고 짚고 쓰다듬고 쓸어내리기를 한 시간씩 반복했다. 여자는 일이 만 원을, 남자는 이삼만 원을 받는 모양인데, 돈을 벌기 시작한 후로 어른은 더욱 기세등등했다.

어른은 일하기 전에도 그랬지만 일을 하고 난 후에는 아침마다 '머리가 어릿어릿 아픈 거 봉께 머리 아픈 손님이 올란갑다.' '배가 슬슬 아픈 거 맹킨디 배가 아픈 손님이 올란갑네.' '머리가 지끈지끈헌디 큰딸이 아무래도 머리가 아픈갑다.' '다리가 저릿저릿헌디 그때 다리 아픈 사람이 다시 도지는갑다.' 등 도무지 동의할 수도 없고 이해할 수도 없는 말을 수시로 내뱉고 동의를 기다렸다. 고개를 끄덕일 수도 없고, 답을 할 수도 없고, 마냥 피할 수도 없다. 난처하고 난감한 혼잣말이 수시로 때때로 진실처럼 펼쳐졌다. 어른이 '그런갑다'하면 그러는 것이 묵시적 동의로 간주됐다. 아마도 오랜 시간 집단 중독처럼 집단 종교처럼 받아들여진 모양이다. 다들 그러려니 한다. 그런 비합리적이고 비상식적인 세계가 낯설다. 아무리 시간이 지나도 익숙해지지 않는다. 어른의 느낌은 기정사실이 되고 어른의 육감 혹은 짐작은 어떤 사실보다 진실로 받아들여지는 공간. 대문 안에서 어른이 독불장군이 되는 이유다.

금방 출산예정일이 지났다. 희망과 기쁨과 기대로 충만한 날들이 아니다. 갓난아이를 맞이하기에는 공기가 냉하다. 시댁도 시댁이지만 남편에 대한 신뢰가 희미하다. 조금이라도 불편한 상황은 피하고 보니 세 식구가 오붓하게 살게 될 희망은 아득하다. 아기를 낳으면 친정에 가게 될 터이니 그나마 견뎌볼 만하다.

 까무룩 낮잠이 들었다. 불면증은 여전하고 자주 화장실에 가야 하니 깊이 잠들지도 못한다. 아주 드문 일이나 어찌 살짝 낮잠이 든 모양이다. 잠에서 깨어 주방에 가보니 싱크대에 설거짓거리가 층층이 쌓였다. 냄비와 도마와 그릇과 해산물 찌꺼기가 뒤엉켜있다. 잠시 잠든 사이에 딸들과 '쏙'을 사다가 삶아 먹은 모양이다. 인심이 고약하다. 설거지하기 편하게 분류라도 좀 해놓았으면 덜 서운했을 터이나 개수대 모양이 심란하다. 배려를 받은 적이 없기에 그러려니 하고 설거지를 시작한다. 그가 뒤에서 부른다. 고개를 돌려 아는 체하고, 하던 일을 마저 했다. 미안했을까? 출산예정일을 넘기고 부엌에서 말없이 설거지하는 모습이 안타까웠을까? 아내는 놔두고 그들끼리 해산물을 삶아 먹고 온갖 찌꺼기가 엉망인 싱크대가 마음에 걸렸을까? 그가 한 번도 하지 않던 일을 했다. 회피하고 도망가고 모르는 체하며 눈도 감고 귀도 닫던 그가 한마디 하는 모양이다.

"니들도 언니 좀 도와줘야 하지 않냐?"

"뭘 도와?"

"설거지도 좀 하고."

"설거지가 뭐 어쩐다고?"

"아이, 니는 동생들한테 뭐 하는 짓이냐?"

"언니가 출산예정일도 지났고 좀 도와줘도 되잖아요."

"임신한 것이 유세냐? 지금 유세하냐? 지금 유세한다고 동생들한테 도와라 마라 그러냐?"

"어머니, 쟤들도 나중에 결혼하고 그럴 것 아녜요. 지금 언니가 힘들 때니까 조금 도와줄 수도 있지 않아요?"

"니는 지금 나한테 설거지해라 마라 그러냐?"

"언니 좀 도와줘도 되지 않냐?"

"니가 뭔데? 니가 뭔데 나한테 해라 마라야?"

거실이 시끌벅적 요란법석 난리다. 설거지가 끝났는데 주방에서 나갈 수조차 없이 분위기가 살벌하다. 여성 셋이 쉿소리를 내니 그가 어쩔 줄 모른다. 어른이 그 사람 뺨을 때렸다. 마누라 앞에서 뺨을 맞은 그는 망신스럽고 치욕스러울 것이다. 아내 앞에서 스무 살과 스물두 살인 여동생들 앞에서 뺨을 맞은 그가 안쓰럽다. 그이 얼굴을 보기 민망하다. 가슴이 떨리고 무섭다. 물 한 번 안 갖다 마시고, 수저 한 번 놓지 않던 그들에게 설거지라니. 그가 지나쳤다. 그렇지만 설거지라도 한 번 도와달라는 말이 이토록 분란이 날 일인가. 아직 정이 들지 않았는데 더욱 멀게만 느껴진다. 쉽사리 정이 들 것 같지 않다. 딸들과 며느리 앞에서 기세 좋게 아들 뺨을 올려붙인 어른은 부엌에서 나가지도 못하고 냉장고 옆에 붙어 서 있는 며느리에게 거침없이 들이닥친다.

"니가 뭐라고 했간디 자가 저러냐?"

이제 누구 뺨이라도 때릴 기세다. 자칫 비위를 거슬렀다가는 미리새라노 삼아챌 손아귀다. 부모와 자식 간에 그런 싸움은 본 적 없다. 정들 새 없이 멀어져간다. 어른도 시누이들도 여성으로서 연대감이 들지 않는다.

예의는 애초에 차린 적 없다. 부모는 학교에 간 적 없고 자식들은 제멋대로다. 그래놓고 귀부인 흉내를 내느라 있는 집처럼 행색을 차린다.

"저는 아무 말도 안 했어요."

"임신한 것이 유세냐? 유세여? 니가 뭐라고 했간디 쟈가 동생들한티 저런 소릴 하냐고! 저런 소리를 해?"

부엌 냉장고 옆에 계속 서 있다가는 무슨 행패를 당할지 모른다. 방으로 들어가 공간을 분리하는 수밖에 없다. 되도록 외출을 안 하던 아버님이 잠깐 외출한 사이에 벌어진 일이다.

아버님이 돌아왔다. 아버님께 지청구를 들은 어른은 큰딸 살림이 있는 방에 들어가 문을 걸어 잠갔다. 그녀 특유의 버티기 작전이 나온 셈이다. 이제 웬만하면 그녀를 이길 수 없다.

간간이 가진통이 왔다가 이어지지 않고 만다. 며칠째 그러하다. 어른은 그와 아버님이 식사를 마치고 사라진 후에야 방문을 열고 나온다. 국을 데우고 밥을 다시 뜨고 반찬이 마를까 식을까 염려하며 손을 타게 한 후에야 마지못해 식사를 마친다. 식사를 마치자마자 곧바로 방에 들어가 방문을 걸어 잠근다. 시누이들은 오빠와 아버지가 올케 편을 드느라 엄마와 자기들이 피해를 보았다고 여기는지 땍땍거린다. 영락없이 유치한 아이들 모습이다. 꼬박 일주일을 숨도 쉬지 못할 만큼 집안 공기가 팽팽하고 또 냉하다. 거실에서 화장실 앞에서 주방에서 식탁 앞에서 난처한 엇갈림이 이어진다. 어서 아기를 낳고 친정으로 피신하고 싶은 마음이 굴뚝같다.

약자가 위세를 떨 수 있는가? 강자가 약자를 제압하기 위해 거칠게 몰아세우는 억지다. 만삭의 임산부가 무엇을 하였기에 위세 떤다는 면박을 듣는가. 시누이들 속옷 빨래부터 조카 키우기와 어른들 수발드느라 잠시의 외출마저 삼가는 며느리다. 그들이 무슨 배려를 했던가. 출산예정일을 일주일 넘긴 시점이다. 그가 열 달 동안 딱, 한마디 거들었던 것이 위세를 부리는 꼴불견으로 보이는 지경이니 여성으로서의 연대감은 찾을 도리가 없다. 남편이 뺨을 맞는 것을 지켜보는 것도 세 여성의 부딪치는 쇳소리를 듣는 것도 위세를 부린 대가였을까. 사는 일이 하루하루 고해가 아니고 무엇이랴.

엄마가 되다

 출산예정일을 앞두고 오만 가지 생각이 들었다. 자신이 없다. 이 상황에서 아기를 키우며 살아낼 자신이 없다. 혼자 아기를 키우며 살 수도 없다. 낯선 곳으로 피신 가서 아기와 단둘이 살아낼 자신도 없다. 곧 세상에 나올 아기와 어떻게 살아가나. 방정맞은 생각이 들었다.
 '그래, 아기를 낳다가 의료사고로 둘 다 같이 죽는 거야. 그게 가장 깨끗할 것 같아. 내 선택이 어수룩했다는 것을 세상에 드러내고 싶지 않아. 제대로 살아낼 자신이 없어. 죽을 둥 살 둥 애쓰다가 결국 참담하게 실패하기 싫어. 일가친척과 친구들 입에 오르내리지도 않고 삶을 끝낼 수 있으면 좋겠어.'
 생각이 거기에 머무르자 정말 그랬으면 좋겠다 싶었다. 의료사고로 끝이 난다면 삶에서 실패하는 것이 아니다. 실패할

확률이 너무 높은 삶에서 탈출하는 것이다. 도무지 감당하기 어려운 환경에서 벗어나는 길이다. 희망이 보이지 않는 삶에서 부대끼고 망가져 가는 모습을 주변 사람들에게 보이고 싶지 않다. 사랑하는 엄마와 동생, 친구들이 나로 인해 너무 아파하지 않았으면 좋겠다. 자식을 두고 가는 것은 견딜 수 없이 무책임하므로 자식이랑 같이 가면 좋겠다. 내가 지은 행동으로 인한 책임을 남겨두고 혼자 갈 수는 없다. 요지경 같은 집에 아기랑 둘이 다시 시작하지 말고 아기랑 둘이 훨훨 다시 돌아오지 못할 곳으로 떠났으면 싶다.

아기는 예정일이 지나도 나올 기미가 없다. 출산예정일을 보름 넘기고 역시 청소와 빨래를 모두 해놓고 병원에 가겠다고 했다. 방문도 열지 않고 어른이 호통을 친다.

"진통도 안 온디 뭔 병원을 간다냐?"

병원에서는 며칠 전부터 내원을 요구한 상황이다.

"다녀오겠습니다."

"병원에서 시키는 대로 허그라."

아버님은 어서 병원에 가라고 재촉한다. 더 미룰 수도 없다. 기다릴 만큼 기다리다가 하는 수 없이 가는 병원이다. 유도분만을 시작했다.

태아 맥박은 160이 정상이나 아기는 120에 머무르다가 100 이하로 두 번 떨어졌다. 극심한 진통 중에도 숫자에서 눈을 떼지 못한다. 수치가 떨어질 때마다 단추를 누르며 '엄마가 방정맞은 생각을 해서 그래? 미안해, 엄마가 잘못했어, 엄마가 정말 살못했어. 이제 너랑 나랑 같이 살자. 이제 엄마한테 와줄래? 엄마가 미안해. 엄마랑 살자. 엄마랑 둘이 살자.' 수없이 되뇌며 아프다는 말조차 한마디 못 했다. 태아가 힘들어서였는지, 산모 진통이 길어져서인지 출산을 한 시간 앞두고 수술동의서를 받았다고 한다. 만약을 위해 동의서까지 준비한 모양이다.

  스무 시간 이상 진통을 겪고 간신히 아이를 낳았다. 용을 쓰느라 그랬는지 얼굴이며 몸이 땡땡 부었다. 아이를 낳고 나니, 어른이 미역국을 끓여 왔는데, 세상 다정한 시어머니 모습이다. 지옥 같았던 일주일을 떠올리면 어리둥절하지만, 친손자를 보아 기쁜 마음도 있나 보다 다독인다. 무엇보다 두 내외가 어물쩍 화해해서 좋았는지 모를 일이다.

  아기를 낳고 시골 친정에 갈 수 있었다. 산모가 가사도우미 역할을 못 할 테니 친정에 가서 몸이나 추리고 오라는 거였을 테지만.

  백일까지 친정에서 아기와 친정엄마와 지냈다. 친정엄마께서 들에 일 나가시면, 오로지 세상에 아기와 나만 있는 것 같았다. 적막하고 외진 산골에서 아기 엄마가 된 나와 나만 바라보는 아기. 둘이 서로 바라보며 살았다.

엄마가 된다는 것은 나를 버리는 것이고, 엄마가 된다는 것은 아기와 몸을 바꾸는 것이고, 엄마가 된다는 것은 한 생명을 온전히 바라본다는 것이고, 엄마가 된다는 것은 비록 부족하지만 죽을 만큼 애를 쓴다는 것이고, 엄마가 된다는 것은 누구보다 자식을 먼저 생각한다는 것이다. 그리고 엄마가 된다는 것은 한없는 미안함이고, 끝없는 사랑이고, 온 세상이 자식으로 가득 차는 것을 느끼는 것이다. 자식은 태어나서 몇 년 동안 효도를 다 한다고 하더니 정말 그런 것 같다. 사랑으로 충만한 시절들이 있었다.

흠뻑 반해서 산 시절이 있다. 아이에게서 오는 것은 모든 게 최상이다. 모든 냄새가 향기롭고, 모든 촉감이 부드럽다 못해 감미롭고, 모든 표정이 귀엽기 이를 데 없다. 누구인들 그토록 사랑할 수 있을까? 누구인들 그토록 소중할 수 있을까? 아이 앞에 있는 것만으로도 이미 충분하다.

엄마가 된다는 것은 엄마가 되기 전과는 전혀 다른 세계에 들어서는 것이다. 가장 행복하면서도 가장 어려운 직책이 엄마라는 자리다. 새털처럼 가볍다가도 천근만근 무거워지는 것이 엄마다. 엄마로 산다는 것은 엄청난 일이다. 기쁨도 슬픔도 그보다 강렬할 수 없다. 엄마는 그 강렬한 무게를 안고 산다. 힘이 들 때가 많더라도 지나고 보면 좋을 때가 훨씬 많다. 그러니 충분히 사랑만 해도 좋을 것 같다.

　큰아들에게는 수차례 사과했다. 아들이 그만하라고, 충분히 됐다고 할 때까지. 엄마의 서툰 점을, 엄마의 부족한 점을, 엄마의 한계를 고백했다. 큰아들도 여러 번 사과한다. 살면서 미안한 마음이 들 때가 불쑥불쑥 있지 않을까 싶다. 그로써 겉으로 보이는 것보다 속으로 더 애틋한 자식이 되었다. 작은아들은 엄마가 사과할 일이 아니라고 한다. 엄마는 최선을 다했다고 한다. 더불어 엄마의 삶은 '인간승리'라고 정의한다. 고맙다. 이해하는 것도 인정하는 것도 감사하다. 작은아들이라고 힘겨움이 적을까. 세 아들 사이에서 가장 많은 고생과 희생을 한 자식이 작은아들이다. 막내아들은 구할 구푼 만큼 사랑으로 채웠다고 자부한다. 경제적인 한계가 뚜렷했음에도 불구하고 사랑만큼은 넉넉하지 않았을까 싶다.
　자식이 아니라면 그런 인내를 그런 책임을 그런 충만한 사랑을 어디서 누구로부터 배울 수 있었을까? 엄마에게 자식만큼 큰 대상은 결코 없는 것 같다.

안부를 여쭙는다는 것

    고요하고 적막한 산골에 갓난아기를 데리고 들어갔다. 손 없는 날에 가야 한다는 거부할 수 없는 주장으로 시댁에서 하루를 머물고 시골로 향했다. 쇠고기 두어 근과 미역 한 줄을 들고 어른이 따라나섰다. 며칠 사이에 통통 부은 모습을 보고 이웃집 할머님께서 깜짝 놀란다.
  "어찌다가 이렇게 부서부렀다냐. 엔간히 고생했는 갑네. 오메…."
  "얼른 오니라."
  엄마는 아기를 받아 안고 대문간 화장실에 갔다 온다. 액막이 형태 중 하나인가보다.
  "불 때 났다. 얼른 따신 방에 들어가 애기 눕히고…."
  엄마는 평생 아들 하나 키워보는 것이 소원이라고 말했었는데, 예순을 코앞에 두고 외손자가 왔다. 딸만 낳느라 미역국 한번 못 먹은 엄마는 미역국을 가득 끓여 넓은 그릇에 양껏 담아 내온다.

"많이 먹어라. 그래야 젖이 잘 나오지."

모유는 빨리 돌지 않고 아기는 양이 안 차나 보다.

"아이, 얼른 애기 젖 물려라."

"아이고, 조금 있다가 줘라."

어른은 빨리 더 먹이라고 성화고, 친정엄마는 조금 있다가 주라고 말린다. 다르다. 두 분이 우선으로 두는 대상이 다르다는 것을 단박에 알 수 있다.

통통 부은 상태가 며칠 지속되더니 결국 심한 오한이 들며 젖몸살이 났다. 장작을 줄지어 아궁이에 넣고 담요를 머리끝까지 뒤집어써도 이가 딱딱 부딪힌다. 덜덜 떨리는 한기에 정신이 아득하다. 마침 연휴라 서울에서 조카를 보러 온 동생들이 생경한 모습에 놀란다. 야물던 언니가 한없이 약한 산모가 되어 있어서 놀랐단다. 이가 부딪히도록 덜덜 떠는 오한을 어쩌지 못해 손을 잡고 담요를 더 당겨 눌러주고 동동거린다. 친정엄마도 새댁 시절에 젖몸살 경험이 있는지라 따뜻한 물수건을 연신 가져다주며 애가 탄다. 살이 찢어지는 것처럼 아프지만 아이에게 젖을 물린다. 시골이라 분유도 없다. 아기는 이미 엄마 냄새를 알 뿐 아니라 다른 감촉을 거부한다.

남편이 아기를 보러왔다가 몸살이 심한 나를 안타깝게 돌본다. 열이 조금 내렸을까?

"어머니한테 전화 좀 드려라. 전화를 안 한다고 좀 그런다."

"어머니께서 반갑게 안 하시고 무섭게 하시니까 아무래도 전화가 잘 안 돼요"

"그래도 전화드려."

"하긴 할 건데요…. 안부 전화를 드리는 것이 맞긴 맞는데, 조금 다정하게 해 주시면 좋을 텐데요…."

"그래도 전화 안 한다고 막 그랬으니까 좋게 받을 거다."

"나는 밖에서 들어간 사람이니 집안에서 정을 주는 것이 먼저일 거 같거든요. 며느리 도리를 해야 하지만 화를 내거나 퉁명하게 받으시면 마음이 불편하니까요…."

"알았다. 그래도 어쩌겠냐. 전화드려야지."

"알았어요. 이따가 전화드릴게요…."

외손자가 있으니 신생아를 같이 둘 수 없다고 친정으로 보내더니 안부 전화를 자주 하지 않는다고 불만을 얘기한 모양이다. 친절하게 받으면 전화를 안 할 이유가 없다. 대화가 통하면 말을 덜할 까닭도 없다. 그러나 대화가 통했던 적이 없다.

가치관이 달라도 너무 다르다. 당신 기분에 따라 차가움과 냉정함과 분노와 화풀이를 맥락 없이 던지기 때문에 괜히 온갖 부정적인 감정 찌꺼기를 오물처럼 뒤집어쓰기 일쑤다. 전화뿐만 아니라 대화 자체가 두렵다. 피할 수 있다면 피하고 싶고, 덜할 수 있다면 덜 하는 게 마땅하다. 그러나 아기 아빠한테 압력이 들어오니 마냥 피할 수도 없다.

"여보세요?"

"예, 어머니, 저예요."

"그래! 왜 전화했냐?"

"네, 어머니. 별일 없으신지 안부 여쭈려고 전화드렸어요."

"알았다!"

"예, 애기랑 저는 잘 있어요."

"알았다!"

"예, 아버님은 잘 계시지요? 준열이는 잘 지내는가요?"

"그런다!"

"네, 그러면 다시 전화드릴게요."

"알았다!"

역시 차갑기 그지없다. 이러려고 전화 안 한다고 성화를 부렸나 싶다. 이러니 전화를 하고 싶은가 말이다. 어느 지점에서 부아가 났는지, 무엇 때문에 화가 났는지, 어디에서 서운함이 차곡차곡 쌓이는지 가늠해보기도 지친다. 고요하고 적막한 산골에서 아기와 나는 누구와 함께 살아야 하는지도 막막하다. 아기 아빠와 아기와 셋이 오붓하게 살면 좋으련만 경제 상황이 허락하지 않을 테니 희망 사항일 뿐이다.

친구들이 아는 그의 부모 형제는 훌륭하기 짝이 없다. 훌륭하고 능력이 출중한 부모 형제를 두었건만 남편이 아르바이트해서 받는 삼사십만 원이 여덟 식구 소득의 전부다. 세 식구 살기도 빠듯한데 시댁 식구 다섯 명이 아기 아빠만 바라보고 있다. 그 얄팍한 지갑만 바라보고 있다. 아기가 모유를 먹지 않고 분유를 먹는다면 분유 살 돈도 빠듯할 터이다.

한 달이 지나고 두 달이 지났다. 아기는 그 새 젖을 먹고 토하기를 자주 반복하여 애간장을 태웠다. 두 달이 지나니 아기도 나도 훨씬 안정되었다.

어느 정도 회복하고 나니 바쁜 농사철이 다가왔다. 엄마는 논으로 밭으로 바쁘고 나는 아기만 바라보고 있기 죄송스럽다. 길가에서 쑥을 캐다가, 산에서 취나물을 뜯고 고사리를 꺾었다. 논밭에서 힘을 쓰는 일은 하기 어려워도 아기 빨래만 하고 아기만 보고 있기엔 불편하다. 뭐라도 거들어야 마음이 그나마 조금 편할 것 같다.

안산에는 고사리가 많다. 고사리를 꺾고 취나물을 뜯어 집에 오면 어느 날은 아기가 자고 있고, 어느 날은 아기가 운다. 아기 숨소리를 듣고 마음을 쓸어내리거나 울음소리에 애가 타고 미안하여 황급히 손을 씻고 방으로 들어간다. 그래서인지 아기는 내 목소리가 들리거나 내 모습이 보이면 울지 않았다. 마음이 놓였을까.

며칠에 한 번 남편이 들어와서 아기 옆에 머물다 간다. 아기와 아내를 집에 두지 못하는 가장의 어깨는 낮다. 귀여운 아기를 날마다 안아볼 수 없는 아기 아빠는 가장인 것도 가장이 아닌 것도 아니다. 자기 울타리를 가지지 못한 남자다. 자기 부모 울타리 안에 머물지만, 그 울타리도 한쪽이 허물어졌고 뒤쪽은 구멍이 숭숭 뚫린 편안하지 않은 거처다. 그는 어디에 머물러야 할지 모른다. 아기와 아내를 처가에 두고 손님처럼 드문드문 얼굴만 보고 돌아가는 모습은 가야 할 길을 모르는 사람 같다.

아기와 둘이 머물던 석 달, 고요하고 적막한 산골에서 아기와 둘이 온전한 시간의 흐름을 느꼈던 석 달이 지났다. 시골 산골에서의 시간은 아주 천천히, 적막하도록 천천히 흘렀다. 자연 그대로 온전한 시간을 아기와 둘이 살았다. 아기엄마가 된 나는 아기를 위해 아기를 키우기 위해 살게 될 것이다.

백일이 가까운 아기와 함께 시장에 끌려가는 어미 소처럼 시댁으로 돌아갔다. 거짓말과 과장이 구 할이라는 것을 몰랐을 때와 완전히 다른 입성이다. 이제 알 만큼 아는 상태에서 다시 요지경 속으로 제 발로 들어가는 심정. 발길이 무겁고 무거웠다.

백일잔치

산골에 머물던 나와 아기가 다시 시댁으로 돌아가는 날이 더뎌지자 시댁에서 내민 말이 아기 백일잔치를 해야 한다는 것이었다. 아기 백일잔치를 해야 한다니 더는 시골에 머물 수도 없는 노릇이다.

잔치를 준비한다는 것은 돈도 몸도 맘도 결코 간단한 일이 아니다.

백일잔치 음식을 장만하여 남편 친구들과 친정 식구들과 큰집 시숙들을 모실 예정이다. 장을 봐서 음식을 준비하는데 어른의 기분이 들쭉날쭉 변덕이다. 불안하다. 친손자가 백일이 되어가니 집으로 돌아오라고 해놓고 막상 집에 오니 못마땅한 기색이 완연하다. 장을 봐야 해서 그러나. 외손자는 엄마가 곁에 없는데 친손자는 엄마가 있어서 그런가. 도무지

갈피를 잡을 수 없다.

"이런 애기는 열도 키우겄다. 안 우네. 순하다. 순해."

"예, 제가 보이면 안 울어요."

"애기 키우는 것 일도 아니다. 열도 키우겄다."

"제가 재워놓고 고사리 꺾는다고 몇 번 울렸거든요. 얼른 온다고 와도 깰 때가 있어서요. 그래서 그런지 저만 있으면 안 울더라구요."

"애기만 키우라니까 고사리를 왜 끊어!"

"방에만 있기도 그렇고 해서요."

"니는 좋겄다. 느그 엄마도 있고. 우리 준열이는 즈그 엄마도 없는디…."

아기를 낳기 전에는 조카가 가장 정이 가는 식구였다. 하루에 두 번씩 포대기로 업어 재웠고, 우유병을 씻고 끓여 안아서 먹이기를 수없이 했다. 우량아인 조카는 돌이 되기 전에 15kg에 육박하여 조카를 업으면 조카를 받친 손이 저렸다. 그렇게 정든 시간이 짧지 않다. 그런데 아기를 낳고 나니 마냥 편치 않다.

어린 아기가 있으니 더는 조카를 업어 재울 수 없다. 모유를 먹는 어린아이가 눈앞에 있다. 게다가 여덟 식구 빨래며 청소며 부엌일이 만만찮다. 아기를 낳기 전과는 상황이 다르다.

조카는 여전히 외할머니에게도 외숙모에게도 엄마라고 한

다. 그렇지만 조카는 외할머니에게 바짝 다가가 있고, 나한테는 자식이 있으니 두 엄마가 두 자식을 서로 데리고 있는 형국처럼 되었다.

음식 준비와 손님 맞을 준비로 바쁘다. 그렇다고 평상시 하던 일을 미루지도 못한다. 청소도 해야 하고 빨래도 해야 한다. 음식 준비를 해야 하니, 마늘을 찧고 대파도 다져놓는다. 말린 나물을 미리 삶아 담가놓고 고기도 진즉 재어뒀다.

남편 친구 부인인 미아는 남편과 막역하게 지낸다. 활달한 미아는 딸을 안고 일찌감치 와서 어른과 논다. 마침 아들 백일 전날이 미아 딸 돌이었다. 하필이면 하루 차이다. 매사 자유롭지 못한 나는 잠시도 짬을 내서 다녀오기 어려워 가지 못하고 말았다.

"어제 돌이었는데, 못 가서 미안해요. 저도 오늘 백일 준비하느라 짬을 못 냈어요."

"괜찮아요. 여기도 준비해야 하니까."

"그래, 돌잔치는 잘했냐?"

"네, 우리 언니들이 와서 다 해줘서 겁나 잘했어요."

"그래?"

"언니들이 다 해줬거든요. 그래서 진짜 걸게 잘했어요. 히히히"

잔치를 마쳐서 홀가분했을까? 미아는 기분이 아주 좋다.

미아가 자랑스럽게 언니들이 음식을 다 해줘서 돌잔치를 썩 잘했다고 뽐내듯 말한다. 그러잖아도 시샘은 많고 배려는 적은 어른이 어떤 소리를 할까 걱정스럽다.

"아이! 니 언니들은 머 한다냐! 저 집은 언니들이 와서 다 해줬다고 하는디. 느그 언니들은 가차이 살면서 안 도와주고 머 한다냐!"

느닷없이 언니들이 음식을 도와주지 않는다고 타박이다. 우리만 사는 집이라면 모를까. 사돈집이다. 사돈집에 일찍 와서 음식 준비부터 돕지 않는다고 언니들까지 타박하는 것은 무슨 경우인가. 저녁이면 언니들과 동생들이 올 터이다. 백일반이며 옷가지를 준비하여 사돈집에 오는 것도 부담이라면 부담일 텐데, 뜬금없이 언니들이 소환되니 언짢은 기분이 쉬이 가시지 않는다. 언니들까지 짜증의 대상이 되니 어이없다. 무엇 하나 마음에 드는 구석이 없는 상황에 놓인 것이 마냥 슬프다. 뒤란에 가서 속상한 마음을 달래려 하지만 눈물만 흐를 뿐, 달래어지지도 삭여지지도 않는다. 무심한 말에 또 생채기가 하나 더 는다.

미아는 시부모가 반대하는 결혼을 했다. 결혼했다기보다 그들끼리 방을 얻어 살았다. 남자가 군대에 가기 전에 남자 집에 들어가 살다가 남자가 군대에 갔다. 남자가 군대에 가고 없는 사이에 웃통을 벗은 다른 남자들하고 계곡에서 노는 것을 시모가 보았다. 그전부터 미아 엄마가 술집을 한 바람에 사돈 삼고 싶지 않았다고 한다. 갓 스물을 넘긴 아이들이 한 방에 들어와 사는 것도 마지못해 보았는데, 유원지인 계곡에서 노는 모습을 본 이후로는 여간 못마땅한 게 아니어서 도무지 집에 들이려고 하지 않았다. 둘이 방을 얻어 사는 데다 혼인신고를 하고 아기를 낳으니 하는 수 없이 집 하나를 주고 살게 했다. 그렇지만 살갑게 대하지는 않았다. 손녀 돌잔치에도 시부모가 들여다보지 않아 언니들이 도와준 걸 안다. 하필 미아 딸 돌잔치 다음날이 우리 아들 백일이다. 한참 음식 준비와 손님맞이 준비를 하고 있는데 일찌감치 와서 뽐내고 자랑하더니 화살이 며느리에게 또 언니들에게로 향하고야 만다. 고약하다.

'미아가 그럴 줄 알았다. 말이 가볍고, 자랑하기 좋아하고, 뽐내기 좋아하더니…. 시부모끼리 서로 잘 아는 사이인 데다 그간 사정을 훤히 알고 있는데, 무엇 하려고 얄밉게 언니들을 팔아 자랑을 하고 저러나. 시부모가 소 닭 보듯, 무심하기 이루 말할 수 없다는 것을 모르는 이가 없건만. 굳이 친정 언니들까지 팔아서 자랑하는 심보라니…. 어른이 우리 언니들까지 들먹이며 흠을 잡으리라는 것은 정말 몰랐을까….'

낮부터 친구들은 잔칫상에 술을 곁들여 즐겁게 먹고 논다. 이제 스물다섯 살인 친구들은 만 원씩 걷어서 장난감 하나를 사 오거나, 무리 지어 와서 선물 하나를 사 왔다. 남편이 아직 학생이니 학교 동기들도 우르르 몰려와 차려준 음식을 남김없이 해치운다. 그러려니 한다.

"어머니, 아들이 좋아요? 며느리가 좋아요?"

남편 친구가 어른에게 묻는다. 어른 성정이 만만치 않다는 건 어느 정도 읽힌 후다.

"며느리가 더 예쁘지."

"왜 며느리가 더 예뻐요?"

"아들은 자기 일하느라 나가고 없고 며느리는 나랑 같이 있고, 이렇게 옆에서 일도 하고 그러니까 더 예쁘지."

남편 친구는 제수씨가 시집살이하느라 눈코 뜰 새 없이 바쁜 걸 보며 장난처럼 묻는다. 옆구리를 찔러 며느리가 더 예쁘다는 말을 들었지만, 낮에 언니들을 소환한 게 가슴에 턱 걸려있어서 마음이 가벼워지지 않는다.

저녁이 되자, 언니들과 동생들이 반지와 백일 옷을 장만해 왔다. 어른은 사돈 대접이 박하다. 인사만 나누고 방으로 들어간다. 자유롭지 않지만 애써 밝게 웃으며 음식을 대접했다. 처음으로 집에 온 자매들을 맘껏 대접할 수 없는 상황이 안타깝다. 무엇보다 낮에 말도 안 되는 소리를 들은 까닭에 미안함과 속상함이 더욱 크다. 아들이 백일이 돼 일가친척 친구들과 기쁨과 축하를 나누는 자리가 배려 없고 막무가내인 그녀들로 인해 뒤란에서 울어도 언짢은 기분이 가시지 않은 날이 되었다.

　어른은 반지 반 돈, 옷가지 하나를 주지 않는다. 당시에는 반지 한 돈이 사만 오천 원 정도여서 시세가 지금과 다르다. 단 한 번도 손자가 생각나서 샀다며 건네준 게 없다. 소매 없는 웃옷 하나도, 작은 장난감 하나도, 양말 한 짝도 없다. 오로지 받을 줄만 알지 줄 줄 몰랐다. 어른들뿐만 아니라 아주버님도 시누이들도 마찬가지다. 큰집 시숙들과 큰어머님이 정성껏 선물을 준비해주시니 울컥 감동한다.

　어른들과 형제자매들은 큰아들 돌에도, 작은아들 출산에도, 작은아들 돌에도, 셋째인 막내아들한테도 무엇 하나 준 게 없다. 출산에도, 백일에도, 돌에도, 초등학교 입학을 비롯한 여러 입학에도, 여러 졸업에도, 대학진학은 물론 군대 입대에도, 군 휴가에도 용돈 한 푼, 연필 한 자루, 가방 한 개, 축하 한마디, 격려 한마디 없다. 그렇게 삼십 년이 훌쩍 넘었다. 흡인력이 강한 청소기처럼 그들에게 좋은 것은 다 빨아들여 쓰고, 우리에게 좋은 것은 무엇 하나 내줄 줄 모르던 어른과 형제자매다. 그러니 책임과 의무는 넘치고 권리와 배려는 극히 적었던 게 아니고 무엇이랴.

　미아는 그로부터 두어 달이 지나기 전에 이혼했다. 죽어서도 다시 만나 살겠노라 요란스럽더니 속은 그렇지 않았나 보다. 첫 번째 결혼에서 마지막 살난 척을 우리 아들 백일에 와서 했든가. 미아는 그 후로도 두 번 더 결혼하고, 딸들을 낳고, 여전히 말을 씀벅씀벅 툭툭 내뱉고, 자기 자랑하기를 좋아한다. 성정이 쉬이 바뀌랴. 얽힌 인연 중에 매력적이지 않은 인연 중 한 명이 미아다.

연락이 오다

어른은 외손자 돌에는 귀숙한테 연락이 올 거라고 철석같이 믿는다. 외손자의 돌잔치를 준비하기 전부터 가슴이 설레고 전화기에 온 마음을 보낸다. 아마도 바로 집으로 오지는 못할 것이다. 어느 정도 자리를 잡고 재기할 발판을 마련해서 나타날 것이다. 귀숙은 체면이 상한 채 초라한 얼굴로 돌아올 사람이 아니다. 그러나 전화는 걸어올 것이다. 금이야 옥이야 귀한 아들 돌에는 하늘 같은 목소리를 천사 같은 목소리를 들려줄 것이다. 어른은 잠시도 전화기 곁을 떠나지 않는다.

설을 며칠 앞두고 조카 돌상을 차린다. 외숙모이기에 반지를 두 돈 준비하고 옷 한 벌을 마련하는 것도 빠뜨리지 않는다. 만삭인 상태로 온갖 정성 들여서 할 수 있는 모든 음식을 장만한다.

그렇게 믿건만 돌날 해가 지고 골목이 으슥하도록 전화기는 울리지 않았다.

귀숙이가 연락을 취해 온 것은 잠적한 지 녁 달이 지나서다. 외손자의 돌이 지난 지 두 달가량이다. 봄이 머잖다.

"그러재, 그러재! 우리 딸이 엄마를 잊을 리가 없재. 엄마가 우리 딸을 돌봐주라고 얼마나 공을 들이는디…."

어른은 소곤거리며 귀숙의 얘기를 듣는다. 귀숙이 그 틈에도 저 살 궁리를 하는 모양이다. 전화 한 통으로 어른을 구워삶는다. 어른은 귀숙을 사랑하고 추종하고 믿어 마지않으므로 충분히 먹잇감이 될 준비가 되어 있다. 어서 와서 먹고 힘을 내서 일어서면 된다.

딸이 일본에 들어가야 살길이 열린다고 믿는다. 기소중지 상태인 데다 지명수배까지 떠서 도무지 출국할 길이 없다. 밀항하기 위해 사천만 원이 필요하단다. 어른이 생각해도 솔깃하다. 귀숙이 일본에 가야 살길이 열린다. 거기 가서 단골손님이던 다나카 상이나 야마토 상을 만나야 한다. 그들을 만나야 딸이 산다. 아직 스물아홉 살인 딸이 여기서 쓰러질 수 없다. 지명수배 상태니 이 땅을 떠나야 한다는 생각은 한다. 딸이 경찰서에 잡혀가거나 감옥에 갇힌다는 것은 상상할 수 없다.

이왕 맞은 비다. 이왕 진 빚이다. 거기에 사오천만 원 빚이 더 늘어난다고 대수인가. 우선 딸이 무사해야 훗날을 기약할 수 있다. 집을 통째로 주고라도 딸 목숨을 사야 할 판이다. 그깟 몇천으로 천금 같은 딸을 살 수 있는가. 무엇을 내주더라도 무엇과 바꾸더라도 딸을 구하고 볼 일이다.

어른이 마음먹고 안 하는 일이 무엇이던가. 어른이 마음먹고 못 하는 일이 무엇이던가. 마음먹은 바는 무슨 수를 쓰든지 어떻게든 해내고야 마는 어른이다. 사람을 죽이고 살리는 약도사다. 죽기 아니면 까무러치기다.

부리나케 어른은 사천만 원을 구해 귀숙에게 보낸다. 하루라도 바삐 딸이 일본에 도착했다는 말을 듣고 싶으나 돈을 받은 딸이 또 잠잠하다.

어른과 가족들은 '경찰청 사람들'을 즐겨보며 손가락질과 온갖 욕을 마다하지 않는다. 어른은 꿈에도 귀숙을 그런 잡범들과 겹쳐보지 않는다.

시간이 지난 후 귀숙이 아직 부산에 머물고 있다는 연락을 받았다. 일본에 가지 못한 것은 아쉬우나 경찰한테 잡히지 않았으니 괜찮다. 남자를 만났다고 하니 새로 만난 남자가 궁금하다. 어쩌면 다행스럽다. 남자가 딸을 보호해줄 것이니 머리카락도 보이지 않게 꼭꼭 숨을 수 있다.

남자가 작은 배를 가지고 있단다. 고기를 잡으면 돈을 벌기에 날마다 제법 돈을 손에 쥐는 모양이다. 고기 잡는 배 타는 남자라니 양에는 차지 않지만, 귀숙이 안전하게 머물 수 있으면 괜찮다. 날마다 고기를 잡아서 돈도 제법 번다니 나쁘지 않다. 어른은 그제야 일본에 가기 위해 사천만 원이 필요한 게 아니라, 배를 타는 새 남자로 인해 돈이 필요했다는 것을 알아챈다.

덩치만 크고 어리숙한 큰사위는 지난 추석에 어여쁜 딸과 왔다 간 게 마지막이다. 자식이 있건만 사위는 감히 와볼 엄두도 내지 못한다. 그 사위가 매달 생활비로 이백만 원을 주었다고 한 막내딸의 말에 천불이 났다. 잘난 딸이 일본 손님과 제주도에 다녀오거나 해외 한번 나갔다 오면 얼마를 버는데, 덩치는 소만 한 사위가 한 달에 고작 고만한 돈을 내놓는다니 기가 막힌다. 딸이 그깟 돈으로 어찌 사는가. 귀숙이 어디 보통 사람인가. 연예인 같은 딸이 천한 아랫것처럼 살 줄 알았던가. 괘씸하다. 부아가 나서 살 수 없다. 어디 이백만 원을 생활비로 내놓는가 말이다. 천만 원은 줘야 쓰고 살지 않겠는가. 그깟 이백만 원은 한 사람이 써도 모자랄 판이다. 사위가 먹는 음식값으로도 모자랄 거다. 딸이 입을 옷 한 벌 제대로 살 수 없다. 번쩍번쩍한 차를 굴릴 돈은 어디서 나는가. 잘난 딸이 왜 도망가야 했는지를 생각하면 부아가 치밀어 숨을 쉴 수 없다. 잘난 딸은 그저 남자 하나 잘못 만난 죄밖에 없다. 내 딸은 아무 잘못 없다. 저 덩치만 큰 미련한 사위가 잘못한 거다. 누구 하나 작살을 내야 분이 풀릴 것 같다. 사위를 물고 내고 싶으나 사위는 눈앞에 나타나지 않는다. 게다가 국가대표 유도선수를 몇 해 전까지 한 덩치 큰 남자다. 누구 하나 걸려 봐라. 그러잖아도 울고 싶은 마당에 뺨을 때려 준다면 거품을 물고 물고를 내고 말 것이다.

종로에서 뺨 맞고 한강에서 화풀이하는 날이 매일 지속된다. 어른 앞에 얼쩡거렸다가는 무슨 해코지를 당할 줄 모르는 날들이 이어졌다. 하루에도 열두 번 기와집을 지었다가 부수며 생각은 꼬리를 물고 이어졌다.

서울에서 빚쟁이들이 귀숙의 행방을 묻거나 사돈이 귀숙의 행방을 물으면 어른은 딸을 그리다가 곧 숨이 넘어갈 듯 애절하게 전화를 받아냈다. 상대방은 긴가민가하면서도 딱히 방법이 없다. 사돈이야 하나밖에 없는 손주를 맡겨 놓은 마당이니 대놓고 큰소리를 내지 않는다. 그쪽도 건물을 저당 잡혀 대출해주었다고 하고, 시이모 역시 억 단위를 빌려주었다가 받지 못해서 동동거린다고 했지만, 아주 멀리 가지는 않는다. 예쁘고 멋지고 잘난 딸을 두니 사위도 사돈도 딸을 놓지 못한다. 하고 싶은 말을 못 하고 입술만 달싹이다 만다. 손주는 갓난쟁이부터 외가에서 컸으니 더 클 때까지 놔둘 심산이다. 어중간하게 데려갔다가는 두 노인네가 우량한 손자를 돌볼 엄두가 안 난다. 며느리가 손주를 보러 올 것이라는 희망도 한 가닥 남겨두는 셈이다. 검사겸사 손주를 키워주는 사돈과 멀찌감치 떨어져서 시간이 흐르기를 기다린다.

복덩이

아들은 내가 보이면 울지 않는다. 아들이 엄마를 보지 못하는 순간은 청소를 끝내고 빨래 직전, 샤워하는 10여 분뿐이다. 빨래할 때는 화장실 문을 열어 둔다. 빨래하는 모습을 볼 수 있고 목소리도 들을 수 있으니 백일 지난 아들이 혼자 있을 일은 거의 없다.

그날도 으레 그렇듯 청소를 마치고 샤워를 하는데 느닷없이 아들이 운다. 화들짝 놀라 후다닥 마무리하고 나오니 온 집에 아들 혼자다. 기껏 10분 혹은 5분을 기다려주지 않고 아들 혼자 남겨 놓고 온 식구들이 외출한 모양이다. 자동으로 움직이는 그네에 앉은 아들은 할아버지와 할머니, 고모 둘과 사촌 형이 현관으로 나가는 걸 혼자 본 모양이다. 텅 빈 집에 혼자 남겨진 아들을 보니 맘이 언짢다. 샤워가 끝날 때까지 기다려주지 않고 몽땅 나간 식구들이 야속하다. 아들을 안아 달래 놓고 빨래를 한 대야씩 뺀다. 한두 시간이 지난 후 조카 옷과 조카 신발 등을 잔뜩 산 식구들이 귀환했다. 아들 몫은 양말 한 짝 없다. 하긴 아들 백일에도 반지 반 돈도 양말 한 짝도 없던 식구들이다. 아들을 혼자 두어 울린 것도, 조카 의류를 잔뜩 사면서 아들 양말 한 짝 안 사 온 것도 서운키는 매한가지다. 비등비등한 사람들이 비등비등하게 유치했다.

아들이 자라 육 개월이 되었다. 이제 궁둥이를 붙이고 앉는다. 아들과 조카를 동시에 키우려니 일이 많다. 조카가 아직 기저귀를 떼지 못하고 있어서 빨래도 상당하다. 조카는 거실에 둔 화분 속의 흙을 잘 꺼내 놓는다. 잠시 조용하다 싶으면 어디선가 뭔가를 한다. 흙을 흩뜨려 놓는 이유가 촉감 때문인지 장난감이 적은 까닭인지 예전만큼 업어주지 못해서인지 모르지만, 조카가 굉장히 좋아하는 놀이다. 일이 끝없다.

어느 날, 어른이 조카를 데리고 나가서 점심때가 되어도 돌아오지 않는다. 끼니를 차리지 않은 때가 없었으니 아주 드문 일이다. 점심을 한참 넘긴 후에 돌아온 어른은 몹시 상기되어 있다. 거실에 아들과 같이 앉아 있는 며느리를 바짝 당겨 앉게 한다.

"아이, 이리 오너라. 여기 좀 봐 봐라. 손가락 끝이 동글동글한 게 복덩이란다. 인자 우리 집은 야만 잘 키우면 된단다.

야가 복덩이랑께. 그릉께 야만 잘 키우면 인자 우리 집은 암시랑토 않단다. 알았냐?"

난감하다. 내 자식이 바짝 옆에 궁둥이를 붙이고 앉았는데, 외손자가 복덩이이니 외손자만 잘 키우면 된다며 상기되어 있는 어른을 어쩌나. 겨우 육 개월이 된 친손자는 눈에 들어오지도 않나 보다. 행여 아이가 어른 말을 알아들을까 걱정이다.

'아들아, 이건 말이 아니니 듣지 마라. 세상에 그런 말이 어디 있냐. 기막히고 어이없는 일이 벌써 얼마나 흔하냐. 복덩이라면 좋지. 그렇지만 어찌 외손자만 잘 키우면 된다니? 우리 어린 아들도 잘 키워야 할 손자 아니냐? 엄마가 오만 쟁(사고)이란 쟁은 다 떨고 사라진 마당에, 수십 명한테 못 할 짓을 하고 잠적한 마당에 무슨 복덩이 타령이라니….'

말을 듣는 것도 수긍하는 척하는 것도 웃어주는 것도 힘에 겹다. 복에 연연하는 어른의 인식도 버겁다. 며느리에게는 '복 없는 년'이라더니 외손자에게는 '복덩이'라 칭한다.

말이 아니니 안 들은 셈 치려고 했지만, 너무 들떠서 신난 어른이 생경해지는 만큼 기운이 빠진다.

이 말을 남편과 나누었는지 기억이 명확하지 않다. 어쩌면 말조차 나눌 수 없었을지 모른다. 이미 남편은 어머니로 시작되는 그 어떤 말도 들으려 하지 않은 지 오래다.

이해되는 측면이 있다. 살면서 단 한 번도 '너희 엄마 참 좋은 사람이다' 비슷한 말도 들어본 적 없을 터이다. 들은 말이라고는 '너희 엄마가 왜 그런다냐?' '작은어머니 왜 그런대요?' '누나는 왜 저러는 거야?' 등 그들끼리 나누는 불편한 얘기들만 들었을 터이다. 좋은 말을 들은 적 없으니, 또 무슨 안 좋은 소리를 듣게 되려나 싶어서 피하고 보는 것이다. 친인척을 비롯해 이웃 누구도 어른을 좋게 말하는 사람이 없으니 아들 처지에서는 듣기 싫고 괴로울 터이다. 거기까지는 충분히 이해한다. 그러나 합리적인 성인이라면 사실관계를 파악하고 원가족과 관계를 적절하게 조절해 나가는 것이 마땅하다. 다만 그는 사실관계를 파악하지도, 끝없이 발생하는 문제를 해결할 의지도 힘도 없다. 오로지 피할 뿐이다.

　대화는 단절되었다. 상대방을 존중하지 않으니 상대방의 말에 귀 기울이지 않는다. 일방적인 단정과 지시와 통제와 명령만 있을 뿐이다. 일방적이다. 주고받을 줄 모른다. 일방적으로 나쁜 것을 주고, 일방적으로 좋은 것을 받는다. 학대며 착취지만 그들은 그게 법이다. 여태 그렇게 살았으니 그게 마땅한 줄 안다. 아니다. 그들도 불편하다. 그러니 불편한 상황은 무조건 피하는 게 상책이다. 텔레비전을 보거나 잠을 자거나 그도 아니면 밖으로 나가서 상황과 분리된다.

　가장인 아버님은 이도 저도 못 하면 멍하니 창밖 허공을 바라본다.

"나는 모르겠다. 나는 주는 밥이나 먹고 살다가 죽을란다"는 항복처럼 변명처럼 시도 때도 없이 드문드문 들려왔다. 삼십 년이 넘도록 짧고 뚜렷한 두 문장은 토씨 하나 틀리지 않고 반복되었다.

불편한 상황은 피하고 보니, 불편한 상황은 개선될 여지도 조율될 기회도 잃고 만다. 그들 대화는 본질은 내버려 두고 사삭스러울 만큼 호도하거나, 지나치게 무시하고 멸시하고 비난하는 방식으로 이루어진다. 원만한 소통은 불가하다.

복덩이라는 말을 듣고, 조카만 잘 키우면 된다는 강요를 듣고 보니 조카가 한 뼘 멀어졌다. 다행히 아들이 말을 알아듣지 못하겠지만, 육 개월 된 아들이 배제됐다는 것이 마음 아팠다. '둘 다 같이 잘 키우자'라고 하면 좋을 텐데, 굳이 '야만 잘 키우면 된다.'라고 할 게 뭔가. "야도 잘 키우자"라고 '만'을 '도'로 글자 하나만 바꾸면 맘 상할 일이 없을 것을. 생각이 그러하니 말이 그리 나올 테지만, 그런 말은 가슴에 뇌리에 쿡 박히고 만다.

답답한 마음이 들 때면 한숨이 깊어지고 하늘을 올려다보는 일이 잦아졌다.

입으로 짓는 업을 구업이라 한다. 굳이 구업을 지을 까닭이 무얼까. 말이 저절로 나오지 않는다. 말은 존재의 집이다. 언어가 존재를 규정한다. 생각이 말로 나오는 법이다. 그러니 헛된 생각을 단속해야 구업을 줄일 수 있으리라. 상식적인 이해력과 합리적인 판단력이 작동하도록 교양을 멀리하지 않아야 할 일이다. 그냥 말실수와 구업은 엄연히 다르다. 합리적이고 상식적인 검열을 더 거친다면 구업을 짓는 일도 구업의 깊이도 다르지 않겠는가. 이도 저도 쉽지 않거든 말부터 줄이고 볼 일이다.

등록금

1993년 계유년이 길다. 하루하루가 길고 한 달 한 달이 길다. 집안 사정이 그러한 까닭이고 어른 성정이 그러한 까닭이겠지만 편안하게 흘러가는 시간이 없다. 무슨 잘못이 큰 것인지 고통의 크기만큼 시간이 몹시 더디 간다. 시간이 통행세를 받는다면 톡톡히 통행세를 받고 말겠다는 듯 버틴다.

여름이 끝나가기 전, 그가 다니는 학교의 마지막 학기 등록금을 납부해야 할 시기가 도래했다. 둘째 아들인 남편과 둘째 딸인 기영이 같은 학교에 다닌다.

노량진 학원가에서 5수까지 하던 남자가 어떤 이유로 고향으로 돌아갔는지 속사정은 알 수 없다. 친구들은 군대에 다녀오고 대학에 다니고 미래를 준비하는 데 비해 하릴없이 시간을 보낸 그는 느닷없이 고향으로 돌아간 뒤에 전문대학에 진학하고 말았다. 5수를 하고 그 학교에 갔다고 하면 다들 어리둥절한 표정을 감추지 못한다. 공부 성적과 하등 상관없이 학비만 내면 누구나 가는 학교에 가기 위해 서울 학원가에서 그토록 오랜 시간 공부했을 리는 없으므로 의아해하고 믿지 못하는 눈치다. 누군들 그렇지 않으랴. 속 시원하게 말한 바도 없고 불편할까 봐 물어본 바도 없다. 내심 짐작할 뿐.

　그의 학교 친구들은 그를 의사 아들로 알았다. 아버지께서 병원에서 허드렛일하며 이십 년 가까이 일을 한 상황이었다. 병원에 근무한다고 하니, 으레 의사인 줄 오해했고, 그는 오해를 그대로 두어 의사 아버지를 둔 아들로 남고 싶었던 모양이다. 신체적 핸디캡이 있고 왜소한 편이니 그런 오해가 오히려 반가웠을까? 일부러 거짓말을 한 게 아니나 오해를 바로잡지 않고 내버려 둠으로써 자연스럽게 아버지의 후광을 업은 아들로 학령기를 지낸 셈이다. 그런 까닭에 자의 반 타의 반 의대 진학을 염두에 두고 서울 노량진 학원가에서 5수를 했다는 것이 타당한 해석이다. 또한, 어른이 사람을 살릴 수도 있고 죽일 수도 있다며 맨손으로 몸 여기저기를 만지고 짚으며 치료하였으나 법이 승인하지 않는 의료행위라 제재를 받은 적이 있었다고 한다. 분명 사람을 치료한다고 믿은 어른은 불법 의료행위가 아닌 합법적인 의료인으로 아들을 만들고 싶은 소망이 컸다. 어른은 여든을 넘기고도 아들을 의사로 만들고 싶었다며 아까워 마지않았으니 사십 대의 어른으로서는 그깟 사오 년 노력은 충분히 가치 있는 일이었을 테다.

그러나 그는 그다지 공부를 좋아하는 성정이 아니다. 친구들과 어울려 맛있는 것 먹고 노는 것을 훨씬 더 좋아하는 유쾌한 아들일 뿐이다. 실패감과 좌절감을 느끼기보다 단순한 사고와 왕성한 활동력을 지닌 젊은 청년일 뿐이다. 그렇게 사 년을 보내고 고향에 돌아와 아무나 가는 전문대학에 진학했다.

그는 학교에 다니지만, 전혀 공부하는 기색이 없다. 교재도 펼쳐보지 않고 여타 어떤 책도 보지 않아서 학생 분위기는 전혀 없다. 활자 기피증이라도 있는 양 글을 멀리했다. 다만 학교는 다녔고, 저녁이면 아르바이트를 하느라 하루의 끝에 다다라야 집에 왔다. 경영학을 전공한다고 하나 도무지 학생답지 않다.

장애가 있는 그가 식구를 건사하고 살려면 그나마 전문대학이라도 졸업장을 받는 것이 나을 텐데 어른들은 마지막 학기 등록금을 모른 척한다.

기영은 전문대학을 거듭 유급하느라 1학년을 3년째 다니는 중이다. 2학기 기말시험을 보지 않아서 유급을 당했고, 다시 다닌 학교를 한 달가량 결석하여 다시 유급을 당했다. 그리하여 기영은 1학년만 3년째 다니는 중이다. 전문대학 등록금이 4년제 국립대학 등록금보다 비쌌다. 같은 학교여서 누멍이 동시에 등록해야 하나, 어른은 기영이 등록금만 내고 눈을 감는다. 작은아들의 졸업 학기 등록금은 모르는 척 외면한다. 추가등록 기간도 끝나가는 마당이어서 하는 수 없이 제적 직전 내가 가진 비상금을 털어 등록금을 냈다. 무슨 생각인지 도무지 이해되지 않는다. 졸업해야 취직이라도 가능하지 않겠냐 싶은데 어른들의 행동이 낯설게만 느껴졌다. 장애가 있으니 신체적으로 힘든 일을 할 수도 없다. 도대체 무슨 속인지 알 수 없다.

어른은 늘 상대 이성이 돈을 쓰기 바랐다. 딸은 남자가 아들은 여자가. 딸은 돈 있는 남자를 만나서 그 남자 돈으로 호강하기를 바랐고, 아들은 돈 있는 여자를 만나서 덕 보기를 바랐다. 가까이에서 본 어른과 아주버님과 큰 시누이는 그 특성이 상당히 또렷하였다.

만 원

늦여름쯤이었을까? 초가을이었을까? 막냇동생한테 전화가 왔다. 시골에 가야 하는데 버스를 놓쳤다며 데려다줄 수 있는지 묻는다. 시간은 되는데 하필 차에 기름이 없다. 돈도 없다. 난처하기 이루 말할 수 없다. 그러나 모처럼의 부탁을 기름이 없어서 데려다줄 수 없노라고 할 수도 없고, 다른 핑계를 대지도 못한다.

남편이 어른께 만 원만 빌려달라고 하겠다고 했다. 나는 그 상황이 끔찍하다. 어른은 돈에 무척이나 민감하고 예민하다. 돈은 그분에게 생명이고 종교이고 목숨이다. 돈 얘기를 한다는 것은 분란을 각오한다는 것이고 기꺼이 싸우겠다는 것이라는 것을 안다.

"그러지 마요."

"아냐, 만 원만 빌려달라고 해볼게."

"안 좋아하실 텐데요…. 차라리 반지 만 돈짜리 한 개를 파는 게 낫지 않을까요?"

"반지를 왜 팔아? 말하고 올게."

아이 아빠가 안방에 가자마자 큰소리가 나기 시작했다. 예상했던 장면이지만 무섭고 싫다. 아들을 안고 침대에서 꼼짝할 수 없다.

"어머니! 제가 살 수 없어요. 나갈라니까…."

남편이 세상 끝에 다다른 듯 일그러진 얼굴로 방으로 들어와서 한마디 던지고 나가려고 한다.

"너는 아이 데리고 시골에 가 있어. 나는 친구 집에 가 있을라니까."

"그러지 말아요. 뭐라고 하고 시골에 가요? 그러지 말아요."

"안 돼! 이렇게는 못 살아!"

남편이 옆방에서 가방 하나와 옷 몇 개를 꺼낸 모양이다.

"그건 내가 사 준 가방이고! 그건 내가 사준 옷이고!"

어른은 남편이 든 가방을 뺏고 집어 든 옷가지를 뺏으며 마치 중학생 다루듯 한다. 사납게 대치한 둘 사이에 살벌한 기운이 감돈다. 처자식 앞에서 망신스러운 모습을 보인 남편은 이미 강을 건넌 사람처럼 돌아오지 못한다.

"아! 어머니, 제발 그만 좀!"

와장창 유리창 깨지는 소리가 난다.

"저 새끼가 왜 저러냐. 아이, 나와 봐라! 니는 뭐하냐?"

남자가 화내는 것을 처음 보기에 목소리만으로도 꼼짝하지 못하고 어린 아들을 안고 얼어붙은 듯 방에서 한 발자국도 움직이지 못한다. 친정아버지는 선비 같아서 큰 소리를 낸 적 없다. 욕은커녕 '가시나' 소리조차 한 적 없는 분이다. 남자가 화를 내는 모습은 생전 처음 보는 광경이다.

"미친년, 잡년, 무슨 년, 무슨 무슨 년, 무슨 년, 무슨 무슨 년······."

세상에 있는 욕, 없는 욕, 듣도 보도 못한 욕이 속사포처럼 쏟아졌다. 처음 들어보는 욕, 있는지도 몰랐던 욕, 뭐라고 하는지 모르는 욕을 염불처럼 년, 년, 년이 헤아릴 수도 없이 쏟아져 나왔다.

'사납구나. 욕을 저렇게 잘하는 사람이구나. 아들하고 그렇게 맞서고 부딪히더니, 입에 못 담을 욕을 폭포처럼 쏟아내는구나. 동네 아주머니하고 싸울 때 알아보기는 했지만, 스물다섯 살 며느리에게 세상에 있는 모든 욕을 다 퍼붓는구나.'

욕을 무섭게 퍼붓는다는 것은 알겠다. 세상에 있는 듣도 보도 못한 욕을 다 한다는 것은 알겠다. 그런들 어차피 다 알아먹지도 못하는 욕이다. 그저 느닷없이 만 원 때문에 두 사람이

다투었고, 다툼 끝에 내가 욕바가지를 뒤집어쓰며 마무리되는 느낌이었다. 순식간의 상황이 어이없고 기막힐 따름이다.

"저 피!"

피라는 말에 화들짝 놀라 거실로 나오니 거실 유리창이 깨져 있고 남편은 마당에 나가 있다. 거실에서도 마당에서도 어른의 강퍅한 욕이 들리지 않았을 리 만무하다. 조곤조곤 중얼거리는 욕이 아니라, 악다구니처럼 쏟아내는 욕이다. 대문 밖이라도 들리지 않았으랴.

"애기가 피 보지 않게 해줘."

얼른 아기를 침대에 앉혀놓고 가제 수건을 들고 나가 손을 감싸며 엉엉 울었다. 이게 무슨 일인가. 가장이 어른과 다투다가 성질을 못 이겨 유리창을 깨고 손에서 피를 흘리고 있다니. 이게 무슨 난리인가. 어른 앞에서 감정을 잘 드러내지 않는데, 엉엉 소리 내어 울었다. 방에서도 아기가 운다. 혼자 침대에 남은 아기가 놀라 운다. 2층 아주머니가 무슨 난리인가 싶어서 내려왔다가 우는 아기를 안으려고 하자, "놔두라!" 어른이 소리쳤다. 아주머니는 어떻게 하나 눈치를 보며 엉거주춤 아기를 안지도 못하고 놓지도 못한다.

가제수건으로 손을 덮어 피를 가린 후에 방으로 가서 아기를 업었다. 백일반지를 꺼내고 의료보험증도 챙겨 나왔다. 빨리 병원에 가서 꿰매야 한다. 남편은 병원에 가지 않겠다고 고집을 부린다. 작은 유리가 있을지도 모르고 상처가 벌어지면 안 되므로 병원에 가야 한다고 달랜다.

기름을 넣기 위해 반지 반 돈을 팔려던 나와 반지 반 돈을 팔고 싶지 않았던 남편은 결국 백일반지 두 개 정도를 팔 요량으로 병원에 갔다. 유리 파편을 제거하고 상처를 꿰매는 동안 나는 반지를 팔기 위해 주변 금방을 찾아 나섰다. 주변 위치를 잘 알지 못하고 아기를 업고 걸어 다녀야 하니 더뎠다.

남편은 백일반지를 팔기 싫었을 것이다. 당신 식구들은 단 한 명도 백일반지를 주지 않았으니, 처가에서 받은 것이다. 기름이 없어서 파는 것도 싫은데, 상처를 꿰매느라 팔아야 하니 염치없었을 것이다. 아들 백일반지가 몇 개 되지도 않거니와 그 몇 개 중 한두 개라도 남기고 싶었을 테니….

병원비를 계산하고 집에 오니, 아버님이 우리를 거실에 불러 앉혔다.

"너희들, 살 거냐? 말 거냐?"

아버님은 난리가 난 광경을 보지 못했다. 어른을 통해 무슨 말을 어떻게 들었는지 다짜고짜 호통이다. 뭔가 잘못됐다. 어른이 자신에게 유리하게 말을 했겠지만, 어떻게 말이 오갔기에 아버님이 언짢아하며 살지 말지를 물을까? 우리가 부부싸움을 해서 난리가 난 줄 아시는가?

아버님은 틈만 나면 어른이 이러저러하여 힘들다고 하소

연을 했다. 하루에도 열두 번은 참는다고 했다. 친정아버지를 일찍 여읜 며느리는 시아버님을 친정아버님처럼 믿고 떠났다. 그러나 다짜고짜 우리 잘못이 전부인 양 불러 앉히고 야단치는 모습이 생경하다. 아버님의 판단력과 권위는 말랑말랑한지 오래다. 흐린 판단력과 물렁물렁한 권위는 어른의 독주 못지않게 시댁 형편을 더 무겁게 했다.

홀시어머니가 어렵다는 말을 믿지 않는다. 홀시어머니는 힘이 없다. 아들이 든든하게 믿어주고 힘이 되어주면 모를까. 남편이 있는 시어머니가 힘이 있는 법이다. 아들을 극한으로 몰아붙이고, 며느리에게 있는 욕, 없는 욕을 다해놓고 남편 뒤로 쏙 숨어버린다. 아무런 잘못이 없는 사람이 되어 말썽꾸러기 아들 때문에 마음고생 한 피해자로 순식간에 변신하니 요지경도 이런 요지경이 없다. 지아비를 요리하는 데는 어른만 한 전문가가 없다. 왈개다 달래고 울다가 웃는다. 그러니 기세등등하게 며느리를 구박하고 타박하고 욕하고 부리고 무시하고 만만하게 대해도 아무 탈이 없는 것이다.

어른은 귀숙에게 전 재산을 담보로 잡혀 주었다. 큰아들 진호와 작은딸 기영에게는 몇백만 원씩도 쉽게 주는데 가장 노릇을 하는 남편에게는 받을 줄만 알았지, 만 원 한 장 줄 줄 몰랐다.

어른은 마늘 한 접 사지 않았고, 된장도 담그지 않았다. 시장을 봐주기는커녕 단돈 만 원도 결단코 주지 않으려 했다. 작은아들뿐만 아니라 작은며느리에게도 손자들에게도 마찬가지다. 그저 일꾼처럼 부려 먹고 무시하기 일쑤다. 첫 친손자인 아들에게도 무엇 하나 준 적 없다. 한순간 안아준 적도 업어준 적도 없다. 물질적인 것도 정서적인 것도 어른스러움도 무엇도 베풀지 않았다. 그저 하찮은 아들과 며느리에게 덕 볼일 없다는 듯 무시로 일관했다. 작은아들한테 돈을 받아쓰기 직전까지.

강자에게 약하고 약자에게 강한 사람은 좋은 사람일 리 없다. 나르시시스트는 강자에게 약하고 약자에게 강하다. 돈을 가진 사람에게 약하고 돈을 가지지 못한 사람에게 강하다. 어른에게는 돈이 힘이고 돈이 종교이고 돈이 전부였다.

오는 길 가는 길

 가을이 왔다. 들녘에 곡식이 노랗게 익어갔다. 추수가 임박해오고 있다.
 귀숙이 잠적한 채 소식이 끊긴 지 꼬박 1년이 되어가니 조카를 사돈댁에서 데리고 갔다. 엄밀히 말하면 어른이 외손자를 사돈댁으로 보냈다.
 사돈댁에 하나뿐인 손자다. 순리를 따르자면 조카는 사돈댁으로 가는 것이 맞다. 귀숙이 이미 다른 가정을 꾸린 후다. 게다가 임신한 상태다. 혼인을 지속할 수 없는 원인이 이쪽에 있고, 지명수배된 채 기소중지 상태에 있으며, 친모가 조카를 키운 것도 아니어서 양육권도 친권도 불가능에 가깝다.
 두 돌 가까이 키웠으니 그만 운명을 받아들여도 되련만, 갑자기 귀숙과 통화를 끝낸 어른이 마음을 다잡는다. 귀숙이 '마음이 아프다'라고 한마디 하더란다. 당시 귀숙은 이미 만삭에 가까웠다. 만삭에 가까운 시점에 '마음이 아프다'라는 귀숙의 한마디는 상황을 완전히 뒤집어 놓는다. 어른은 귀숙이 하는 말을 한 귀로 흘리지 못한다. 이미 다른 남자랑 살고 있으니 그만 아들을 아빠한테 보내는 게 순리가 아니냐는 생각은 의식에 없다. 외손자가 이리저리 거주지를 옮겨 다니고, 양육자가 이 사람 저 사람 바뀌는 건 아랑곳하지 않는다. 친손자와 작은아들 내외가 불편할 수 있으리라는 건 당연히 고려사항이 아니다. 경제적 상황도 정서적 환경도 이심전심도 알 바 아니다. 어른이 배려해야 할 사람은 오직 딸뿐이다. 딸이 하는 말이 지시요, 명령이요, 법이다. 딸의 마음을 아프지 않게 하는 것이야말로 지상과제다. 귀숙이 한마디 언급했으니 어른은 바로 행동에 나설 채비를 한다.

귀숙과의 전화 통화 하나에 이런저런 의논을 기영과 나눈다. 다른 사람들 의견은 필요치 않다. 기영과 의기양양 길을 나서는 걸음이 예사롭지 않다. 어른의 필살기는 마음먹으면 어떻게든 해내고야 만다는 데 있다. 남편에게 조카를 데리고 올 것 같다고 하니, 사돈댁에서 동의할 리 없다고 확신한다. 아버님도 한 번 보낸 외손자를 번복해서 다시 데려오는 상황을 마뜩잖아하지만, 그뿐이다. 남편은 모른다. 사돈을 모르고 어른을 모른다. 엉큼한 사돈과 영특한 어른을 모른다. 어른이 작정하고 무엇을 안 하던가. 무엇을 못 하던가. 그는 어른을 몰라도 너무 많이 모른다.

사돈어른들이 두 돌 가까운 손자를 돌보기 만만찮을 터이다. 아무리 어려워도 값비싼 외제 이유식을 믹인 외가다. 손이 이반서만 가는 것이 아니고 돈도 제법 든다. 사돈에게 아들과 며느리가 이어질지 모른다는 희망이 생겼을까? 아들이 아직은 며느리를 놓지 않아서였을까? 어차피 손자가 당신들한테 올 수밖에 없기 때문일 수도 있다. 뭐가 되었든 사돈 입장은 외가에서 조금 더 키워주기를 바란다. 불감청고소원(不敢請固所願)에 더 가까웠으리라.

나무도 서로 그늘이 닿지 않을 거리가 필요하고 모도 서로 적당한 거리를 두고 심는다. 서로 치우치지 않고 골고루 햇빛을 보고 그늘에 가리지 않기 위해 거리가 필요하다. 한 집에 그만그만한 남자아이 둘이 있으나 치우침이 지나치다. 한 아이는 하늘같이 떠받들고 한 아이는 본체만체다. 이 집 여성들의 차별이 눈에 띄게 심하다. 대놓고 차별한다.

역시다. 어찌 구슬렸는지 조카는 두 달 만에 다시 돌아왔다.

조카를 앞세워 집으로 들여보낸다. 어쩔 텐가. 다시 왔으니 반갑게 맞아서 키우라는 무언의 압박이다. 어른인 데다 외숙모니 반갑게 맞이할 수밖에 없다. 조카가 무슨 잘못이 있으랴. 반갑게 인사하고 맞이한다.

추수가 임박했고 친정엄마는 혼자 가을걷이를 감당하기 어렵다. 여기저기 아프지 않은 곳이 없으니 친정으로 가기로 하고 짐을 챙겨 놓은 상태다.

"친정엄마가 아프시니, 시골에 가서 가을걷이 좀 도와주고 올게요."

"그래, 알았다. 사돈이 아프다니 잘 갔다 오니라."

외손자를 다시 데려와서 그랬나보다 하겠지만, 대놓고 따지기도 체면이 안 서는 노릇이다. 순순히 친정 행을 허락한다.

남편은 어린 아들이 자꾸 치이는 것이 마음에 걸려 했다. 가을걷이를 도울 겸 시골에 가서 마음 편히 있기를 바랐다. 친정에 가서 추수를 도우며 가을을 보냈다. 낫으로 벼를 베고, 적당히 마른 벼를 손 쳐 말리고, 다발로 묶는다. 집 앞에 있는 논에서 일할 때는 집에 재워놓고 일을 할 때도 있지만, 먼 곳에 있는 논에서 일할 때는 아들을 포대기로 업고 일을 한다. 그러다가 잠이 들면 그늘을 만들어 눕혀 놓고 일을 했다. 산 밑에 있는 논에서 일할 때는 그늘에 눕혀 놓은 아들 근처에 혹여 뱀이 지나가지는 않을까 노심초사하며 수시로 보고 또 보았다. 애간장이 탄다는 것이 그런 것이었다. 일을 안 할 수도 없고, 자는 아들을 계속 업고 일을 할 수도 없는데, 하필 뱀이 자주 출몰하는 논이었기 때문이다. 별일 없었지만, 그때만큼 애간장을 태우며 일을 한 적은 없다.

어느덧 가을 추수가 끝났다. 머잖아 겨울이다.

2시간의 이별

 산골은 겨울이 춥다. 어린 아들과 산골에서 겨울을 난다는 것은 여간 불편한 일이 아니다. 갓난아이는 방에 머물지만 제법 자란 아이는 바깥바람을 쏘여야 한다. 바깥은 상당히 춥고 해야 할 일은 많다. 아궁이에 불을 지펴야 하고 방문 밖은 그대로 차가운 바람이 부는 야외다.

 시골에 계속 머물 수 없으니 남편과 아들과 같이 셋이 머물 곳이 있으면 단칸방이라도 좋겠다 싶다. 시댁으로는 들어가고 싶지 않다. 아무래도 동질감보다는 이질감이 크다. 가족이라는 느낌보다 가사도우미로 소모되는 하루하루가 고욕이다. 일이야 시골 농사일도 마다하지 않으니 못할 것도 없다. 하지만, 차별과 편애가 늘 펼쳐지는 공간이 편치 않다. 합리와 상식이 어디에도 없다는 게 무엇보다 괴롭다. 외손자밖에 모르는 어른한테 돌아가고 싶지 않다. 큰딸과 큰아들이 구할 이상인 시댁으로 돌아가고 싶지 않다. 무례한 손아래 시누이들 속옷 빨래하고 물 떠다 바치며 지내고 싶지 않다. 아버님이 계신다고 한들 난처한 상황에서는 먼 산만 바라보니 또한 역기능의 한 주체다. 이해하지 못할 상황들이 너무 흔히 벌어지는 것과 그런 상황들을 전혀 문제로 인식하지 않는 그들만의 세상. 평범함과 합리와는 너무 먼 그 세계는 시간이 지나도 익숙해지지 않는다. 그 공간에 있으면 나는 이방인이다.

"셋이 살 수 있는 작은 방이라도 구할 수 있을까요?"

"그러니까, 아버지는 예전에 살던 행동 근처에 알아보자 하는데…. 돈이…."

"그래도 한번 알아보면 좋겠어요."

차가운 바람이 쌩쌩 부는 본가로 돌이 다 되어가는 아들과 아내를 데리고 다시 들어갈 것인가. 작고 아담한 둥지라도 마련하여 따로 단란한 가정을 만들어갈 것인가. 남편에게 세 식구가 살 단칸방이라도 찾아보기를 요청했다.

어찌하여 아버지께서 방을 알아보았다기에 가보았다. 예전에 살던 병원 근처에 딸린 방들이었는지 햇볕 하나 들지 않은 어두운 뒷방 하나를 보여준다. 오랫동안 잊힌 방처럼 있는 듯 없는 듯 초라하다. 사람이 드나든 지 오래된 빈방은 도무지 어린아이를 키울 수 없이 음침하다. 낡은 것은 고사하고 햇볕조차 들지 않는다. 어둡고 습하고 음침한 뒷방에서 어떻게 아기를 키우란 말인가. 세 식구만 따로 살게 둘 수 없다는 거부와 거절을 그리 보여주는 것 같다. 선택할 수 없는 외통수 하나를 보여주고 선택권을 준 모양새만 갖춘 것 같다.

단칸방의 전세보증금이 문제가 아니라는 건 나중에 깨달았다. 어른들은 단칸방이든 어디든 따로 떼어 놓고 싶지 않았던 거다. 분가시킬 마음이 눈곱만큼도 없었던 거다.

어른들한테는 아기 아빠가 벌어다 주는 돈이 필요했기 때문이다. 아기 아빠가 돈을 벌고 며느리가 살림하며 봉양하는 것이 좋았기 때문이다. 큰딸이 화려하게 복귀할 때까지 그 역할을 맡을 다른 자식이 필요한데, 그 자식이 다름 아닌 아기 아빠다.

어른들은 귀숙의 돈맛을 본 이후로 경제활동을 완전히 놓아버렸다. 딸이 잠적했음에도 경제활동을 해야 한다는 생각은 추호도 없다. 어른들은 이제 오십 대 초반과 중반이다. 이미 경제활동을 놓았다 하더라도 상황이 바뀌면 다시 번복해도 결코 늦은 나이가 아니다. 아니, 그 나이에 은퇴한 사람이 극히 적다. 어른이야 불법 의료행위를 한 적이 있다 하더라도 직업으로 삼기는 미미하고, 아버님은 손을 놓고 자식들만 바라본 지 사오 년이다.

자매들이 그런 상황을 안타까워했다. 사돈이야 워낙 독특한 분이니 차치하더라도 남편이 가족에 대한 책임감이 너무 없어 보인다는 것이다. 사돈들은 어떻게 해볼 여지가 없지만, 제부 혹은 형부가 너무 무책임하게 어른들에게 끌려다닌다는 시각이 우세하다. 본인이 가장이며 아이 아빠이며 남편이라는 것을 느끼도록 해야 한단다.

　자매들 말로는 아들을 남편에게 맡기고 서울에 가서 일주일만 있다가 오란다. 그러면 모유 수유 중인 아들과 아내를 어떻게 돌보고 책임져야 하는지 알게 되리라 예측한다. 가까운 곳에 사는 언니 둘과 동생들까지 모두 동의하니 흔들렸다. 과연 그런 계기가 필요한 시점인가 싶다. 남편이 무책임하고 무기력한 것은 맞다. 어른의 독단과 독선에 힘들어하면서도 줄곧 그대로 따르는 것 말고 다른 선택지가 없는 사람이다. 누구보다 괴로워하면서도 누구보다 순종했고 누구보다 무력했다. 그게 가장 아쉬웠다.

　큰언니가 남편을 불렀다. 남편이 언니네 집으로 왔다. 언니가 '계속 그렇게 살 수 없지 않냐?' 한마디 하니 남편이 무척 당황하더니 금세 언짢아한다. 상황 인식도 문제해결을 위한 모색도 대안 탐색도 불가다. 나는 모르는 척 아들을 내주었다. 아들을 데리고 곧장 남편이 떠났다. 나도 서울에 가기 위한 기차표를 끊기 위해 역으로 버스를 타고 갔다.

역에 도착했지만, 서울행 기차가 바로 없다. 설령 있다 한들 젖먹이 아들을 두고 갈 수도 없다. 열 달이 되도록 잠시도 팔에서 빼어 놓은 적 없는 아들이다. 24시간 지근거리에 눈에 보이는 곳에 있었다. 아들이 눈에 보이지 않고 팔에 아들의 온기와 무게가 없으니 팔이 무엇에 쓰이는 건지 알 수 없다. 팔이 부자연스럽다. 팔을 어떻게 두어야 할지 모르겠다. 열 달 동안 두 팔이 자유로웠던 적 없다. 팔을 내리고 걷는 것도 부자연스럽고 어색하다. 아무 노릇도 하지 않는 두 팔을 허전하게 느끼며 집 근처로 걸어갔다. 오거리에서 다방에 들어갔다. 남편이 엄마를 만나 한 시간을 바닥에 무릎 꿇고 허락을 구하던 다방이다. 무선호출(삐삐)로 남편을 불렀다. 남편이 곧바로 전화를 걸어왔다. 여기 어디 다방이니 아들을 데리고 오라고 했다. 남편이 곧장 아들과 함께 나타났다. 아들을 보니 눈물이 왈칵 쏟아졌다. 이동하며 떨어진 시간이 두 시간인데, 너무나 긴 이별처럼 느껴졌다.

"미안해요. 자기가 가장으로서 책임감이 적어 보인다며 일부러 일주일만 서울에 갔다 오라고 했어요. 나도 자기가 우리 집 가장이라는 책임감은 적어 보여서 그렇게라도 해야 하나 싶었는데, 차마 갈 수가 없었어요. 여태 팔에 있던 아들이 없으니 팔을 어떻게 해야 하는지 모르겠고, 모유 먹는 아기를 두고 어디를 가요?"

남편은 예상치 않았던 상황에 놀랐던지 상기되어 있다.

"집에 갔더니 두 분이 싸우고 난리다. 어머니는 못 키운다, 아버지는 왜 못 키우냐. 키워야지 그러고."

"어머님이 못 키우신대요?"

"응, 못 키운다고 싸우고 난리다."

그는 적잖이 놀란 눈치다. 두 달 만에 집에 온 친손자를 반기기는커녕 못 키운다고 펄펄 뛸 줄은 몰랐던 게다.

"우리 아들, 우리가 키워야지, 누가 키워요."

"그래, 우리가 키워야지."

아이를 키우며 살려면 하는 수 없다. 시댁으로 돌아갔다. 우시장에 끌려가는 어미 소의 심정이 그러할까. 경제적, 정신적 독립은 요원했다.

그때 그 집으로 돌아가지 않고 햇볕이 드는 단칸방을 구해서 셋이 독립했더라면 이후의 삶은 많이 달라졌을 것이다. 그러나 과연 독립할 수 있었을까? 남편이 어른의 손길에서 조금은 벗어났을까? 중독이 더 깊어지지 않고 벗어날 계기가 됐을까? 이미 깊이 중독되어 벗어날 수 없는 지경이었을까. 여전히 궁금한 지점이다.

조카는 다음 해인 네 살 때 음력으로는 다섯 살 때 친가로 돌아갔다. 귀숙이 둘째 아들을 낳은 지 반년 가까이 지난 시점이다. 조카가 친가로 돌이기기 진 어른은 우리가 조카를 키워주기를 은근히 바랐다. 외손자를 보내기 아까워했다. 경제적 여건을 비롯하여 여러모로 조카를 키울 결심이 서지 않았다. 우리 책임은 그쯤이어도 될 성싶었다. 미루다가 결국 안사돈과 고모가 오셨는데, 아이를 잘 키워줘서 고맙다는 인사는 끝내 하지 않았다.

PART 3

강을 건너다

새로운 만남

　차가운 바람이 부는 겨울 항구는 평화롭다. 귀숙이 식구들을 부산으로 초대했다. 근 2년 만에 얼굴을 마주하게 되었다. 귀숙은 빚이 이미 4억을 훌쩍 넘어선 것을 애써 모르는 척했다.

　귀숙의 두 번째 남자를 보러 갔다. 배를 타서인지 건장한 느낌이다. 까무잡잡한데 단단한 체격이고 순하게 웃으니 마음이 놓인다. 그렇다고 뱃사람이 어른의 양에 찰 리 없다. 언덕배기로 올라가서 한 칸인지 두 칸인지 구별하기 힘든 방에 차린 살림이다. 배가 있어서 둘이 아침마다 부산 앞바다에 나가 고기를 잡는단다. 아침나절에 배를 타고 나갔다 오면, 잘 잡히는 날에는 오십만 원도 벌고 칠팔십만 원도 번단다. 먹고 사는 데 지장이 없는 것은 물론이고 큰돈도 금방 만들 모양이다.

반가운 인사를 마친 부녀와 모녀는 외출을 서둘렀다. 그동안 살림 사느라 어른 모시느라 이들 돌보느라 애쓴 올케에게는 '고맙다' '미안하다' 말 한마디 없다. 고맙다고 미안하다고 할 줄 알았는데 한마디 없이 생략하고 마는 상황이 낯설다. 예상 밖이다. 미안하지 않은 걸까? 고맙지 않은 걸까? 그녀는 정녕 미안함을 느끼지 않는 걸까? 자신이 친정을 위해 부모 형제를 위해 애쓰다가 잠깐 쉬는 것이니 미안할 일이 아니라고 여기는 걸까? 미안하지 않으니 딱히 고마울 일도 아니고 고마워할 까닭이 없다고 느끼는 걸까? 잠시 숨을 돌리고 쉬는 것뿐이니 신앙처럼 믿고 기다리면 된다는 암시인 걸까? 그도 아니면 말로 표현하고 나면 위대하고 훌륭하고 추앙받는 자신의 힘이 빠진다고 생각하는 걸까? 구원자에서 타락한 자로 변모할 수 없다는 저항일까? 자신은 항상 옳아야 하고, 우위에 있어야 하고, 모양새가 월등해야 한다는 강력한 믿음이 내면에 굳건히 자리 잡고 있기 때문일까? 여간해서 짐작하기 어려운 형태의 모르쇠다.

암묵적인 협의에 도달한 듯 그들 남매와 부모는 희희낙락이다. 행여 미안하다거나 고맙다는 말을 끝내 하지 않는 그녀와 그들 분위기에 나는 이해도 납득도 쉬이 가지 않는다. 다만 새로 만난 가족과 무사히 지내는 시누이에게 올케와 외숙모와 처남댁으로서의 역할수행으로 분주하다.

사천만 원을 더 받아낸 것을 무마하기 위함이었을까? 귀숙은 알이 크게 박힌 반지 두 개를 사서 어른과 아버지에게 하나씩 끼워준다. 어른과 아버지가 함박웃음을 지으니 반지가 무척 비싸게 느껴진다. 아버님의 동생인 고모님은 시계 하나를 선물로 받고 두 달만 쓴다는 큰 시누이 말에 이웃 돈 이천만 원을 빌려주었다가 봉변을 겪는 중이다. 고모님은 두 달이 하염없이 길어질 줄 몰랐을 것이고, 시계가 그리 값비싼 대가를 치러야 하는 선물인지도 몰랐을 테다. 고모님은 매달 이 푼에 해당하는 40만 원의 이자를 갚느라 농한기에는 건물 청소까지 한다더니 큰 시누이의 계산법은 과연 독특하다. 고모님은 칠 년 만에 원금을 받아서 동네 사람에게 갚았다고 했다. 그동안 한 마디 없던 고모님이 사오 년 되었을 즈음, 아버님께 한마디 하소연했다가 어른에게 거의 죽을 만큼 욕을 들었다.

어른들의 계산법은 특이하다. 시계 하나와 반지 하나가 그리 비싸게 먹히는 것이던가. 먹히니 거래가 성사되었으리라. 반지 하나에 온갖 시름을 잊듯 세상에서 가장 행복한 부모가 된다. 마치 어린아이들 같다. 그 단순함과 경쾌함이 가히 놀랍다. 이미 4억에 육박한 빚은 아무 의미가 없어 보인다. 동그라미 서너 개는 족히 떨어져 나간 느낌이 들 만큼 가벼워 보인다. 그리 대범하고 담대하니 전 재산이나 다름없는 집이며 논을 담보 잡혀 경매 절차가 예고되는 일을 수차례 겪어도 흔들리지 않은 것이리라. 그렇다. 경매 절차가 예고될 때 어른은 거기에 없을 때가 많다. 피난 가듯 피정 가듯 벗어나 있다. 고매한 어른이 험한 꼴을 직접 볼 것까지야 있는가. 흘러가는 흐름만 들으면 그만인 것을.

다만 아버님은 몇 차례 나락으로 떨어지듯 정신을 놓고는 했다. 어른의 감정은 아주 기쁘거나 매우 화나거나 둘 중 하나다. 그래프가 출렁이듯 감정이 기분이 늘 롤러코스터 같다.

그런 날들이 꼬박 2년 이상 지났고, 그사이 경매 예고를 4번은 겪어야 했다.

귀숙이 그사이 아들을 낳았다는 말은 들었는데 아뿔싸! 아들이 내일모레 돌이다. 아주 갓난아기인 줄 알았는데, 아이쿠! 돌이 가까운 아기다. 놀란 건 어른만이 아니다. 아기를 본 식구들은 누구를 막론하고 놀라고 말았다.

"백일 정도 되는 아기인 줄 알았는데 돌이 다 되는 아기여서 깜짝 놀랐지 뭐예요."

내 말에 남편이 동의했다.

"그러니까. 나도 몰랐다."

나는 외숙모 노릇을 하느라 외출복과 돌 반지를 샀다. 백일을 챙기지 못했으니 한꺼번에 챙기는 셈이다. 돌잔치를 안 한다니 돌 반지도 마저 준비해 건넸다. 나도 아들도 남편도 귀숙한테 받은 것은 아무것도 없다.

　남자는 작은 배를 몰았다. 선원은 따로 없는 작은 배다. 그 배를 사느라 돈이 필요했다는 것이 말하는 사이사이에 햇살이 바다에 비치듯 드러났다. 어찌 됐든 제 살길 먼저 찾는 귀숙이다. 올케와 동생이 죽어나든 말든. 친정이 무슨 험난한 일을 겪든 말든.

　이기주의가 사람으로 태어나면 귀숙일 테고, 어른일 테다. 진호라고 다를까. 아버님이라고 다를까. 자신의 이익만이 중요한 사람이 이기주의자가 아니고 무엇이랴.

집을 팔다

 사니까 살아진다. 살아지니 산다. 나는 아들을 키우며 남편과 현실과 희망 사이를 오가며 무던하게 산다.
 어른은 점집에 자주 드나든다. 단골인 이보살 말대로 되지 않으니 다른 곳에도 다니는 모양이다. 그들에게 들은 답을 철석같이 믿으며 가족에게도 전파한다.
 "올 가실 안에는 된답디다."
 "올 시안에는 된답니다."
 "내년 봄에는 팔린답디다."
 "올 시안에는 해결이 된답디다."
 "올 가실에는 된답디다."
 같은 듯 시기만 다른 말을 삼 년째 반복해서 듣는다. 가을 안에 집이 팔린다는 말을 듣고 오면 봄부터 가을까지는 무사

태평이다. 어찌 됐든 점쟁이가 가을 안에 된다고 했으니 기다리면 된다. 그동안 은행에서는 연체 이자가 복리로 붙는다. 은행에서 유월 말과 연말이면 법적 정리 절차 진행을 통고한다. 경매에 부치겠다는 것인데, 집과 논을 살릴 방안이 없다. 그동안 이자를 감당한 것은 경매를 막고 제값에 팔려는 의지 때문이다. 제값을 받아야 빚을 갚고, 살 집을 마련하고 얼마간의 자산을 남길 여지가 있다. 69평 2층 슬래브집과 2,400평 논을 경매로 넘기면 그야말로 길바닥에 나앉아야 할 판이다. 귀숙으로 인한 사적 채무는 별개인 데다 채무 액수가 가파르게 올라가고 있다. 아무도 돈을 벌지 않은 마당이니 집을 팔아서 덩치 큰 빚부터 갚아야 이자가 이자를 낳는 구조를 벗어날 수 있다. 버는 사람은 없는데, 빚은 늘어나 배보다 배꼽이 커질 지경이다.

  논은 허가구역으로 지정되어 거래가 수월하지 않거니와 논이 지닌 가치에 비해 가격이 낮게 형성되어 있으니 보유하는 것이 낫다. 자산을 팔아 빚을 갚으려면 집이 우선이다. 굳이 마당이 있는 이층집이어야 할 필요는 없다. 형편이 허락하지 않으면 상황에 맞게 옮기는 것이 적절하다. 집 좁은 것은 살 수 있으나 기하급수적으로 늘어나는 빚을 이고는 얼마 버틸 수 없다. 버티다가는 그나마 옮겨갈 곳을 선택할 여지마저 좁아지게 된다. 집을 팔려면 시세에 맞게 호가를 불러야 할 텐데, 턱없이 높게 부른다. 팔지 않겠다는 의지인지, 살 테면 사라는 여유인지 속을 알 수 없다. 시세와 상관없이 받고 싶은 논을 부르니 이 년이 지나고 삼 년이 가까워도 집을 보러 오는 사람이 없다.

집을 매물로 내놓은 지 일 년이 되어갈 때, 동네 부동산에 시세를 확인하니 호가와 차이가 상당히 난다. 담보로 잡혀 있는 전 재산인 집과 논을 경매로 넘기지 않으려면 시세에 맞게 호가를 불러야 마땅하다고 남편을 설득했다. 남편은 이해하지만, 어른은 요지부동이다. 처음에는 너무 턱없이 부르다가 낮췄다고는 하지만 여전히 시세보다 70% 이상 높게 부른다. 해마다 이자를 내기 위해 새롭게 생긴 부채가 또 수천만 원에서 1억 가까이다.

경매가 들어온다는 말에 어른이 가장 먼저 걱정한 것은 귀숙의 살림살이다. 어른의 관심사는 오로지 귀숙이다. 빚을 감당할 수 없는 지경이나 큰딸이 어찌 꼬드겼는지 어디선가 사오천만 원을 빌려 딸에게 준다. 딸이 그 이상을 보상하리라는 믿음만큼은 철옹성이어서 누구도 감히 손을 들 수 없고 말을 할 수 없다. 한마디라도 했다가는 철천지원수가 되어 온갖 저주와 모함과 욕설에 폭격당한 채 복종하거나 공간을 떠나는 수밖에 없다. 어른은 은행에서 경매가 들어오면 귀숙의 살림살이도 경매에 들어갈까 봐 시골 빈집을 섭외해서 집을 고치고 살림살이를 옮겨놓았다. 집과 논이 모두 넘어가면 엔틱 가구 십여 점과 명품 가방 수십 개가 무슨 소용일까 싶지만, 어른 눈에는 집보다 귀하고 논보다 귀하다. 명품이 행여 귀숙의 숨결인 양 어루만지고 우러러보고 숭배한다. 마치 새로운 신앙처럼 온 마음을 다한다.

조카는 결국 사돈댁으로 돌아갔다. 미련이 잔뜩 남았던 사돈은 떨어지지 않은 발걸음으로 다섯 살이 된 손자를 데려갔다. 고맙다는 말 한마디 남겼는지 어쨌는지 아는 사람이 없다. 설령 한마디 했더라도 마지못해 입만 겨우 달싹했는지 모르겠다. 막내딸이 돈을 벌겠다며 서울로 가고, 기영이도 남자를 따라 집을 나가 식구가 줄었다.

식구가 줄었다지만 먹고 사는 것이 구차하다. 늦봄이 되어도 마늘 한 접 사지 않는다. 된장을 담지 않은 지 삼 년째다. 남편이 아르바이트한 삼사십만 원으로 일고여덟 식구가 사는 것에 익숙해졌는지 당연시한다. 떨이하는 물건을 사려고 오일장에 느지막이 다니며 궁색함을 면치 못하는데 구경도 못 한 빚뿐 아니라 복리로 느는 이자만으로도 반년이면 수천만 원 빚이 새로 생긴다. 취직이 원활하지 않던 남편이 벌어주는 60만 원 중 대부분을 저금하며 견딘다.

때가 되니 은행에서 어김없이 압박이 왔다. 아들을 업고 동네 부동산 몇 곳에 매물을 내놓았다. 그 부동산에서 연락이

와서 산에 대한 매매가 진행 중이었다. 아버지는 산을 팔아서 이자를 낼 요량이었다. 부동산은 매매계약서에 도장을 찍어야 비로소 돈이 오가는데, 산이 팔릴 것을 기대하고 대안을 생각하지 않으니 불안했다. 산을 사기로 한 사람이 약속을 지키지 않았다. 아버지는 망연자실하다가 누워버렸다. 아버지는 마치 정신을 놓은 것처럼 자포자기 상태다.

"○○어매야, 나를 연향마을에 데려다주라. 어머니 옆에서 죽을란다."

"차라리 감옥에 들어가 있는 게 더 낫겠다. 나를 가둬라 그래라."

"아이고! 차라리 죽는 게 더 낫겠다. 나는 못 살겠다."

시일이 촉박한데, 계약만 믿고 대안이 전혀 없기에 불안하던 참이다. 그렇더라도 그나마 집에서 아버님을 믿는 나는 심장이 덜컥 내려앉는다. 아버님이 중심을 잡아야 하는데, 마음 약한 소리를 하니 불안감이 엄습한다. 요지경 같던 집이 이제는 외딴 섬이 된 듯 표류하는 난파선이 된 듯 뿔뿔이 흩어진 식구들만큼 고요하게 무겁다. 급한 불은 꺼야 하는데, 당장 하루 이틀 사이로 삼사천만 원을 구할 길이 없다. 각종 정보지를 놓고, 우선 한 달이라도 사채를 쓰자고 권했다. 아버지는 빚을 내러 가기 위해 허둥지둥 일어났다.

아버지는 서류를 떼어 오며 집을 못 찾아 옆집 대문으로 들어갈 정도로 흔들렸다.

"뭔 며느리랑 온다요?"

"나는 우리 며느리 없으면 암 것도 못 하것소. 그런 소리 마시오."

"며느리랑 온 사람이 없으니 하는 말이요."

"우리 며느리 없으면 내가 일을 못 보것응께 같이 왔소."

뜻밖에 제3 금융이라고 할 수 있는 제도권 밖의 금융에 기대 급한 불을 껐다. 산이 곧 팔려 그 빚은 한두 달 만에 바로 갚았다. 다행이었다. 길어지면 곤란한 빚이어서 부담이 컸다.

이제는 더 팔아서 메꿀 자산이 없다. 더는 대출이 나올 곳도 없고 추가로 담보로 잡힐 자산도 없다. 그동안 안 들리는 사람처럼 딴 곳만 바라보고 딴소리만 하던 어른이 외곽지역으로 옮기더니 고집을 한풀 꺾었다. 시세에 맞춰 시급히 파는 것이 그나마 가장 낫다는 것에 남편과 아버지께서 동의하여 호가를 낮췄다. 거래하던 부동산에 호가를 낮추겠다는 전화를 하자마자 곧바로 집을 보겠다는 사람이 나타났다. 저녁에 곧장 집을 보였다. 집을 보러온 사람이 호의적이다.

"그동안 쭉 2억5천만 원을 불렀거든요. 오늘 처음으로 1억 5천만 원으로 내린 거예요. 이렇게 내렸으면 진즉 임자가 있었을 거예요."

"그러게요. 집이 아주 좋네요. 마당도 나무들도 좋고요."

집을 보고 가더니 곧바로 계약하자는 전화가 왔다. 어린 아들과 둘만 있는 상태에서 집을 보여준 나는 드디어 집이 팔리는가 보다 하는 긴장감과 더불어 이제 곧 태어날 작은 아이와 네 식구가 어떻게 살아가야 하나 염려가 한꺼번에 덥석 몰려왔다.

다음날, 집이 팔렸다. 전날 저녁에 집을 보러온 사람이 곧장 다음날 매매계약서에 도장을 찍었다. 3년 동안 오히려 집값은 하락세를 타고 있어서 시세는 삼사천만 원이 내렸다. 진즉 시세에 맞게 팔았으면 3년 가까이 복리로 이자를 늘려 가지는 않았을 것이다. 처음에는 어른이 3억5천만 원을 불러서 여럿 어리둥절하게 만들었다. 1992년 초겨울에 2억이 안 되는 시세였음에도 3억5천을 불렀다. 1995년 2월까지 2억5천만 원을 고집하다가 결국 1억5천만 원에 매매하게 된 것이다. 어른은 신통 도통하기보다 고집 하나는 가히 압도적인 분이다.

보람 없는 인내에 그치지 않고 배보다 더 커지려고 하는 배꼽을 남긴 3년이다. 1992년 시월 원금이 2억이었는데, 1995년 삼월 빚이 4억에 가까웠다. 버는 사람 없이 복리로 이자가 늘어서 생긴 일이다. 늘어난 빚 중에 생활비로 쓰인 돈은 없다. 돈은 은행으로만 들어갔다. 무엇을 위한 인내였을까? 누구를 위한 시간이었을까? 오로지 어른의 고집으로 흘러간

삼 년은 빚만 2억을 더 늘렸을 뿐 아니라, 매우 괴로운 시간도 덩달아 주었다. 평안은 어디에도 깃들지 않았으며 행복은 근처에도 다가오지 못했다.

호된 시집살이였다. 정서적 학대 수준에 이르는 언행들이 무엇보다 견디기 어려웠다. 합리적이지 않고 상식적이지 않고 인정이 없었다. 어른이 그러하니 시누이들도 그러하였고 남편은 회피하기 급급했다. 경제적 측면은 참혹했다.

큰 목돈은 이자를 갚기 위해 새로운 빚으로 왔고, 작은 생활비는 아무도 책임지지 않았다. 학생인 남편이 밤늦도록 아르바이트해서 삼사십만 원으로 일고여덟 식구가 살았다. 빛 좋은 개살구는 영락없이 이곳을 말함이다. 육체적 고통은 모든 일을 내 손에 맡겼다는 데 있다. 세탁기는 흐린 날이나 추운 날에 탈수 용도로만 사용 가능했다. 조카 기저귀는 오로지 천 기저귀만 사용해야 하므로 외출 시에도 천 기저귀를 썼다. 두 번씩 삶아 빨래하는 것은 물론 날마다 한 대야씩 빨래를 해야 했다. 임자 없는 제사를 세 번 지내며 나물을 열 가지씩 해야 했고, 굳이 지내지 않아도 될 명절 차례는 상다리가 휠 정도로 차리며 온갖 화와 짜증과 부아를 가득 담았다.

아무리 청소한들 오후가 되면 식탁 아래든 거실 어디든 무엇이라도 또 생겼다. 어른은 청소를 극도로 싫어했고 청소를 못 하였으며 청소를 거의 하지 않는다. 어른에게 정리정돈은 불가능에 가깝다. 어른이 걸레를 손에 든 날은 그야말로 작정하고 며느리를 잡을 때다. 며느리를 잡지 말라고 하니 이유 있는 화를 내기 위한 준비 작업이다. 이삼 분도 지나지 않아 여지없이 부아를 낸다. 그러니 언제든 어른이 마음만 먹으면 도로 아미타불이다. 한 잔의 물을 마셔도 내 손을 거쳐야 하고, 숟가락 하나도 내 손을 거치지 않으면 안 되었다. 시누이들은 속옷 한 장도 자기 손으로 빨지 않았다. 그랬다. 3년 동안 가사도우미 역할에 감정 쓰레기통이 되었다. 누구를 위한 3년이었나. 남편이 알아주는 것도 아니다. 큰집에 가면 모두 내 처지를 안타까워했다. 할머니께서는 손을 잡고 "아버지와 진식이 믿고 살아 달라"고 간곡히 부탁했다.

하늘도 손으로 움켜쥘 만큼 기세등등한 어른은 이제 쉰셋이다.

단무지 한 개

　집이 팔렸으니 이사를 해야 한다. 방 두 칸으로 이사 가고 싶으나 돈이 부족하다. 안 쓰고 모은 돈이 겨우 방 한 칸 보증금뿐이다. 천만 원이 더 있으면 2층 방 두 칸짜리로 이사 갈 수 있다.

　처음에는 69평 2층 단독주택을 준다 했다. 그러다가 일이 터진 후에는 30평대 아파트를 사주겠노라고 했다. 20평대 아파트가 좁다면서. 시간이 지나니 전세로라도 분가해주겠다는 말로 바뀌었다. 말이 점점 없어진 지 한참이다.

　"진식 씨, 혹시 은행 빚을 천만 원만 덜 갚고 우리 전세보증금으로 주실 수 있을까요? 그러면 십만 원 정도는 월세 내는 셈 치고 다달이 우리가 갚아도 될 것 같아요."

　"응, 말해볼게."

"아버지, 애기가 곧 태어나니까 방이 두 개는 돼야 할 것 같은데, 천만 원만 은행에 덜 갚고 전세보증금으로 줄 수 있는가? 우리가 천만 원에 대한 이자는 내면 되겠는데."
"천만 원을? 그렇께. 그러기는 헌디."
"예, 애기가 곧 나오니까 방이 두 개는 되어야 할 것 같네."
"그렇기는 한디…."
"날 잡아먹어라. 날 잡아먹어! 십 원짜리 하나 못 준다. 못 줘!"

전화 통화는 남편과 아버지가 하는데, 수화기 건너편 어른의 목소리가 수화기 밖의 나에게 너무 또렷하게 들린다. 격앙된 목소리에 온갖 부아가 더께더께 눌러앉았다가 화산폭발처럼 터져 나왔다.

'어림없구나. 저토록 격앙되어 아예 입도 벙긋할 수 없게 하는구나.'

남편 얼굴이 벌겋다. 민망함이 거실로 번졌다. 어쩔 수 없다는 것을 안다는 듯 고개를 끄덕이고 현실을 받아들인다. 나는 방 두 칸짜리로 이사 가는 것을 포기했다. 아버지도 남편도 괴로운 일일 테니 현실을 인정한다. 어른을 더는 설득할 수 없고 이해시킬 수 없다. 양해는 바랄 수 없고 배려는 기대난망이다. 하는 수 없이 그동안 아등바등 모아둔 육칠백만 원으로 어찌해 볼밖에. 다른 대안이 없다.

경제력이 없다는 것은 할 수 있는 게 거의 없다는 말과 같다. 남편이 아르바이트해서 삼사십만 원을 받아 일고여덟 식구가 세끼 밥을 먹고 사니, 도무지 임산부에 대한 배려는 없었다. 전문대학을 졸업하고 취직이 되지 않아 동네 가게에서 육십만 원을 받고 일을 했다. 그중 45만 원을 저금하며 견뎌겨우 단칸방 전세보증금을 마련한 것이다. 물론 결혼 전에 모아두었던 얼마간의 돈으로 남편의 마지막 등록금을 냈고 생활비로도 충당했다.

큰아들을 가진 열 달 동안 남편이 먹고 싶은 음식을 사준 적은 없다. 5개월까지는 입덧으로 토하기를 거듭했지만, 안정되니 비빔밥이 먹고 싶었다. 서울에서 직장 다닐 때 즐겨 먹던 점심 메뉴다. 4천 원도 하지 않은 밥을 '참아라!' 하더니 아기를 낳을 때까지 아무 말이 없다. 끝끝내 참아야 하는 상황인가보다 했다. 물론 그 이후에도 비빔밥은커녕 자장면 한 그릇도 없다. 작은아들을 가졌을 때 문득 돈가스가 먹고 싶었다. 묵묵부답이다. 또 참아야 하나 보다. 결혼 전에 레스토랑에서 먹었던 5천 원짜리 돈가스가 눈에 선했다. 동생이 분식집에서 3천 원짜리 돈가스를 사준다. 고마우면서도 깔끔하고 분위기 좋은 레스토랑에서 오붓하게 먹지 못한 아쉬움이 못내 컸다.

남편은 부모 형제와 조카를 돌보느라 아내와 자식들과 밥

한 끼니를 밖에서 먹은 적이 없다. 겨울밤 뜨끈한 붕어빵 몇 개를 사 올 줄 모르고, 자두 몇 알, 복숭아 몇 개, 포도 한 송이, 귤 한 봉지를 들고 올 줄 모른다. 인정머리라고는 없다. 잔정이 없다. 자잘한 정이 많으면 그깟 가난이야 아무런 장애가 되지 않을 터인데, 잔정이 없고 인정이 없으니 그의 부모 형제도 가난도 더 힘에 부쳤다.

그에게는 부모 형제가 우선이다. 친구들이 다음이고 처자식은 늘 꼴찌여서 배려나 관심이 끝내 미치지 못하고 만다. 애초에 그는 결혼과 적합하지 않은 사람이었을지 모른다는 생각과 느낌이 자꾸만 든다.

살림살이가 얼마 되지 않는다. 큰아들이 세 살이니 아들 옷가지가 있고, 만삭이니 곧 태어날 작은아들 기저귀도 몇 장 추가된다. 이부자리도 더 장만하고 부엌살림도 장만하여 온전히 네 식구가 살 준비를 한다.

집을 비워줄 때가 되어 만삭의 몸으로 짐을 싸고 짐을 풀었다. 어른은 들여다보지 않는다. 어른은 미리 휑하니 짐을 챙겨 가버렸다. 집을 팔았으니 그나마 '분가하네, 마네'로 서운하지 않게 놓여난다는 것을 안다. 크게 속 시끄럽지 않고 놓여난다는 것만으로도 다행스럽다. 그러니 자상한 보살핌까지는 기대하지 않는다. 그러나 만삭이니 매사에 몸이 날래지 못하고 무겁다.

온갖 살림살이는 물론 냉장고까지 방으로 들어와야 해서 방이 좁디좁다. 침대와 방바닥에 성인 두 명과 어린아이 두 명이 누우면 빈자리가 없다. 아버지께서 부엌에 가스레인지를 설치해주는 것으로 첫 번째 이사는 끝났다.

짐을 풀고 일주일 만에 작은아들을 낳았다. 병원비를 치르고 넉넉히 남을 돈을 드렸건만 미역국 한 솥으로 끝이다. 장날이라 들른 어른이 뜬금없이 단무지 하나를 주고 간다. 500원짜리 단무지를 바라보며 아이를 낳은 지 닷새인 나는 어이가 없다. 1995년 삼월 중순, 아랫장에서 파는 단무지 한 개가 오백 원이었다.

'도대체 누구 먹으라고 산 걸까? 산모일까? 세 살배기 손주일까? 아니면 아기 아빠일까? 부엌 밖에 둔 검은 봉지들에는 무엇이 들었을까? 어쩌면 500원짜리 단무지 하나를 주고 갈 생각을 할까?'

남편은 단무지를 보고 난감하다. 달랑 하나 주고 간 게 하필 단무지이니 체면이 서지 않는다. 그렇다고 미안하다거나 이해하라는 말은 결코 할 수 없다. 그렇다면 쉼 없이 미안하다고 이해해달라고 말해야 할 판이다. 다만 반찬 하나라도 만들어서 같이 먹으려고 한다. 어묵 하나라도 볶고 달걀 하나라도 익힌다.

비록 작은 단칸방이지만 온전히 우리 네 식구만 있으니 평화롭기 그지없다. 네 식구가 살기에 나쁘지 않다. 다만 큰아들과 맘껏 놀이주지 못한다. 깃 대어난 적은아들이 있으므로 세 살배기 큰아들과 다른 방에서 책을 읽어줄 수 없고 장난감도 많지 않아 같이 놀기도 쉽지 않다.

　단칸방이 좁기도 했지만, 시댁에서 분가한 지 얼마 되지 않았기에 주중에도 한두 번은 시댁에 간다. 주말에는 어김없이 시댁에 머물러야 한다. 얼마 되지 않은 월급 대부분을 저금하며 머잖아 방 두 칸으로 옮길 궁리를 한다. 동생이 쓰다 남은 화장품을 쓰고 언니가 입던 옷을 입으며 오로지 쓰지 않는 것만이 방편이다. 순수한 생활비가 한 달에 십만 원을 넘지 않은 지 삼사 년이다. 싸디싼 깻잎 김치와 부추김치와 무김치를 담가 먹고 조기 한 마리 갈치 한 도막을 구워 주지 못한다.

　아랫장 노점에서 만 칠천 원짜리 치마를 만지작거리는데 막내 시누이 예빈이 오천 원짜리 치마를 사라고 권했다. 아쉬움이 한가득한 채 결국 오천 원짜리 치마를 사고 말았다. 예빈은 "언니 형편이 제일 나으니, 집에 쓸 돈을 먼저 모으고 있어."라고 한다. 네 식구가 단칸방에서 한 달에 십만 원도 못 쓰고 사는데, 언니 형편이 제일 나으니 돈을 모아서 장남 결혼도 시키고 부모님 회갑도 준비하란다. 순수하고 어리지만, 가슴이 답답하다.

겨우 얼마간 모았더니 적금을 깨서 은행 이자를 갚는 데 보태자고 한다. 벼룩이 간을 빼 먹지. 네 식구 생활비도 안 될 돈 칠팔십만 원 중 45만 원씩 적금 부은 돈이다. 어린 아들 둘을 단칸방에서 오래 키울 수 없어서 방 두 칸으로 옮기려고 모으는 돈이다. 은행 이자 갚으려고 안 쓰고 안 입고 못 먹은 게 아니건만 하는 수 없이 적금을 깨서 줄 수밖에 없다. 남편이 원하는 것을 거절하거나 거부하면 견뎌낼 수 없다. 술 한 방울 안 마셔도 몇 시간씩 사람을 볶는다. 두 손 들 때까지. 고집을 부리거나 오기를 부릴 때는 어른을 똑 닮았다. 그때는 술을 못 마시는 축에 들었다. 나중에는 엔간히 마셔서는 끄떡없는 술꾼으로 변신했지만.

골목에 찬 바람이 불기 시작할 즈음 장난감을 사 주려다가 된통 곤혹스러운 일을 겪었다. 찬 바람이 부니 세 살배기 큰아들이 골목에서 언제까지 놀 수 없다 싶었다. 방에서 놀게 하려면 나뭇조각 장난감과 책 몇 권을 사고 싶었다. 매달 이만 원씩 나눠 내면 못할 것도 없다 싶었는데, 간섭이 예상보다 심하다. 나에게는 아무런 권리도 자유도 없다. 십 원짜리까지 금전출납부를 쓴 게 오히려 독이다. 벼룩이 간을 빼먹듯 적금을 깨서 구경도 못 한 은행 이자는 갚아도 어린 자식에게조차 한 푼 쓰지 못하는 삶이 당혹스럽고 황망하다.

초저녁부터 깊은 밤까지 쉼 없는 드잡이에 숨이 막힌다. 가난이 문으로 들어오면 사랑이 창문으로 도망간다고 하지만 그만한 일에 폭주한 그가 섬뜩하다.

어디로든 사라지고 싶다. 깊은 밤, 어린 아들을 업고 길을 나섰지만, 어디도 갈 곳이 없다. 바람이 쓸쓸하게 분다. 큰길가에 이르러 한참을 넋을 놓고 있다가 큰아들이 잠든 단칸방으로 터벅터벅 돌아왔다. 가난은 아무렇지 않은데, 사랑하는 사람마저 착한 사람이라는 보루마저 무너지고 깨어진 게 슬프고도 슬펐다.

작은아들 돌잔치

 방이 좁기도 하거니와 한집에서 살던 습성으로 인해 주중에도 한두 번 시댁에 방문해야 하고, 주말에는 어김없이 시댁에서 지내야 한다. 행주를 삶고 걸레를 삶아 구석구석 청소하는 것이 주말 일정의 첫 순서다. 끼니때가 되면 식사를 준비하고 설거지와 주방 정리도 마땅히 해야 할 몫이다. 같이 살지는 않지만, 여전히 가장 중요한 일손이 틀림없다.

 겨울이 지나고 다시 따뜻한 햇볕이 비출 무렵, 작은아들 돌이 다가왔다. 엔간하면 더 낳을 계획도 없지만, 아들 돌잔치를 건너뛰기가 미안하다. 큰아들은 작게나마 백일잔치도 했는데, 작은아들은 그마저 못한 처지다. 어린아이가 무얼 알까마는 마음이 여간 불편한 게 아니다.

 단칸방에서는 손님을 맞을 수 없다. 서너 명이 둘러앉기도 좁다. 부엌도 좁디좁아 신발을 벗어 둘 공간도 없다. 도무지 단칸방에는 손님을 두세 명 이상 부를 곳이 못 된다. 빠듯한 살림에 여유가 없는지라 다른 곳을 빌릴 데도 마땅찮다. 그 사이 어른들은 아는 분의 빈집을 섭외하여 거주하는 곳을 한 번 더 옮겼다. 마당이 넓고 거실도 넓은 편이다.

시댁 마당과 거실을 한나절 빌릴 수 있는지 타진해본다. 흔쾌히 그러라고 할 줄 알았는데 돌아오는 반응이 영 시원치 않다.

"어머니, 제가 다 준비할게요. 안 하려니 마음이 편치 않아서요. 한나절만 쓰고 다 치우고 가면 안 될까요?"

"긍께, 여기가 나 손님이 왔다 갔다 항께, 근단 말이다. 여기는 나 손님들이 오는 곳잉께."

"점심때만 하고 빨리 끝내면 안 될까요?"

"그냥 하라고 하지 근가."

아버지는 안타깝고 면목이 안 선다. 손님이라야 하루에 한두 명이고 그날은 비우자고 한들 누가 뭐라 할 일도 아니다. 남편도 난처하기는 매한가지다. 결국, 그날은 승낙을 받지 못하고 돌아왔다. 거실 사용권이 여의치 않다. 나는 뜻밖의 난관에 또 속이 상한다. 서운한 마음을 말로 표현하면 남편이 거부하므로 내색도 못 하고 기다린다. 어른이 마음을 바꿔 마지못해서라도 허락할 가능성을 기다린다. 그러느라 홀로 눈물 바람을 한 후에 겨우 승낙을 받았다.

친정엄마가 팥과 찹쌀을 주어 떡을 하고, 음식을 가능한 대로 준비했다. 수저를 비롯하여 그릇과 음식 등 모든 것을 준비해갔다. 물론 따뜻하게 대접해야 하는 음식들이 있으니 시댁 부엌에서 해야 할 일도 제법 있다. 여하튼 어른은 부엌 근처에 얼씬도 하지 않는다. 온전히 내 손으로 마련한 돌잔치다. 작은아들에게 돌상을 차려주고 돌잡이를 했다.

어른은 축하객들에게 인사를 하는 둥 마는 둥 한다. 친정에서 와도 건성이다. 이미 알 만한 사람은 어른의 성향을 다 안다.

"갈비는 막내가 좋아하는 거고, 떡은 가져갈 거냐?"

돌잔치에 왔던 축하객이 돌아가자 나와서 음식들을 살피다가 하는 말이다.

"아니에요. 저는 이만큼만 있으면 돼요."

나는 옆집 할머니께 드릴 떡 한 덩어리만 챙겨 담고 대부분 음식을 놓고 왔다. 돌잔치를 하고 손님들을 대접했으니 나머지는 아무래도 괜찮다. 그 정도쯤은 상관없다. 집을 몇 시간 빌렸으니 뭔가 대가를 치르는 것이 마땅하다. 갈비찜과 잡채를 비롯한 음식이라면 나쁘지 않다. 충분히 좋은 거래다.

친정 식구들과 친구들이 챙겨준 돌 반지와 옷가지 몇 벌을 받아 들고 보금자리인 단칸방으로 돌아왔다. 시부모님과 시누이들과 아주버님에게 섭섭할 게 없다. 큰아들 때와 마찬가지로 시댁에서는 반지 반 돈도 옷가지 한 벌도 양말 한 짝도 없다. 그러려니 한다. 기대하지 않는다. 벌써 5년이다. 기대가 허무하나는 것을 알 때도 되었다. 어찌 됐든 작은아들 돌잔치를 했으니 됐다. 원하고 바랐던 것은 작은아들 돌잔치, 오직 그뿐이다.

사람은 어떻게든 살게 되어 있나 보다. 작은아들이 아주 순해서 백일이 되기 전인데도 밤에 깨지 않는다. 곱게 잠든 아기 얼굴을 보면 세상 근심이 모두 쓸데없는 구름 같다. 바라만 봐도 기쁘고 행복하다. 사람이 사람에게 홀딱 반한다는 것이 바로 이런 걸까. 미소가 떠나지 않는다. 사랑이 잠시도 머물지 않은 순간이 없다. 바라만 봐도 행복한 마음이 충만하게 넘쳤다. 열 달가량은 세로토닌과 옥시토신이 넘칠 만큼 찰랑거렸나 보다. 아들들한테 홀딱 반해서 사랑에 흠뻑 빠진 엄마가 되어 생애 가장 행복한 때를 보냈다. 아들들에게 홀딱 반해서 남편과 두 번의 다툼은 잊고도 남았다.

단칸방에서 1년하고 두 달을 더 살았다. 단칸방에서 오로지 네 식구가 살았다. 단무지 한 뿌리 때문이었는지 아이를 낳고 한동안 남편이 반찬을 거들었고, 저녁이면 일찍 귀가해서 같이 머물렀다. 삼사천 번 이상 밖에서 밤을 보낸 남편이 꼬박꼬박 집에 들어온 시기는 오로지 단칸방에 거주하던 이때가 유일했다. 시댁에서 살 때도 친구들과 어울리다 집에 오지 않은 날들이 있었다. 나는 애가 타서 밤을 꼬박 새우건만 어른은 "진식이가 친구를 좋아하니까." 하고 만다. 결혼했으면 잠은 집에서 자는 것이 원칙이라는 가르침 한마디 없다. 외박하는 버릇은 그렇게 들고 말았다. 못내 아쉬운 지점이다. 따로 신혼살림을 살았으면 외박하는 습성이 그리 들도록 무력하게 대처했을까? 어른들이 코앞에 계시는 데다 얇은 방문 안에서 다툴 수도 없으니 며느리에게 너무 불리한 구조였음은 분명하다.

  봄이 완연했을 때 작은 아파트로 이사 갔다. 아이들이 넓은 놀이터에서 즐겁게 노는 모습을 보는 것이 무척 좋았다.

  2014년에 자격증 취득을 위한 과제 수행 일환으로 MMPI(다면성인성검사)와 SCT(문장완성검사)를 했다. 역시나 유아기를 비롯한 성장기에 부모님의 훈육이 없다. 행동에 제한을 두지 않았고 가르침 또한 없었다. 무엇보다 애착 형성이 되지 않았을뿐더러 인성교육 자체가 비어 있다. 어른에게 도덕은 자신의 욕구와 이익에 기반하므로 올바른 훈육을 기대하기 어렵다. 사회적 가치는 애초에 고려사항이 아니다. 더불어 산다거나 타인을 존중한다거나 타인을 인정한다는 것은 이승과 저승만큼 멀다. 타인의 권리와 인권에 대한 감수성이 추호라도 있었을까? 양심의 세계, 내키지 않은 불편감과 뒤통수가 찝찝함을 느낀 적이 있을까? 그렇더라도 훈육의 공백을 확인하니 허무했다. 아버님은 자유로웠고, 어른은 자신과 자식의 이익 외에는 별 관심이 없다. 자유로운 영혼으로 살아가기 적절한 환경과 이기주의자로 살아가기 적합한 환경 속에서 성장한 대가는 언젠가 치르기 마련이다. 책임과 배려, 인정과 도리는 본 바도 들은 바도 느낀 바도 없이 성장했으니 웬만큼 성찰하지 않고는 평탄한 삶이 어디 쉬울까.

공들인 보람

 분가한 지도 어언 삼 년이 지났지만, 여전히 토요일마다 아들들과 함께 시댁에 가야 한다.
 "저희 왔어요."
 인사를 마치자마자 행주를 삶고 걸레를 삶는다. 우선 청소할 도구부터 챙겨야 하니 선택의 여지가 없다. 거실부터 창틀을 지나 큰방과 작은방을 거쳐 화장실과 주방까지 집안 곳곳을 청소하고 나서 점심 식사를 준비하는 것이 정해진 일과다. 그렇게 하지 않으면 우리 작은 공간에 평화는 깃들지 않는다.
 어느 한 주도 다른 공간으로 향하지 못하고 오로지 시댁에 가건만, 어느 날은 평일 저녁임에도 호출을 받았다. 당연히 하루 이틀이 지나면 갈 터인데 서둘러 굳이 평일 저녁에 부르는 까닭을 짐작하기 어렵다.

"무슨 일이 있대요?"

"모르겄다. 오라고 하니 가 봐야지."

아이들을 데리고 깜깜한 밤에 시댁에 가니 어른이 몹시 흥분한 채 들떠 있다.

"아이, 인자, 내가 공들인 보람이 있다. 인자 느그 고모는 돈 쓰는 재미로 살면 된다. 남자가 돈이 그렇게 많단다. 나가 이번에 부산에 가서 대접을 받고 왔는디, 좋은 데로만 데꼬 댕김시롱 얼마나 대접을 해싼디. 겁나 좋드라. 내가 공들인 보람이 있다. 시방. 그동안 내가 공들인 보람이 인자 있어. 요기 사진 좀 봐봐라. 이 사람인디. 그리 돈이 많단다. 건물도 있고. 아들이 의사란디. 부산에서 알아주는 부자란다. 좀 봐봐. 호텔로만 데꼬 댕김시롱 겁나 잘허드라."

"아, 네…."

이미 들어서 알고 있는 아버님이 옆에서 즐겁게 웃고 있다가 한마디 묻는다.

"아이, 근디, 그 남자가 나보다 나이가 두 살이 많단디, 어찌 불러야 쓰까?"

"애매하게 불러야죠. 뭐…."

곤란한 질문을 받았으나 되도록 성심껏 대답한다. 며느리 노릇이 쉽지 않다. 자랑거리라고 하지만 이게 무슨 일인가 싶다. 이성 편력이 대단한 귀숙이 또 어떤 돈 많은 초로의 할아버지를 만난 모양이다. 저번에 만난 남자들은 젊지만, 돈이 없었다. 이 남자는 돈은 많지만, 나이가 근 서른 살이 많아서 아버지보다 많다. 이 무슨 불편한 상황인가. 딸의 인생이 젊음과 웃음과 매력의 대가로 남자에게 돈을 받는 것이 주 생활 방편이라지만 스물아홉 살인 나는 이 상황이 편치 않다. 젊은 남자가 딸의 짝으로 능사는 아니겠지만 아버지보다 나이 많은 남자를 두고 돈이 많다는 이유만으로 저리 들뜰 일인가 싶다. 모녀가 머리를 맞대고 수군거렸을 꿍꿍이가 그려지는 듯하다. 아마도 친정에 한 살림 보낼 수 있으라는 계획이 오가지 않았을까. 어른은 다시금 딸로부터 돈을 받는 꿈을 꾼 듯하다. 그리하여 저리 부푼 것이 아닐까? 불편한 자리에 동석하여 시원하게 웃지도 못한 채 즐거워하는 두 어른을 바라본다. 함께 머무는 자리가 난처하기 짝이 없다.

귀숙이 서른세 살, 아버님이 예순 살, 그 남자는 예순두 살, 어머니는 쉰다섯 살이니 머리가 어지럽다.

"결혼식을 해줘야지. 절에서 조용하게 결혼식을 해줘야지."
"이, 그래야지! 그러소."

평일 저녁에 느닷없이 부른 까닭이 귀숙의 남자를 자랑하기 위함이다. 귀숙은 첫아들의 아빠와 이혼이 되지 않은 상태에서 다른 남자와의 사이에서 작은아들을 낳았다. 두 아들은 채 2년 터울이 나지 않는다. 둘째 아들은 출생신고를 하지 못해서 호적에 올리지 못하는 바람에 병원 다니는 게 무척 어렵다고 했다. 의료보험이 되지 않으니 되도록 병원도 안 가는 눈치였다. 그런 작은아들을 네댓 살 무렵 두고 나와서 돌아다니다가 만난 남자가 예순두 살의 이 남자인 모양이다. 나이로 치자면 어른보다 일곱 살이 많으니 어른과 더 어울릴 연배다.

딸자식이 여러 남자를 만나고 여기저기에 낳은 자식을 제대로 키우지도 못한 채 돌아다니는 것도 아픔이련만, 어른들은 그저 돈 많은 남자를 만난 것이 대단한 성공이라고 여긴다. 아침마다 공들인다며 목욕 재개하고 '약도사 할아버지'를 염두에 두고 천수경을 외운 보람을 찾는다. 그 보람을 여기서 느낀다. 자식이라도 다 커버린 자식이 말을 듣지 않으면 어쩌랴만 굳이 평일 저녁에 불러서 자랑할 일인지는 의아하기만 하다. 도무지 수긍할 구석이 어디에도 보이지 않는다. 즐거워하고 보람에 찬 어른들을 바라보는 상황이 민망스럽다. 굳이 며느리에게 자랑할 일인가 싶다. 며느리가 알게 되는 날이 오더라도 그리 서둘러 알려야 할 기쁜 소식이란 말인가. 난감하기 짝이 없다. 아직 스물아홉 살인 며느리까지 불러서 굳이 알릴 기쁜 소식이던가. 아르바이트를 하여 한 달에 삼사십만 원으로 일곱 식구가 살다가, 동네 가게에서 배달하며 육십만 원을 시작으로 벌써 직장을 여러 차례 바꾸느라 생활이 안정적인 적이 없었던 작은아들 형편은 안중에도 없다. 일 년에 두 달은 생활비를 주지 못하는 아들로 인해 한 달에 백만 원에도 미치지 못하는 돈으로 손자 둘을 키우고 사는 작은며느리에게 그리 돈돈 들먹이며 돈 많은 늙은 남자 사진을 들이밀 일인가. 어른다움은 애당초 본 바 없지만, 여지없이 또 어른스러움은 찾을 도리가 없다. 돌아오는 길이 헛헛하다.

"나이가 많으시네…."

"그러게"

뒷자리에 앉아 있는 아들들이 알아듣지 못할지라도 남편에게 씁쓸한 내색도 편히 못 한다.

두 달가량 지난 즈음, 여느 때처럼 시댁에 가니 낯선 소파가 거실에 놓여있다. 무슨 일인지 물었다.

그 남자 부인에게 들켰단다. 아파트를 하나 얻어서 두 남녀가 신혼처럼 지내려 한 모양인데, 수상한 낌새를 눈치챈 부인에게 뒤가 밟힌 모양이다. 부인이 알고 말았단다. 그리하여 귀숙이 된통 당하고 쫓겨났단다. 돈 많은 남자라고 환갑이 넘은 남자와 스물아홉 살이 많은 남자와 절에서 결혼식을 올리느니 마느니 하더니, 아내가 있는 남자하고 절에서 결혼식을 올릴 계획이었던가. 고작 두 달도 못가 들통나고 쫓겨나고 말 일을 아들 며느리 손주들을 불러서 그리 자랑해야 했을까? 아내가 있는 남자여도 돈만 쓸 수 있으면 아무런 상관이 없넌가. 그런 내막을 알고도 '이제야 비로소 공들인 보람이 있노라!' 선언했던가.

나는 어른의 신앙은 돈이라고 보아도 무리가 아니라고 여겼다. 아무리 새벽 다섯 시에 천수경을 틀어도 불교를 신앙으로 가진 분으로 여겨지지 않았다. 불교가 신앙이었다면 삶의 지혜를 담거나 비추는 철학적 면모를 찰나라도 느끼거나 볼 수 있었을 것이다. 천수경을 듣지만, 뜻은 알지 못하고, 절에는 가더라도 가르침은 알아듣지 못하므로 일찌감치 샛길로 빠진 사이비일 뿐이다. 한동안 어른의 신앙이 딸이라고 여겼다가 딸 대신에 돈을 놓으니 딱 들어맞지 않는가. 어른에게 신앙의 대상은 돈, 영락없이 돈이다.

어른이 마흔 초반에 맛을 본 돈은 위력이 대단했던가 보다. 돈에 취약한 것은 딸과 어른이 거의 막상막하였으나 딸 못지않게 어른도 돈이면 사족을 못 썼다.

어른은 귀숙이 일본 남자들을 데려오면 잔칫상을 차려주고 호텔에 두 사람을 데려다주고 오곤 했다. 아주 흐뭇하고 대견해 하며 그 남자의 재력을 가늠했다. 나중에 레스토랑을 지었을 때도 그전에도 일본 남자들이라면 사족을 못 썼다. 일본 남자들에 대한 로망과 기대는 결코, 시들지도 지치지도 않았다. 많고 많은 허섭스레기가 남더라도 알곡 같은 부자 한 명만 잘 만나면 돈 고생은 끝난다는 확실한 믿음은 변치 않는다.

돈이 신앙이라는 증거는 차고 넘친다. 여러 에피소드가 많다. 하나하나의 이야기에는 돈에 중독된 사람의 행로가 심심치 않게 드러난다.

회갑 잔치

　다섯 마지기짜리 논을 팔고 나니 빚이 갚아졌다. 빚이 정리되자 장남이 서울에서 내려왔다. 집이 엉망일 때 어른은 큰아들이 본가에 마음 쓰는 것을 원치 않았다. 큰아들 진호가 스트레스받는단다. 그렇다고 전혀 모를 리 없지만, 물리적으로 멀리 떨어져 있는 데다 어려움은 되도록 공유하지 않는다. 어려움은 가까이 있는 작은아들인 진식과 작은며느리가 감당하면 된다.
　내놓을만한 대가 아래에서 도제식으로 도자기를 배운다던 진호는 서른이 넘어서며 고향으로 돌아왔다. 마침 도자기를 구울 가마도 이천만 원을 들여 들여놓았다. 도자기 구울 가마를 들였으니 개업식을 할 겸, 아버지 회갑 잔치를 열었다.
　남편과 나는 회갑 잔치 준비로 바쁘다. 없는 살림이지만 음식을 장만해야 하니, 우선 백만 원을 내놓았다.

장남이 서울에서 내려오자 친구들이 날마다 놀러 와서 고기를 구워 먹고 놀았다. 그러느라 쌀이 축났다. 쌀이 떨어져 조금 가져가려고 했더니 쌀이 없단다. 한 해 농사로 논 열두 마지기에서 쌀 열 가마니를 받는다. 지난해도 80kg 쌀 열 가마니를 받았다. 우리는 기껏 두 가마니도 먹지 않았다. 우리는 결국 가져갈 쌀이 없어서 한 톨 더 가져가지 못하고 말았다. 어찌 된 영문이기에 쌀이 벌써 떨어지고 말았을까? 도무지 계산이 안 맞지만, 친구들 몇 명이 날마다 와서 먹고 논다고 하니 그러려니 하고 만다. 날이면 날마다 맏아들과 친구들 네댓 명이 삼겹살을 구워 먹고 밥을 먹고 논다고 한다. 나도 몇 번 보았다. 지난번에는 그중 한 명이 불쑥 말을 걸었다.

"진식아, 니 형은 결혼을 안 했으니 아버지 회갑은 니가 준비하는 거지?"

"예, 그래야죠."

"그래, 그래야지. 진호는 결혼을 안 했으니 니가 알아서 해야지."

듣고 있으니 민망스럽다. 언제라고 아주버님이 장남 노릇을 했나. 결혼했든 안 했든 그 무엇이라도 하는 시늉이라도 했든가 말이다.

남의 집 잔치에 감 놔라, 배 놔라 한다더니 딱 그 짝이다.

언제라고 장남이 장남 노릇 했다고 새삼스럽게 친구까지 나서서 교통정리를 하나 싶다. 날이면 날마다 고기 구워 먹고 놀은 값을 날로 치르는 모양이다.

회갑 잔치를 위해 장을 보고 음식을 준비해서 손님 맞을 준비를 했다. 나는 집에서 하는 잔치인지라 남편에게 이른다.

"자기 친구들이 상을 내고 치우는 것을 거들어줘야 일이 되네. 그러니 친구들이 조금 도와야 해."

"응, 알았어. 그럴게."

주방에서 음식을 차리고 치우고 설거지하는 것도 만만찮은 데다, 상을 들어 옮기는 일은 무겁고 힘이 듦으로 남자의 도움이 간절하게 필요하다. 다행히 친구들이 오전 일찍이 와서 온갖 힘쓰는 일에 임한다.

기나긴 하루가 지나고 해가 기우는 저녁이 되자, 잔치도 끝이 보였다. 오실만한 손님은 모두 다녀갔으므로 더 올 손님도 없다. 이제 온갖 주방 살림을 정리하는 것으로 마무리하면 된다. 그때다. 그때까지 코빼기도 보이지 않던 예의 삼겹살 그룹이 나타났다. 모두 나타난 것은 아니고 서너 명이 나타났다. 해거름이고 파장인 시각이다. 그들에게도 상을 차려 나갔다. 남편 친구들은 아침 일찍 와서 종일 온갖 힘쓰는 일을 다 하는데, 아주버님 친구들 서너 명은 해가 질 무렵 어슬렁어슬렁 나타났다. 그러려니 하고 만다. 고기 구워 먹고 술

먹고 밥 먹을 때나 열심이지 무슨….

며칠이 지난 후다. 어른이 잔뜩 열이 나서 화를 낸다.

"아, 글쎄 그 철수라는 놈이 얼마나 나쁜 놈이냐. 그런께 진호 친구들 다섯이 만 원씩 걷어 갖고 오만 원을 봉투에 담았단다. 근디 철수가 그 오만 원을 빼고 구두 티켓 오만 원짜리로 바꿔뿌렀단다. 그 나쁜 놈이. 그래야 쓰겄냐. 돈을 빼고 구두 티켓으로 바꿔 뿌러야? 그 나쁜 놈이?"

실소를 금치 못하지만 웃지도 못한다. 열을 내는 어른에게 맞장구를 치며 "정말 나쁜 사람이네요"라고 할 수도 없고 아무 대꾸를 안 할 수도 없어서 "그러게요" 하고 만다. 말은 그리하지만 낯부끄럽다. 그런 치부를 드러내는 어른도, 나이 서른 넘어서 친구 아버지 회갑 잔치에 만 원씩 걷는 장남 친구들도, 날마다 고기 구워 먹고 놀면서 "진호는 결혼을 안 했으니 작은아들이 책임지고 하라"고 간섭하며 고깃값 밥값 술값 하던 친구들도, 그런 친구들과 똑같이 놀던 아주버님도 낯부끄럽기는 매한가지다.

아주버님은 단돈 천 원도 쓰지 않는다. 일하다가 밀가루가 떨어져 500g 한 봉을 사 오라고 해도 돈을 받는다. 그가 돈을 받지 않고 무엇을 사 오는 것을 본 적 없다. 그가 친구들에게도 돈을 쓴 적 없으니 친구들도 그에게 돈을 쓰지 않은 것일 뿐, 누구를 탓하는가. 하늘 보고 침 뱉기다. 장남 친구 흉볼 것도 없다. 장남도 똑같으니 그들이 친구인 것을. 그러려고 몇 달을 날이면 날마다 밥해 먹이고 고기 구워 먹였나 보다.

회갑 잔치에서 어른의 다섯 자녀 중 돈을 쓴 것도 일한 것도 오로지 작은아들과 작은며느리뿐이다. 그날뿐이었을까? 사는 동안 큰딸과 작은아들만이 오로지 집에 돈을 썼다. 그날 이후로 누가 집에 돈을 썼을까? 누가 빨대를 꽂힌 채 살게 됐을까?

큰며느리 감과 용돈

 향기가 넘나들 듯 사랑이 넘실거리고 존경을 듬뿍 담아 평화롭게 바라볼 수 있으면 좋으련만 아름다운 인연은 그저 얻어지지 않는다. 인륜이든 천륜이든 아름다울 수 있었던 인연이 멀어지는 것은 대체로 사사로운 일로부터 시작된다.
 용돈은 사사로운 일에 쓰기 위해 지니는 돈이다. 사사로운 일은 하고많으므로 용돈은 기분 좋아지는 돈이다. 그러나 내게 용돈은 소태만큼 쓰고 동지섣달 찬 서리만큼 차갑고 빈 들판에 부는 바람처럼 허허로운 단어일 때가 훨씬 많다.
 빠듯한 생활비 외에 보너스 한 번 주지 않던 남편이 용돈을 줄 때가 있다. 명절 끝에 10만 원 혹은 20만 원을 주는 것이 용돈이라면 용돈이다. 큰며느리 없는 작은며느리가 힘든 내색 없이 서운한 내색 없이 되도록 웃는 얼굴로 어른이 역정

내지 않도록 수발든 대가다. 잠시도 펴지 못한 허리보다 한 귀로 흘려보내지 못하는 수많은 말로 인해 영혼이 수없이 두 들겨 맞은 듯 금이 간다. 단 한 구절의 말도 상식에 닿지 않건만 고스란히 듣는 것으로는 모자란다. 정신적 학대라 할 만한 말에 응답을 강요당하므로 고통은 절대적이다. 그 대가로 받는 특별수당 같은 돈이 유쾌할 리 없다. 그렇지만 그마저도 없으면 이모 노릇, 딸 노릇을 어떻게 하나 싶어서 울며 겨자 먹기로 받는다. 쓴 돈의 닷 푼을 받거나 혹은 천 원짜리 단 한 장도 받지 못하고 외가로 향하는 아들들의 빈 주머니를 채워주어야 할 때도 있으니 마다할 수 없다.

하마터면 아버님으로부터 용돈을 받을 뻔했다. 최초로 시어른이 주는 용돈을 나도 받는구나 싶었는데 그 감동의 순간은 내게 주어지지 않았다.

칠 년 만이다. 드디어 은행 빚과 사채를 갚은 것이. 임야와 2층 단독주택과 논 다섯 마지기를 판 나머지다. 준다던 집은 팔았고 사 주겠다던 아파트는 없어진 지 오래다. 삼 년의 시집살이도, 아들 둘을 데리고 주말마다 어김없이 시댁에 가서 청소부터 시작한 시간도 4년 이상 흘렀다.

공교롭게 빚을 모두 갚을 무렵 아주버님이 내려와 정착했고, 빚을 모두 청산한 후에는 큰며느리 하실 분이 들어와 함께 살았다. 형편이 나아져서 그런지 귀하디귀한 쇠고기며 씨알 굵은 생선이며 음식 재료들이 세 대의 냉장고와 두 대의 냉동고에 그득그득 쌓였다(물론 덜어주는 법은 없다). 그러려니 한다. 때를 잘 만나는 것이 중요한 법이다. 그러나 그분은 도통 일할 생각이 없다. 밥을 해야 한다는 생각이나 계획이 보이지 않는다. 여전히 대부분의 일은 내 몫이어서 하는 수 없이 밥을 지으러 부엌으로 간다. 뒤따라 들어온 큰며느리 하실 분을 아버지께서 살짝 소매를 끌어 밖으로 데리고 나간다.

'용돈을 주시는구나!'

촉이 느껴졌다. 육감이다. 주방에 선 두 사람 중 큰며느리감만 소매를 끌어 밖으로 데리고 나갈 일은 좀처럼 없다.

'굳이 나를 빼놓으시나. 나도 조금 주시지. 비록 작은며느리지만 칠 년을 고생했으니 용돈 한번 줘도 되지 않나? 같은 금액을 주시지 않아도 되는데. 나한테는 절반만 줘도 되는데. 나도 조금 주시지….'

밥을 짓는 손길이 헛헛했다.

큰며느리 감은 용돈을 받았으나 내 손은 빈손 그대로다. 서운하다 못해 연이 가늘어지는 것 같다. 점심을 차리고 마당에서 하릴없이 콩을 가려내며 서운한 마음을 다스리려 했지만 여의치 않다. 마당에 쪼그리고 앉아 얄궂은 콩을 가려내지만, 가슴에는 콩알만 한 속상함이 들어앉는다. 남편이 왜 밥을 안 먹고 나왔는지 묻는다.

"그분만 용돈을 줘서 속상해. 나도 절반이라도 받고 싶었어."

"용돈 드린 줄 어떻게 알았어?"

"왜 몰라. 소매를 끌고 나가시는데, 꼭 그렇더라. 조금 있다 들어온 분위기도 그렇고. 내가 그리 둔한 사람이 아니잖아."

"사실 나한테 용돈 좀 주겠다고 얘기했거든."

"그니까. 나도 조금 주셨으면 좋았을 텐데. 절반이라도 주시면 좋잖아. 맨날 작은며느리 보기 염치없다고 하시더니만. 칠 년 먼저 왔다고 챙겨달라는 건 아니고, 그동안 고생했으니 오만 원이라도 주시면 얼마나 좋아!"

지난 칠 년이 결코 간단한 시간이 아니었기에 서운함이 드는 건 어쩔 수 없다. 집이 뿌리째 흔들릴 만큼 큰 사태를 수습하며 부엌을 책임지고 살림을 도맡아 하고 조카를 키우고 아들들을 낳아 키웠다. 작은며느리가 큰며느리 역할을 대행하며 온갖 집안 대소사를 떠맡아 온 세월이다. 늘 미안하고 염치없다는 말로 끝낼 것이 아니라, 큰며느리 감에게 용돈을 줄 때 작은며느리에게도 조금 주었으면 서운하고 섭섭함이 툭 내려앉지 않았을 것이다.

어떤 용돈은 안 주느니만 못하다. 용돈을 받았는데 소위 '빡 치는' 경험을 한 것이다. 화가 상당히 났다는 말인데 화가 많이 났다는 말로는 그 감정이 다 담기지 않는다. '빡'이 적절한 단어다.

작은아들이 입대를 일주일 앞둔 날, 큰아빠를 우연히 만났다. 으레 인사말처럼 "군대는 언제 가냐?"고 묻더란다. "네, 일주일 후에요."라고 하니 용돈을 주겠다며 주차장으로 가자고 하더란다. 지갑이 차에 있다며.

이게 웬일인가 싶더란다. 명절에도 천 원을 받거나 못 받는 일이 다반사였기 때문이다. 그래도 군 복무를 앞두고 있으니 행여나 하는 마음에 주차장까지 따라갔단다. 주차장에서 그가 천 원을 내밀더란다. 윗사람이 주는 돈을 뿌리치지 못하고 받으면서 작은아들은 깊은 '빡'이 치고 말았다. 다른 사람들 앞에서 잔뜩 잡은 분위기에 그만 '혹시나' 기대한 것마저 불쾌해지더란다. '혹시나'는 '역시나'였다. 그는 하던 대로 했지만 스물한 살이던 작은아들에게는 불쾌하기 짝이 없는 용돈으로 길이길이 남게 되었다. 서른인 작은아들이 큰아빠로부터 평생 받은 용돈을 모두 더한들 오만 원이 채 되지 않으리라.

돈에는 마음을 담는다. 돈은 늘 모자라기 마련이므로 한정적인 돈으로 무한대인 욕구를 충족하기란 불가능하다. 한정된 자원에서 우선하는 가치에 돈을 쓴다. 어떤 이는 술을 마시고, 어떤 이는 유흥을 즐기고, 어떤 이는 쾌락을 찾는다. 어떤 이는 가족의 식사를 챙기고, 어떤 이는 옷을 사고, 어떤 이는 책을 산다. 이떤 이는 부모 형제를 챙기고, 어떤 이는 자식보다 친구들에게 더 많은 돈을 쓰고, 어떤 이는 가정보다 다른 사람에게 더 많은 돈을 쓴다. 뭐든 하고 살지만, 더 하고 사는 게 있다. 다른 분야보다 더 쓰는 곳이 있다. 돈으로 사랑과 관심을 나타내기 때문에 돈을 단지 돈으로 보지 않고 돈에 담긴 마음을 함께 본다.

사람 사이에 틈이 벌어지고 서로 소통하지 못하는 사이에 결정적으로 분란의 불쏘시개 역할을 충분히 잘해 낼 수 있는 것이 또한 돈이다. 돈이 결정타를 날린다. 감정과 돈이 얽히면 대개 오래 반목하거나 아예 연이 끊어지거나 회복하기 힘들다. 감정은 마음에 스민 통증이지만 돈은 현실이다. 감정이 상하고 서운하고 억울한 것에 더해 현실에서 궁핍과 압박과 쪼들림이 더해지면 모든 감각으로 거부감이 든다. 그리하여 시간이 흐를수록 돌이키기 어려운 각도로 틀어진다. 감정과 돈이 모두 얽힌 사안이라면 만만하게 보면 안 된다. 쉽게 풀리지 않는다. 가까운 사람과 갈등이 표면화되었을 때, 혹여 돈과 감정이 모두 관여된 것은 아닌지 살펴보아야 한다. 대체로 어느 정도이든 가까운 정도에 따라 돈이 관여하기 마련이다.

친정과 시댁에 쓰이는 돈이 너무 다르면 한 사람은 섭섭하고 괘씸한 마음이 든다. 형제자매가 자랄 때 교육비나 용돈 차이가 너무 벌어지면 형제자매 사이도 벌어진다. 출가한 형제 뒷바라지가 다르면 어느 쪽은 상심하다 못해 연을 끊을 마음을 먹는다. 손주 용돈을 차별하거나 아예 용돈 자체를 주지 않았으면 할머니 할아버지를 반기지 않을 수 있다. 자식을 돌보지 않고 쾌락을 찾아 술과 여자와 친구와 기분 좋게 노느라 돈을 많이 썼다면 자식에게 대접받기를 바라면 안 된다. 서운해하기보다 업보가 어떤지 살펴볼 일이다.

사람에게는 노릇과 대접이 있다. 노릇을 하고 대접을 받는 것이 보통이다. 대체로 부모 노릇을 하고 부모 대접을 받는 것이 순리다. 자식 노릇과 자식 대접이 별개가 아니다. 남편 노릇을 등한시하여 등외로 하고 남편 대접은 1등급으로 받고자 하는 사람은 염치를 알지 못한다. 언니 노릇, 형 노릇을 하지 않고 언니 대접, 형 대접만 바라는 것은 이기심이다. 어른 노릇, 할아버지 노릇을 하지 않고 어른 대접, 할아버지 대접을 바라는 것은 미성숙한 인품을 드러낼 뿐이다.

노릇을 하지 않고 대접받고 싶은 사람들 천지면 갈등은 불 보듯 뻔하다. 노릇이 완벽하지 않듯 대접도 완벽할 수 없다. 서로 양해하는 지점이 있고 서로 받아들이는 지점이 있기에 조화를 이루어가고 균형을 잡을 수 있는 것일 뿐. 조금 손해 보는 셈으로 대인관계를 하는 이타적인 사람이 있고 자신의 요구만이 중요한 이기적인 사람이 함께 산다. 이기적인 사람이 이타적인 사람을 소모하며 살아간다. 조금씩 갉아먹으며 산다. 그래서 병리적인 가정에는 희생양이 있게 마련이다. 어른이 노릇을 등한시하고 대접받기만 바라면 그 가정이 건강할 리 없다. 누군가는 수발들다 지쳐 쓰러지기 직전일지 모른다.

내가 베푼 것과 내가 받고자 하는 것을 양팔 저울에 조금이라도 달아보면 어떨까. 그 양팔 저울이 양심이 되고 성찰이 되고 어른스러움이 되는 것이 아닐까. 베푼 것은 미미하나 동그라미 몇 개 붙여 돌려받으려는 사람은 무슨 셈이 그러한가. 이기심이라는 말이 사람으로 태어나면 어떤 형상이 될까? 욕망이 욕심이 사람으로 태어나면 어떤 모습일까?

어른들에게 삼십 년이 넘도록 용돈이라고는 받아본 적 없이 의무와 책임만 산더미처럼 짊어지고 살았다. 죄 될 것은 없지만 보람이랄 것도 없다. 한두 푼의 용돈이 아니더라도 웃음으로 눈빛으로 온정으로 인정으로 사랑으로 왔더라면 어땠을까?

세상에 공짜는 없다. 엄밀하게 말하면 사람 사이에 공짜가 없다. 부모 자식 사이도 공짜는 아니다. 사랑과 존경과 애정과 친밀함도 공짜가 아니다. 나도 봉투에 돈을 담을 때, 삼십만 원이 적당할지, 오십만 원이 적당할지 고민한다. 형편을 따르자면 조금 덜 넣어야 마땅하지만 받는 사람 기분과 사안의 무게를 어느 정도 가늠하여 조화를 맞추려고 애쓴다. 여유가 있다면 주는 사람도 기분 좋고 받는 사람 기분도 좋게 백만 원쯤 담고 싶다. 그럴 형편이 아니니 고민하며 가늠하며 숫자를 맞추고 마음을 담느라 용을 쓴다. 안 주느니만 못한 돈을 건넬 수는 없고 형편에 과하게 줄 수도 없다. 자식이 객지에서 학교에 다닐 때, 월급날이면 아들 용돈을 입금하는 것은 아주 중요한 일이었다. 월급은 늘 모자라기 때문에 몇십만 원 뚝 떼어 보내는 것이 마냥 가볍지 않았다. 학교를 졸업하고도 계속 용돈을 보내는 것이 적잖이 부담되었지만, 엄마이기에 바로 끊을 수는 없다.

용돈의 저울은 삶의 저울이고, 가치의 저울이고, 양심과 도덕의 저울이고, 상식과 사람됨의 저울이다. 용돈이 사사롭게 쓰는 돈이라고 해서 결코 가벼운 돈은 아니다.

오지 마라

 은행 빚을 모두 갚은 후에 큰며느리 감이 온 바람에 쇠고기며 씨알 굵은 생선이 냉장고와 냉동고에 그득그득했다. 산을 팔고 집을 팔고 논 다섯 마지기를 판 이후에 돈이 남았다. 그 돈으로 우선 풍족한 부엌살림이 이루어진다.
 때를 잘못 만난 나는 빚에 허덕이는 칠 년 동안 시장 한 번 안 봐주었는데, 빚이 없고 돈이 남으니 인심이 좋다. 역시 인생은 타이밍이다. 때가 잘 맞아야 하는 법이다. 게다가 나는 작은며느리요, 그분은 큰며느리 감이다. 나중에 제사를 모실 큰며느리 감은 작은며느리와 대접이 다르다. 경제 상황도 상황이지만, 위치 자체가 다르다. 큰며느리 감이 귀한 대접 받는 것은 어쩌면 당연하다. 비록 칠 년 늦게 왔더라도 큰며느리와 작은며느리는 대접 자체가 천양지차다.

큰며느리 감이 내려와 함께 산 지 두세 달이 지나자 분위기가 슬슬 이상해진다. 아버님도 어른도 이런저런 흉을 본다.

"아이, 이것 좀 봐라. 글쎄 빨래를 빨았다는데 이게 빤 거냐?"

입고 있는 바지를 가리키며 아버지께서 흉을 본다. 난처하고 난감하다. 같이 흉을 볼 수도 없고 묻는 말에 답을 안 할 수도 없다.

"바지가 많이 낡았네요."

궁여지책이다. 그분이 살림이 서툰 것은 사실이다. 설거지를 싫어해서 프라이팬을 거듭 쓰고, 빨래도 청소도 마지못해 가까스로 한다. 그렇지만 별로 하는 일 없는 장남과 예술 고등학교 동창인 그녀는 미술대학을 졸업한 인재다. 잘하는 재능이 있거니와 살림이 서툴다고 덩달아 흉을 볼 수도 없다. 뭐든 다 잘하는 게 가능하지도 않다. 열 가지 재주를 가지고 열 가지를 다 잘 해내는 것이 능사도 아니다. 서툰 것은 서툰 대로 약점도 단점도 장점도 두루두루 가지고 사는 것이 사람 아닌가.

그녀가 서울에 몇 차례 다녀왔다. 들리는 말에 의하면 친정아버지가 편찮으시다고 한다. 암이라는 말을 듣더니 어른들이 싸늘하다. 바깥으로 드러낸 이유는 암이 유전된다는 말이다. 바깥사돈이 위암이면 큰며느리 감도 위암 예비환자라는 식이다. 그러잖아도 처음에 귀하게 대접하던 마음이 차차 식어가고 기대가 실망으로 바뀌어 가던 참이었다.

부엌살림을 못마땅해하더니 머잖아 방 청소가 눈에 거슬린 모양이다. 그러다가 빨래를 한 건지 안 한 건지 알 수 없다며 흉을 본다. 작은며느리에게까지 흉을 보는데 맞장구를 칠 수도 없고 어른들 말에 묵묵부답 점잖을 떨 수도 없다. 누구에게도 해가 되지 않을 정도의 중용을 찾고 지키느라 마음을 써야 했다.

그녀는 시집살이가 적성에 안 맞다. 하긴 누군들 시집살이가 맞을까. 더구나 어른이 주재하는 시집살이다. 명절이나 주인 없는 제사가 오면 그녀는 친정으로 갔다. 큰며느리 감이 왔으니 명절에 조금 수월할까 싶었던 기대는 허망하게 사라졌다.

값비싼 쇠고기에 씨알 굵은 생선으로 가득 채운 냉장고며 냉동고가 무색하도록 대접이 극진하더니 불과 서너 달을 가지 않고 만다. 인심이 변하는 게 순간이다.

아기를 가졌는데 떼고 헤어지라고 한 모양이다. 여성으로서 모성으로서 안타깝기 그지없다.

"어머니, 그러지 마세요. 제발요."

"뭘? 애기 떼고 오지 마라. 다시는 연락하지 말고! 오지 마!"

몇 차례 울며 전화가 왔지만, 어른이 하도 무섭게 하는 바람에 다시 올 생각은 못 한다.

그녀가 서럽게 울어도 장남은 행여 머리카락이라도 보일까 봐 어른 뒤에 꼭꼭 숨는다. 어디든 둘이 살다 보면 어른이 장남을 어쩌겠는가. 어른보다 어른 뒤에 숨은 아주버님이 더 기막히다. 서른이 넘어도 엄마 뒤에 숨어 태아와 고등학교 동창인 여성을 외면하는 심성이라니. 경제적으로 자립하지 못했기에 엄마한테 심부름 값도 받는 처지니 그러겠지만, 그 무책임이 난처하고 곤란하다. 뱃속의 태아를 떼고 다시는 연락하지 말라는 말 뒤로 숨은 비겁한 사람이 무슨 예술을 말하는가.

언젠가 사촌 동생이 "오빠는 왜 돈을 못 벌어?"라고 묻자, "오빠는 예술 하잖아!"라고 태연하게 대답했다. 예술을 하므로 돈을 벌지 못한다는 것은 그가 내세운 푯대다. 예술 때문이 아니라 일하는 시간이 하루에 한두 시간뿐이어서 그렇다는 것을 너무 잘 알기에 그 푯대가 보기 좋은 허울이라는 것을 안다.

반년을 살다간 그 여성과 정이 들 새는 없었다. 처음에는 다른 대접에 휘둥그레하다가 큰며느리와 작은며느리는 엄연히 다를 수 있다는 데에 수긍했다. 행여 먼저 온 작은며느리로 인해 자리가 불편할까 봐 되도록 나서지 않고 그분 자리를 먼저 배려했다. 우선권도 점유권도 없었다. 혼자 하던 일을 둘이 하게 되면 일이 덜어질 것이므로 다행이라고 여겼지만, 여전히 혼자 해야 하는 일이라는 것을 받아들이는 수밖에. 그분이 아직 결혼식을 하지 않았으니 그럴 수 있다고 생각했다. 그러나 아이를 떼고 오지 말라고 하는 어른과 울며 몇 번씩 전화하는 그분과 애써 뒤로 숨어 외면하는 아주버님으로 인해 같은 여성으로서 마음이 아팠다.

 서른두 살이면 적은 나이도 아니건만 뱃속 태아를 떼라는 무시무시한 강요와 그 사나운 목소리가 놀랍다. 시집살이를 그리했어도 나한테는 저런 소리는 하지 않았다는데 놀라곤 했다. 언제든 표리부동하게 바뀔 수 있는 사람이다. 언제든 고약하게 사나움을 떨칠 수 있는 분이다. 얼마나 무서운 저주를 퍼붓는 분인지 다시금 떠올린다. 하기는 그래서 뒤에서 속이 상하고 집에 와서 울지언정, 화를 낼지언정 결코 앞에서 "아니요" 혹은 "아닌데요"라는 입 밖에 내지 않는다. 금기어다. 어떤 저주를 나에게 내 자식에게까지 퍼부을지 알 수 없는 분이기 때문이다.

 본인이 낳은 자식 외에는 그 누구에게도 너그럽게 꾸준히 대한 것을 본 적 없다. 큰사위도 두 번째 사위도, 둘째 사위도, 막내 사위도, 큰며느리 감도 친절하게 대한 것이 몇 번 되지 않는다. 짧으면 두어 달이고 길어야 몇 년 가지 않았다. 나라고 별수 있는가. 벌써 몇 번 독한 욕을 바가지로 먹은 바 있지 않던가. 행여 맛있는 것을 먹으러 갈 때는 쏙 빼놓고 일할 때만 필요한 사람이 아니던가.

  자식도 귀숙과 진호가 주다. 모유도 둘만 먹였다. 나머지는 극히 일부다. 손자도 첫째 외손자가 다다. 안아 준 손자도 업어 준 손자도 첫째 외손자가 다다. 나머지는 극히 일부다. 그러더니 장남의 첫 자식이 될 태아를 무참하게 떼라고 사납게 호통이다. 어른의 독주는 어디까지일까?

마늘 한 봉지

 이상한 세계에 들어선 지, 칠 년이 지났다. 어른은 아직 작은머느리를 가사도우미 정도로 아는 모양이다. 정제되지 않은 감정을 오물처럼 투척하고 외면한다. 아직 기가 창창한 어른은 쉰여섯이다.
 어른은 늦봄이면 마늘밭에 이삭을 주우러 간다. 남해나 고흥에 가서 일손을 돕고 마늘을 얻어오기도 하고 바람을 쐬러 갔다가 마늘을 캔 밭에 남은 이삭을 주워오기도 한다.
 큰딸이 사고를 친 이후로 마늘 한 접을 사지 않던 어른이 이삭으로 주워온 마늘을 검은 비닐봉지에 한 주먹씩 담아준 지 이삼 년째다. 그런데 이 마늘이 고약스럽다. 엄지손가락만큼 크기에 마늘 조각이 열 개쯤 들어앉았다. 마늘 조각이 얼마나 작은지 낱개 조각을 손가락으로 잡고 껍질을 벗기기가 용이하지 않다.

나는 마늘밭 주인이 버린 그 작은 마늘을 까먹기가 곤욕이다. 만 원이면 어지간한 마늘 한 접을 살 수 있기에 하품일지라도 시장에 나온 마늘 한 접을 사고 싶다. 여지없이 늦봄이 되어 어른이 고흥이며 남해로 마늘 이삭을 주우러 가는 기미가 보이자 까만 봉지의 마늘을 받아오지 말아 달라고 부탁했다. 엄지손톱만큼 작은 마늘을 까먹었건만 씨알 굵은 마늘을 온통 썩혀 버리는 것을 보고 나니 그 마늘이 더 싫었다.

어디에서 구경도 못 할 마늘이 검은 봉지에 담겨 한 움큼 왔다. 한숨이 절로 나서 현관 언저리에 놔두고 만다. 주방으로 들어오지 못한 마늘은 내 마음에 들어오지 못한 것처럼 현관 근처에서 쓰일지 말지를 선택받지 못하고 있다. 버리고 싶지만 차마 버리지도 못하니 거기 머물고 있다.

지나가던 이웃 언니가 들여다본다.

"이 마늘이구나! 버려! 어떻게 이걸 까?"

"그니까요. 진짜 까기 싫어요. 얼마나 작은지 까지지도 않아요. 까도 까도 굴지도 않구요."

"버려. 이걸 어떻게 먹으라고. 아이고! 근데 깔라면 지금 까야지, 놔두면 더 안 까져. 말라서."

"그래요? 안 그래도 안 까지는데, 더 안 까지면 어떡해요?"

"버리든가. 깔려면 지금 까든가."

먹는 것을 버리지 못하는 성미 때문에 검은 봉지를 들고 들어와 양푼에 붓고 마늘을 까기 시작했다. 아무리 까도 마늘은 줄지 않고 까놓은 마늘은 늘지 않는다. 그래도 앙이 차면 마늘을 빻아 비닐에 얇게 펴서 냉동실에 넣어둔다. 비닐봉지 두 개를 얇게 펴서 채우니 손가락 끝 넷이 빨갛게 부어오르고 쓰리고 아프다. 작아도 마늘이라고 독한 모양이다. 얼추 깠는데 남편이 들어온다.

"왔는가?"

"마늘 깠냐?"

"응, 마늘을 안 까고 싶었는데, 지금 안 까면 더 안 까진다고 그래서…."

어쩐 일인지 일찍 들어온 남편이 앉을 자리를 마련하기 위해 껍질이랑 섞인 양푼을 밀어놓고 방을 훔친다.

벌써 이 년째 마늘을 가져오지 말아 달라고 부탁하던 참이라 한마디를 더 한다.

"다른 어머니들은 며느리에게 좋은 것을 주신다고 그러던데, 물론 젊은 내가 까먹는 게 낫겠지만."

말이 떨어지기가 무섭게 남편이 발끈한다.

"먹지 마!"

말과 동시에 몸을 일으킨 남편이 냉동실 문을 열고 얇게 펴 넣은 마늘 봉지 두 개를 꺼내 베란다 밖으로 내던진다.

"어맛, 왜 그래? 마늘 까느라 손가락이 빨갛게 다 까지고 쓰리고 아프구만. 그걸 왜 버려?"
"더러우면 먹지 마!"
"누가 더럽대? 진짜 성질이 왜 그래? 다 까서 찧어 놓은걸. 버리려면 안 깐 것을 버려야지."

남편은 양푼에 한 줌도 남지 않은 마늘과 찌꺼기를 베란다 밖으로 쏟아버린다. 어처구니가 없다. 나는 남편을 어이없게 바라본다.

"청소하시는 분은 무슨 죈가? 버리려면 좋게 버려야지. 왜 거기다 뿌리는데?"

남편은 성질이 그렇다. 기분이 나쁘면 앞뒤가 없다. 혹 어른에게 안 좋은 평판이라든가 원망이라든가 서운한 기색이라도 비칠 것 같으면 발끈하다 못해 폭주한다.

두어 시간 까고 찧어 갓 냉동실에 넣어둔 마늘이 아깝다. 혹 얇은 비닐봉지가 터지지 않고 견디고 있을 줄 모른다. 혹시나 하여 밖으로 나가본다. 봉지는 발견할 수 없다. 허탈한 걸음에 길가에 하염없이 앉았다. 지나가는 차량 불빛에 하얀 가루가 여기저기 흩어져있다. 눈물이 왈칵 터진다. 며느리 대접이 그러한 어른과 아내 대접이 그러한 남편이 엇비슷해 보인다. 둘이 다를 게 무어람. 나를 기만한다는 점에서는 매한가지다.

사람이 사람을 사람으로 대하지 않는다. 사람이 사람을 동등한 사람으로 대하지 않는다. 사람이 사람을 같은 감정과 같은 권리를 가진 천부적인 사람으로 보지 않는다. 어른과 남편은 시어머니와 남편이라는 자리가 무슨 대단한 힘이라도 있는 양 엄마이자 며느리이자 아내인 내가 대단한 약점이나 있는 혹은 하자 있는 인간 대하듯 학대하고 무시하고 기만하기를 마다하지 않는다.

어른과 남편이 나를 온전하고 대등한 사람으로 대접하지 않는다는 것은 날이 갈수록 명확하다. 고마워하지 않고 미안해하지 않은 지 이미 오래다. 칠 년이 지나가는 길목에 앉아 하염없이 헌신과 희생이 싸구려로 취급되어 기만과 학대로 변해가는 과정을 본다.

하긴 지난 연말에는 크리스마스에 2만 원을 주더니, 시댁에 곧바로 안 간다고 다시 뺏어갔다. 이웃 언니와 아들들을 데리고 교회 가느라 바로 못 갔더니 2만 원을 회수해 간 것이다. 남편이 날로 치사해져 간다. 돈 몇 푼으로 쥐락펴락한다. 2만 원이면 아들들하고 치킨 한 마리 오붓하게 먹을 수 있으련만. 그나마 도로 뺏어간 바람에 껌 한 통으로 크리스마스를 났다. 껌 한 통에 즐거워하는 아들들을 가슴으로 심장으로 안았다.

어둑어둑한 골목에 한 시간을 쪼그려 앉아 있다 보니 처음에는 어이없고 황당하다가 속상함에 눈물이 흐르다가 나중에는 정신이 명료해진다.

집으로 돌아오니 남편은 태연하게 텔레비전을 보고 있다. 마치 아무 일도 없는 듯하다.

"당신은 나를 기만했어. 마늘을 가져오지 말라고 부탁한 게 몇 번인가? 오늘도 말 몇 마디 했다고 기껏 까놓은 마늘까지 냉동실에서 꺼내 버릴 건 뭔가?"

남편이 텔레비전을 넘어뜨린다.

"더러우면 먹지 말라고!"

"누가 더럽다고 그랬는가? 그래도 젊은 내가 까먹는 게 낫다고 했지."

남편이 눈을 부라리더니 눈이 돌아갔다. 숨을 쉴 수 없고 옴짝달싹할 수 없다. 시쳇말로 꼭지가 돈다더니 끄떡하면 그렇다. 저 성질을 어쩐단 말인가. 난감하다. 친정아버지는 선비 같았다. 아버지는 선비 같았고 남자 형제도 없어서 저런 성질은 본 적 없다. 아들들이 네 살, 여섯 살인데 자꾸 저런 모습을 보이면 어찌하는가. 며칠이 지나 남편에게 간곡하게 부탁했다.

"아들 둘 키우면서 아들들 앞에서 그러지 마. 벌써 두 번째야. 어떤 일이 있더라도 절대 애들 앞에서 그러지 마. 부탁이야."

"알았어…."

할부가 채 끝나지 않은 텔레비전은 라디오가 되어서 다시 사야 했다. 남편이 밀어서 고장 낸 텔레비전이 벌써 3대다. 전화기를 부순 것이 몇 대이고, 식탁을 엎거나 탁자를 던지거나 냄비를 던지거나 테이블을 부순 일은 몇 차례인가. 핸드폰을 던진 것은 몇 대였을까?

그럴만한 일에 그랬을까? 남편이 발끈하는 정도는 갑자기 급발진하기 때문에 중간은 건너뛰고 아예 없다. 곧바로 불같이 급발진하기 때문에 전혀 예측 불가다. 무슨 말도 할 수 없다. 갑자기 어디서 화가 치밀어 폭발하게 될지 가늠하기 어렵다. 영락없이 어른 성품이다. 점점 나눌 수 있는 대화의 폭이 줄어들었다. 시댁과 어른은 금기 영역이며 자신에 대해서도 금기 영역이 확대되었다. 건들지 말라는 영역이 일방적으로 확장되어 비밀과 어둠이 많아졌다.

남편이 컴퓨터 하나만 사달라고 한다. 그러면 가족을 책임질 수 있단다. 적지 않은 금액인 백오십만 원짜리 컴퓨터를 할부로 사 주었다. 컴퓨터는 집으로 오지 않고 친구 가게로 배달되었다. 남편은 컴퓨터를 배운다며 집에 오지 않는다. 컴퓨터를 조립하고 수리하는 것을 배운다고 한다. 신체가 건강하지 않으니 힘쓰는 일은 하지 못하고 수차례 직업을 바꾸었지만 마땅한 일에 정착하지 못한다. 가장 역할을 하기 위함이라니 컴퓨터를 사 주지만 집에 오지 않은 날이 많아지니

뜻하지 않은 속앓이가 많아진다. 컴퓨터 조립과 수리를 배우는 데 그치지 않고 게임을 하고 다른 무언가에 중독되고 있다는 것은 빤했다. 그리 많이 그리 자주 밤을 새우며 배워야 할 정도로 전문적인 수리까지는 아니다. 남편은 해마다 두 달씩은 생활비를 주지 않는다. 돈이 없단다. 순수한 생활비는 한 달에 십만 원을 넘지 않지만 두 달의 공백으로 보람이 없다.

남편이 집에 오지 않는 패턴은 연락 두절로부터 예고된다. '고객의 전원이 꺼져' 있으면 영락없다. 흔히 주말 예배드리듯 밖에서 보낸다. 물론 집에 오는 날도 자정 안에 오는 날은 한 손에 꼽을 만하다. 오면 두세 시고, 안 오면 그만이다. 아직 서른하나, 어서 나이를 먹고 아들들이 빨리 크면 좋겠다 싶다.

사돈들

 봄이 오기 전에 막내 시누이 예빈이 결혼식을 한다고 했다. 어른은 딸이 셋이지만 아무도 결혼식을 올리지 않았다. 딸 셋이 모두 자식을 낳은 상황이었다. 세 딸 중 막내가 개혼한 셈이다.
 큰딸의 첫 번째 사돈은 무던한 듯 엉큼했다. 연예인 못지않은 며느리의 세련된 외모와 화법과 맵시에 매료되었는지 험한 상황에서도 목소리를 거의 내지 않았다. 며느리가 대접하는 방식이 지방에서는 볼 수 없었던 고급이어서인지 그 사돈은 한동안 정신을 차리지 못하는 모양새였다. 순진한 것 같으나 잇속은 빨랐고 움직임은 거의 없었다. 며느리에게 건물을 담보로 돈을 빌려주고 자매에게까지 돈을 빌려주도록 한 것으로 보아 며느리에 대한 신뢰는 컸던 것 같다. 사돈은 두 아들에게서 손녀 한 명과 손자 한 명을 두었으나 유일한 손자를 네 살이 되도록 외가에 두었다. 태어나자마자 외가에서 키웠으니 마저 키우라는 것이었지만 아이를 키우기 힘들다는 것이 속내였다. 세 살일 때 손자를 데려갔다가 얼마 가지 않아 다시 보낸 것으로도 충분히 속내를 보이고도 남았다. 큰딸의 두 번째 남자에게는 형님 내외가 있었으나 서로 얼굴은 보지 않았다. 물론 큰딸의 짝은 국적과 나이를 불문하고 셀 수 없을 만큼 많았다.

작은딸의 사돈은 미인이다. 누가 봐도 미인이다. 오십 대 중반의 사돈은 낭창한 몸매에 세련된 옷맵시로 눈에 띄는 미모를 지녔다. 그 사돈은 일찍 남편을 잃고 국가에서 주는 연금을 받으며 살았다. 그러나 젊고 아름다운 여성은 혼자 살 수 없었던 모양이다. 전남편이 남긴 연금을 받아야 하니 재혼은 할 수 없다. 그래서인지 아내와 자식들이 있는 남자를 데려와서 아들 하나를 낳고 살았다. 젊은 남자를 데려와 서른 해 가까이 살다가 남자가 환갑이 지나자 본가로 돌려보냈다. 어쩐지 겉모습은 미인이되 '권이 없어' 보이더니 영락없다. 어떻게 살았는지는 나이가 들면 얼굴에 나타나는 법이다. 미인이 아니라도 '권이 있는' 어른이 있고, 미인이라도 '권이 없는' 얼굴이 있다.

어른은 작은딸 사돈을 가장 좋아하여 자주 쇠고기 대접도

했으나 몇 년 가지 않아서 두 번 다시 안 보는 사이가 되었다.

 막내 시누이 결혼식을 앞두고 오빠와 올케인 내 몫을 하느라 준비한 돈을 드렸다. 어른 옷은 진즉 맞췄는데 아버님 옷은 준비하지 않았기에 부리나케 시내에 나가 양복을 장만했다.
 결혼식장이 서울 외곽이라 버스를 빌려 먼 길을 다녀와야 하는데 세 끼 모두 길에서 먹겠노라 했다. 점심 한 끼니는 식당에서 대접할 줄 알았는데, "식당 밥은 비싸고 더러워서 안 된다."라고 명확하게 선언한다. 어른의 맹신과 고집이 사회 통념과 거리가 멀고, 길에서 세 끼니를 같은 음식으로 드린다는 게 내키지 않고 말문이 막히지만, 대꾸조차 할 수 없다. 누가 감히 대꾸할 수 있으며, 도대체 누구 말을 귓등으로라도 듣는가.
 세 끼를 모두 준비해야 하니 이틀은 꼬박 음식 준비에 매달려야 한다. 첫날은 마늘을 까고 나물거리를 다듬는 등 미리 손질할 수 있는 것들부터 시작한다. 마른 나물을 손질하여 미리 찬물에 불린다. 마른 나물만 다섯 가지인 데다 양이 큰 대야 하나씩이다.
 "남자들은 나물을 그리 많이 드시지 않는 것 같아요. 나물 종류가 좀 많지 않을까요?"
 "아니다. 이 정도는 해야 종일 먹지."

어른이 잠시 자리를 비운 틈에 갑자기 아버님이 묻는다.

"아이, 이불을 여자 쪽에서 하냐? 남자 쪽에서 하냐?"

아버님은 며느리에게 오만 가지 이야기를 하는 축이다. 이런저런 이야기를 편하게 나눈다.

"아, 네. 엄마를 보거나 친구들을 보면 여자 쪽에서 하던걸요."

"뭔 소리를 허요? 시방?"

"○○어매가 그러는디, 여자 쪽에서 이불을 헌다는디."

"느그 엄마가 뭘 몰라서 글제. 뭔 이불을 여자 쪽에서 헌다냐! 남자 쪽에서 허제, 어디 여자 쪽에서 이불을 해!"

느닷없이 나타난 어른이 발끈 날이 섰다. 편치 않은 상황에 놓였다는 것을 직감한다.

"예, 결혼식은 지방 따라 방식이 다르더라고요. 경상도랑 전라도랑 다르고. 같은 전라도라도 또 다르고 그렇더라고요."

"느그 엄마가 뭘 모른께 그런 소리를 허재!"

"…."

"아이, 나가 무담시 니한테 말을 해갖고 그런다. 뭔 말을 말 아부러라."

답답한 마음에 며칠 사이에 있었던 일을 말하며 이불을 어느 쪽에서 하는지 물어봤던 아버님은 어른의 호령에 사돈까지 '뭘 모르는 사람'이 된 것이 여간 난처하다. 빈말도 하지 않고 허튼소리도 하지 않는 며느리가 또 속이 상할 것을 생각하니 괜히 며느리가 봉변을 당하는 것이 마음이 편치 않다. 어른이 나른 곳으로 간 나음에 그간 일을 일려준다.

"저번에 느그 어매가 부천에 가서 신혼살림이랑 이것저것 천만 원 넘게 해주고 왔단 말이다. 근디 이불을 안 해 줬단다. 그랬든만, 며칠 전에 사돈이 전화해서 살림을 많이 장만해줘서 고맙다고 함시롱, 근디 이불을 좀 해주면 좋겠다고. 여기서는 버스를 대절해서 가고 그런께, 예식장 비용이랑 야외촬영 비용이랑 전부 자기들이 부담한다고 함시롱. 아그들 이불 하나만 해주라고 했단다. 느그 어매가 어디 여자 쪽에서 이불을 하냐고 싸우다가 욕을 하고 싸우고 난리가 났다. 이년 저년 욕을 하고…. 느그 어매 성질이 저래 갖고 어째야 쓰까?"

"그런 일이 있었어요?"

"낼모레 결혼식인디 어찌 얼굴을 볼라고 그러까이?"

"사돈 말씀이 괜찮은데요. 결혼식 비용이랑 야외촬영 비용을 반반 부담하면 제법 나오거든요. 결혼식 비용을 전부 사돈댁이 부담하고 이불 하나 해달라는 건데 왜 그러셨을까요?"

"근께 말이다. 성질이 저래 갖고. 이년 저년 별별 욕을 다하고 싸우고 난리가 났당께…."

막내딸의 결혼생활을 생각하는 친정엄마가 결혼식을 일주

일도 남겨두지 않은 상황에서 사돈과 입에 담지 못할 욕을 하고 싸웠다는 것이 믿기지 않는다. 황당하다. 역시 어른답지만, 딸의 입장은 전혀 생각하지 않는 행동을 하시다니…. 무슨 확신이 그리 커서 막내딸의 시어머니께 험한 욕을 퍼붓고 나서 작은며느리 사돈에게까지 '너희 엄마가 뭘 모른다.'라고 매도하는가. 엄마는 여태 다섯 딸 결혼식을 올린 베테랑 친정엄마다. 딸 결혼식만큼은 어른은 경험이 없고 친정엄마는 경험이 풍부하니 억지도 이런 억지가 없다. 사람을 무시하는 행태가 얼마나 몸에 배면 사돈들이 다 우스운 지경일까 싶다. 초등 교육도 받지 않은 어른이 아는 분야란 어디서도 듣도 보도 못한 무속의 귀퉁이 방편 한 조각이 아닐까.

예를 들면 '이빨을 갈면 큰일을 보고 나서 왼손(?)으로만 뒤처리하면 이를 갈지 않는다.'라는 말을 아주 진지하게 수없이 반복하는 식이다. 대놓고 웃을 수도 없고 듣는다 한들 의미가 없는 말을 주로 하므로 말이 지닌 무게는 먼지보다 가볍기만 하다. 엄마도 양반 가문 후손이고 결혼 전 야학으로 학교에 다닌 까닭에 어느 정도 배움이 있다. 막내 시누이 시어머니 되시는 사돈도 그 지역에서 사업을 하는 꽤 유능한 여성이다. 세상 물정 모르는 사람이 아니다. 바깥 활동 경험이 극히 적어 시야가 매우 좁고 사리 판단이 편협한 사람은 사돈들이 아니다.

이튿날은 나물들을 다듬고, 바지락조개를 망태째 사서 까고, 들깨를 씻어 작은 절구에 찧어 채에 걸러 나물을 볶고, 생선을 찌고, 고기를 볶고, 김치를 담고, 음식들을 했다. 이튼은 시내에 다섯 번 나갔다가 오느라 거의 음식을 할 틈조차 없었다. 큰집 큰형님이 종일 일을 거들었다. 마지막으로 쌀을 씻어 불리는 것으로 일을 마쳤다. 남은 일은 새벽에 밥솥으로 서너 번 밥을 해내는 일이다. 밥이라도 맡겼으면 일이 줄었을 것이나 누구를 믿는 성정이 아니다.

나는 아이들을 챙겨야 하므로 열 시경 집에 돌아와 정리하고 새벽 다섯 시에 시댁으로 갔다. 버스에 짐을 싣고 마지막으로 부여받은 임무가 얼음을 두 조각내어 노란 비닐봉지에 담아오라는 것이었다. 얼음덩어리를 두 조각으로 내기 위해 칼을 대고 두드려 간신히 두 조각으로 만들어 노란 봉투에 담아 마저 차에 싣도록 했다. 아이들도 챙겨야 하지만 집안 정리도 정신 사납다. 아주버님이 아직 결혼하지 않았기에 참석하지 않는다고 하니, 대충 치우고 출발했다. 버스에 이르러보니 아버지 떡이 오지 않아 전화하고 기다렸다. 일곱 살 다섯 살 아들들이 과자를 찾아 마침 근처에 있는 가게에 들러볼까 하던 찰나, 어른이 대야를 찾았다.

"아이, 다라이 어쨌냐?"

"네?"

"내가 다라이 갖고 오라고 몇 번 말했냐! 몇 번 말해! 어?"
 화기가 중중하다. 부아를 불같이 내는 바람에 버스에서 엉거주춤 일어섰다.
 "저는 얼음덩어리 두 조각 내서 갖고 오라는 줄 알고요."
 "아, 긍께. 얼음을 다라이에 넣어 갖고 와야 할 거 아니여! 내가 몇 번 말하대? 몇 번 말해! 몇 번을 말해!"
 "저는 다라이는 몰랐어요, 자기야, 저기 대야 하나 사세."
 마침 버스가 대기하고 있는 곳은 웃시장 골목 입구다. 통로에 그릇 가게에서 내놓은 대야와 통들이 보인다. "뭘 사! 사기는 뭘 사! 집에 가서 갖고 와!"
 버스 입구 계단에 서서 버럭버럭 소리를 지르는 통에 버스에 탄 아버님 친구들 몇몇 분들과 친가 큰어머니와 형님이 고스란히 보고 듣는다. 혼자 음료와 짐을 싣는 모습을 보고 남편 아는 동생이 차마 집으로 돌아가지 못하고 남는다. 버스를 소개하여 나왔던 동생분은 그때 딱 한 번 봤다. 상경하는 버스 뒷자리에서 남편에게 '어머니께서 심하시다'라고 한마디 했다고 한다. 결국, 그 동생이 대야를 사러 가고, 아주버님은 집으로 가서 오지 않는다. 나는 아들들을 데리고 가까이 있는 가게에 가면서 "부천에 가지 말까 보다" 했다. 남편은 눈치만 아주 조금 살필 뿐 끝내 누구에게도 말 한마디 없다. 나에게도 어른에게도 아이들에게도.

어른에게 고스란히 최전선에 노출되어 일은 일대로 하고, 화는 화대로 몽땅 뒤집어쓰는 상황을 늘 방관한다. 어른 성향이 가장 우세한 상수지만 그에 대응하는 아주 작은 변수조차 없다. 원가족도 어쩌지 못하는 견고한 구조로 인하여 며느리와 작은아들과 손자는 장기판의 한갓 포와 졸도 되지 못한다. 언제 던져버려도 아깝지 않을 만큼 존재 가치가 미미하다. 오로지 돈과 큰딸과 큰아들만이 금덩이만큼 귀할 뿐이다.

돈도 드렸고 일도 이틀 내내 했건만 대야를 가져오지 않았다는 치명적인 실수에 버스가 쩌렁쩌렁 울리도록 호통을 듣는다. 이바지 떡이 오고 버스는 출발했다. 어른은 버스 안에서 다른 사람들에게 마른 안줏거리를 나눠주며 아침 큰소리에 대한 변명을 일일이 하고 다닌다.

"나 혼자 다 했단 말이요. 부애(부아)가 안 나요?"

전날 큰집 큰형님이 와서 종일 일을 했는데 큰어머니도 작은형님도 입도 벙긋하지 않는다. 결혼식에 남편의 친가 쪽에서는 큰어머니와 작은형님이 참석했고 외가에서는 아무도 오지 않았다. 팔촌 이내 친척이라고는 딱 두 분이 전부다. 큰어머니와 작은형님, 우리 식구를 빼면 아버님 계모임에서 온 스무 명 안팎이 하객의 전부다. 결국, 어른 인간관계로 온 하객은 단 한 명도 없다. 그러고 보면 우리 결혼식에도 친가 식구 외에는 하객이 없었다. 어른의 하객은 단 한 명도 없었다.

일곱 살 큰아들은 내 기분이 좋지 않다는 것을 아는지 애써 웃는 표정을 짓고, 큰어머니는 맞은편에 앉아서 통로 건너 내 손을 잡는다. 눈물이 왈칵 쏟아지려는 것을 막내 시누이 결혼식이니 애써 참는다.

부천에 도착하여 사돈끼리 눈도 맞추지 않고 인사도 하는 둥 마는 둥 어색한 결혼식을 마쳤다. 올라가는 길에 들른 휴게소에서 음식을 대접하고 치우고, 부천 결혼식장 근처 노상에서 또 음식을 대접하고 치우고, 돌아오는 길에 휴게소 버스 뒤편에서 또 음식을 대접하고 치우니 노상에서 같은 음식을 세 끼 대접하는 것이 무안하다. 내려오는 길에는 그토록 애써 찧어 거른 들깨 때문인지 나물들이 몽땅 쉬어서 무더기로 버려야 했다. 9시가 넘어 순천에 도착할 무렵 마른안주 한 줌을 넣은 비닐봉지를 주며 "부애가 나서 그랬응께 잊어 부러라."한마디 툭 내뱉는다. 처음 있는 일이다. 정식 사과는 아니지만 '부애가 나서 그랬다'라는 변명까지 얹어 '잊어버리라'라고 화해의 제스처 비슷하게라도 건넨 것이. 어디까지나 일방적인 입장인 데다 서운하고 당혹스럽고 민망하고 황당한 상대방 기분은 안중에도 없었기에 닿을 수 없는 발신에 불과했지만.

막내딸 결혼식에 사돈과는 눈도 안 맞추고 며느리에게는 쩌렁쩌렁 소리를 지르고 남들에게는 "나 혼자 다 했단 말이요. 부애가 안 나요?" 하며 하소연인지 변명인지를 했다. 혼자 다 했다는 말은 어불성설이다. 도대체 무슨 음식을 했다는 거며, 무슨 준비를 했다는 긴가.

큰집에는 십 년에 한두 번 갈까 말까 하고, 친정에도 기분이 상하면 십 년이고 이십 년이고 발길을 끊었다. 그 틈을 아버님과 남편과 나와 아이들이 메꿨다. 한 사람이 부모 역할을 일정 부분만 골라 하고, 자식 역할을 일정 부분만 취한 바람에 다른 사람들이 그 간극과 틈을 메꾸며 두 배 세 배 마음과 정신을 쓰며 살아야 했다.

평상시와 특별히 다를 것도 없었는데 큰어머니와 작은형님은 놀랐던 모양이다. 며칠 후 큰집 기일에 가니 막내 시누이 결혼식 날 버스에서의 일이 회자되고 있었다. 얼마나 속이 상했는지 물어서 오히려 어리둥절했다.
"늘 있는 일 인걸요. 큰형님이 전날 종일 도와주셨는데 혼자 다 하셨다고 해서, 그건 좀 그랬어요. 저도 그 전전날부터 가서 일하고, 전날도 열 시까지 일하다 집에 가서 애들 챙기고, 그날도 애들 챙겨 새벽 다섯 시에 갔는데 혼자 다 하셨다고 그러시니…."

어른은 단 한 명의 사돈도 존중하는 법이 없어서 사돈을 예(禮)로 대하지 않았다.

어른이 엄마를 본 건 세 번이 다다. 엄마가 원치 않은 까닭도 있으나 어른 성향이 한몫했다는 것은 여실하다. 결혼식 때도 두 어른 한복과 양복, 큰어머니 한복 등을 해드렸으나, 친정에는 엄마 한복 한 벌 없었다. 나중에 옷값으로 수십만 원을 주겠다더니 꿩 구워 먹은 듯 말이 없고 말았다. 사돈이 된 지 십칠 년째 엄마가 돌아가실 때도 문병은커녕 장례식조차 발길을 하지 않았다. 나중에 아주버님이 와서 부의금 오만 원 한 게 전부다. 사돈 인연이 새털보다 가볍지 않고야 그럴 수 있을까? 어른이 천수경을 외운다 한들 한 구절이라도 뜻을 알까 싶다.

그런 만큼 단 한 명의 남의 자식도 자식으로 대한 바 없다. 딸이 셋이니 사위도 셋 이상이건만 오래 본 사위가 없다. 처음에는 반겼던 사위도 어느새 죽일 놈이 되었다가 머잖아 연을 끊었다. 큰며느리 감도 셀 수없이 많은 인연을 반겼다가 내치기를 반복했다. 자식 대접을 받지 못한 것은 매한가지지만 작은며느리인 나만 친자식보다 오래 남았을 뿐이다. 하긴 딸하고도 인연을 끊고 마는 성정이니 누군들 온전히 있는 그대로 볼 리 있는가.

할머니와의 작별

　할머님께서는 아들 셋과 딸 둘을 두었으나 큰아들과 막내아들을 먼저 앞세웠다. 자식들과 후손들을 유독 좋아하는 할머님께서는 젊어서 효부상을 받을 만큼 정성스러웠다. 증조할머님께서도 효부상을 받아서 대대로 효를 중시하는 가풍이 있었다 한다.
　혹자가 말하길 '그 집안이 참 양반이었는데, 작은며느리가 들어온 후부터는 영 달라졌다.'라고 했다. 아름다운 가치는 무참하게 사라졌고 다들 고개를 저어버린 지경에 이르렀다고 한다.
　할머님께서는 작은며느리의 작은며느리인 나를 염려하고 귀히 여겼다. 할아버지와 큰아버지 기제사에 빠지지 않고 매번 명절에 꼬박꼬박 인사를 드리니 큰어머님은 예뻐하는 티를 냈다. 새댁이 태풍에 쓰러진 벼를 일으켜 세워 종일 묶었다는 소식에 대견해 했고, 매해 논에 가서 일하는 것도 기특해했다.

"세상에 어디 이런 사람이 있냐?"

손을 맞잡아 이끌어 안아보기도 하고 다독이기도 한다.

"힘이 들건디 얼굴이 어찌 그리 좋냐?"

"화장해서 그래요"

너스레를 떨지만, 조카며느리의 시집살이가 만만치 않을 것을 감안하는 큰어머님의 마음을 안다.

"자네 어매가 성질이 보통이 아니란 말이여. 이런 일도 있었네이. 결혼한 지 얼마 안 됐는디, 쌀이 자꾸 안 군가. 나보고 방에 들어가 보란디, 나는 들어갈 엄두가 없고…. 고모가 들어갔제. 그랬든만 쌀이 몇 말이 궁쳐 있어. 그걸 고모가 꺼내 왔제. 그랬든만, 문을 걸어 잠그고 며칠을 안 나와 분디…. 그러다가 사람이 죽겠드라고. 넘들은 말리는디, 나는 무스와서 사정을 했단께. 어이, 문 좀 열어주소. 어이, 밥 좀 묵소. 그러믄서. 항우장사도 못 이겨. 그 고집은…. 굶어 죽어 뽈라근디. 새댁이 굶어 죽어뿔면 된단가. 사정사정해서 겨우 밥을 멕앴단께. 못 해봐. 성질을 한 번 부래뿔면. 그런께 자네가 고생을 엔간히 헐꺼시다. 그러네. 시방. 다들. 말 안 해도 다 알제."

큰집 형님들도 이러저러한 이야기를 한다. 어쩌다 집에 들렀을 때, 음식으로 차별하던 거며, 일부러 좋은 것은 주지 않고 부리던 거며 등등. 다 말하지 않아도 알만했다. 겪은 세월이며 경험치가 어디 적은가?

할머님은 여든아홉이 되었을 때 넘어져서 고관절이 다치는 사고를 당했다. 갑자기 말짱한 정신에 누워 기저귀를 차야 하는 비참한 지경을 맞았다. 할머님도 손자며느리도 서로에게 못 할 일이라 병원에서 수술을 받기로 했다.

"노인네가 죽어야 느그 아부지 신수가 필 건디, 할매가 뭔 수술이여? 수술은. 수술을 왜 헌다고 난리여?"

경제활동을 놓은 지 칠팔 년이 넘고, 회갑도 넘은 아버님이 신수 펼 일이 무엇일까 싶다. 모친이 돌아가셔야 자식 신수가 펴는 이치도 해괴하다. 어른이 하는 말은 늘 가슴에 닿지 못했고 머리에 들어올 수 없었다. 그러나 강하고 사납고 독한 말들은 온몸에 생채기를 냈고, 두통과 불면증과 어지러움을 불러왔다. 그는 밤새 이를 갈아서 불면증을 보냈고, 대화를 회피하는 태도는 삶에서 명백한 한계로 작동했다.

어른은 결국 병원에 한 번 들여다보지 않고 만다. 그러지 않아도 십 년에 한두 번 걸음을 할까 말까 하던 터라 누군들 탓하지 않는다. 탓을 한다고 달라질 것도 없거니와 분란만 키울 것이 자명한 까닭이다. 빚 정리만으로도 한 짐인 아버님이 더 부대낄 게 빤하므로 입을 다물었다는 게 맞으리라.

할머님께서는 거뜬히 회복하여 동네 경로당 출입을 하며 다섯 해를 더 보냈다.

아흔넷이 되던 늦은 봄 혹은 초여름, 큰아버지 기일에 가니 할머님께서 앉은걸음으로 다가와 내 손을 꼭 잡았다.

"아이, 나가 엊그제 꿈을 꿨는디, 진식이가 죽어뿌렸다 해서 한참을 울었단 말이여. 나가 그런 꿈을 꿨은께 인자 진식이는 오래오래 살 것이여. 아부지 보고 살고, 진식이 보고 살어. 잉?"

"예, 그럴게요. 할머니"

할머님께서는 눈물까지 글썽이며, 아버지와 아이 아빠를 믿고 살라는 당부를 거듭거듭 했다. 어느 때보다 더 강렬하게 손을 잡고 애틋하게 당부했다. 거동이 불편해지신 모습과 기력이 상당히 쇠한 모습이 마지막 당부 같은 느낌이다. 며칠 후 할아버지 기일에서는 기력이 더 쇠해진 모습으로 앉아 계시기도 불편했으나 역시 손을 잡고 당부를 마다하지 않는다. 손자며느리를 셋 보았으나 작은집 작은며느리가 여간 마음에 쓰인 모양이다. 할머님께서 남긴 유언이다.

"아부지 보고 살고, 진식이 보고 살어. 잉?"

"예, 그럴게요. 할머니. 걱정하지 마세요. 할머니."

할머님이 하루하루를 넘기기 어렵겠다는 말씀에 날마다 큰집에서 밤을 보냈다. 일곱 살, 다섯 살 아들들이 어린이집에서 돌아오면 큰집으로 향했다. 큰집에 도착하면 할머님 손발을 주물러드리고 옷 갈아입히는 것을 거든다. 고모님께서 과습을 수저로 떠 넣어드렸으나 사흘 후에는 그 과즙마저 삼키지 못하신다. 아침이면 집으로 가서 아들들을 어린이집에 보내고, 오후 네 시면 아들들과 큰집으로 가기를 일주일. 날마다 할머님 손발을 주물러드리는데, 날마다 느낌이 달라졌다. 발과 종아리부터 경직이 느껴졌다. 온기 또한 차차 낮아진다. 그러함에도 발과 종아리를 주무르며 조금 더 편해지기를 온기가 전해지기를 바랐다. 마지막에는 눈조차 뜨지 못하므로 이별이 시시각각 다가옴을 감지한다. 결국, 마지막 순간이 다가오자 큰어머님과 고모님들이 안타깝게 이별을 고했다. 나는 얌전히 할머님과 작별을 고했다. 아들들을 키우고 살려면 할머님의 당부를 가슴에 새길 수밖에 없다.

  할머님께서 손자며느리에게 안타까운 당부를 남기는 것 못지않게 아들과 손자에게도 보호와 의무와 도덕에 대해 한 말씀 남기셨더라면 어땠을까? 할머니께서는 차마 짐작조차 못 하셨던 걸까? 성격이 남달라 누구도 못 해보는 어른만 염려했지, 손자는 걱정이 없었던 게다. 행여 손자며느리가 견디다 못해 이탈할까 걱정하셨을까? 손자가 딴 사람들에게 마음을 팔거나, 가정을 등한시할 줄 모르셨던 게다. 또한, 아들이신 아버님이 최후의 보루조차 되지 못하리라는 의심 역시 애초에 없으셨던 거다. 아들과 손자의 배신은 꿈에도 짐작하지 못하신 게다. 세월이 변한 건지 사람이 변한 건지 누가 알랴.

아버님 전화를 받고 아주버님과 어른이 왔다. 기어이 별세 소식을 들은 후에야 발걸음을 디딘 것이다. 칠팔 년 만이었을까? 초여름 날씨 때문인지 하얀 바탕에 꽃무늬가 가득 채워진 원피스를 입은 어른이 거실에서 거짓말처럼 딱 세 번 곡을 했다.

"아이고, 아이고, 아이고."

나들이에 어울릴 난감한 입성에 할 말을 잃은 나는 멀찌감치 거리를 둔 채 일을 한다. 장례식장이 아닌 집에서 장례를 치르기로 했기에 해야 할 일들이 제법 많다.

한 시간도 채 되지 않아 어른이 일어섰다. 머리도 아프고 하여 집에 가겠다는 거다. 누구도 붙잡지 않는다. 붙잡을 수도 없다. 어른이 오셨건만 전혀 힘이 되지 않는다. 되려 민망함과 황망함이 밀려왔다. 비서처럼 같이 왔다 가는 아주버님도 민망스럽고 딱하기는 매한가지다.

장례 날은 여름비가 내렸다. 소복 위로 하염없이 비가 내렸다. 연세로만 보자면 호상이라고 할지 모른다. 그러나 할머니의 아픔을 아니 결코 호상이라 할 수 없다. 보고 싶은 자식 둘을 먼저 앞세웠을 뿐 아니라, 며느리 둘은 통 왕래조차 없었고, 딸들은 자유롭지 못했다. 손자며느리가 셋뿐인지라 사람 좋아하는 할머님은 자주 외로워했다. 무엇보다 사람 좋아하는 할머님께서 좋아하는 사람을 너무 보지 못했다. 나는 이후로 호상이라는 말은 절대 쓰지 않는다. 세상에 한이 없는 사람이 어디 있고 아픔이 슬픔이 없는 인생이 어디 있는가. 호상이 가당키나 한가.

장례를 마치고 큰집에 도착하니 비가 오는 데다 주방에 물이 새는 바람에 뒷설거지가 어마어마하다. 소복을 벗고 일복으로 갈아입고 일을 하는데 안에서 큰소리가 난다. 장례가 끝난 지 몇 시간이나 됐다고 그러는지 허탈하기 그지없다. 맥이 탁 풀린다.

"아, 긍께 우리 앞으로 들어온 돈 백만 원은 주라 그 말이여!"

"작은어머니, 장례비용을 계산해보고 줘도 줘야 할 것 아니요?"

"작은아부지 계에서 들어온 돈은 그대로 줘야지. 뭔 돈을 계산하고 말고여?"

"아직 계산을 안 했다 안 그러요. 계산해보고 준당께요."

"작은아부지 상조계에서 들어온 돈은 우리가 낸 돈잉께 그대로 줘야지. 우리가 낸 돈잉께. 우리가! 그렁께 그대로 주라고!"

"준다 안 하요. 좀 기다리시오."

안에서 들리는 소리다. 형님들도 지난 열흘 동안 말하지 않고 있던 서운한 마음이 불쑥 올라오는 듯 어이없는 표정으로 손을 멈춘다. 안에서 들리는 소리를 어느 정도 듣고 나니 서러움이 올라온다. 부모가 있으나 부모가 자식 얼굴을 세워주기는커녕 고개를 들 수 없게 만든다. 일주일간 밤을 새우다시피 보낸 것과 사흘 내내 장례까지 애쓴 보람이 가치 없이 버려지는 느낌이다. 결국, 어른은 있는 대로 소리를 지르고 집으로 가버리고, 큰어머님은 수박 한 덩어리라도 들려 보내려고 뒤따라 뛰어가는 모습이 황망하기 그지없다. 할머님을 땅에 묻은 지 몇 시간도 지나지 않은 시각이다.

오로지 돈이다. 어른에게는 돈 이상의 가치는 없는 것 같다. 이제는 불교가 종교라는 말이 성립되지 않는 것 같다. 아무리 봐도 어른에게 종교는 화폐다. 돈이 종교인 것 같다. 그렇지 않고서야 거의 십 년을 안 보던 할머님을 보내는 모습이 이럴 수가 있는가 싶다.

뒷설거지를 다 하고, 집으로 돌아가려는데 큰어머님께서 십만 원을 주시려고 하였다. 큰집 형님들도 십만 원씩 주셨단다. 어른이 돈 내놓으라고 싸운 지 두어 시간도 지나지 않은 마당이라 차마 돈을 받을 수 없다. 큰어머님께서는 어른과 상관없이 며느리들 챙기는 마음이지만, 그 순간만큼은 도무지 받을 수 없다. 돈이 그냥 돈이 아니다. 두어 달 후 끝끝내 큰어머님이 십만 원을 주셔서 그때는 더 거절하지 못하고 받았다. 큰어머님한테는 찜찜한 숙제일지 모르기 때문이다. 물론 어른은 진즉 그 돈을 다 받았다. 안 받고 말 어른도 아니거니와 안 주고는 못 배길 일인지라 그러던 모양이다.

PART 4

인연의 강

막내 줄래?

큰아이가 학교에 입학해도 기쁜 축하 말 한마디 듣지 못하고, 따뜻한 격려 한마디 듣지 못한 채 지나가고 말았다. 아주 작은 기대를 하고, 그 기대마저 너무 허망하게 꺾이고 마는 것을 셀 수 없이 겪었음에도 보편타당한 상식선을 놓지 못한 모양이다. 애초에 기대하지 말자고 다짐하건만 빚을 다 갚았으니 혹시나, 행여나, 이번에는, 어쩌면 어른들 기분이 좋아져서 안 하던 일을 할지도 모른다는 실낱같은 희망을 놓지 못한다. 늘 하나뿐인 며느리로 할 수 있는 최선을 다하고 있으니 아주 작은 보상이라도 돌아올 줄 모른다는 기대를 한다. 친손자는 우리 아이들뿐이므로 여느 할아버지 할머니처럼 아주 작은 사랑을 건넬지 모른다는 기대를 한다. 아주 바닥에 가까운 기대이기에 그보다 나은 결과가 나온다면 행복할 것이고, 그렇지 못해도 역시나 하고 말면 그만이다. 이미 그렇게 산 지 십 년이다. 평안한 적 없는 십 년이다. 별의별 우여곡절을 겪은 십 년이나.

빠듯한 생활비에 큰아이가 학교에 들어가니 필수 생활비가 더 든다. 아무래도 학교생활에 필요한 준비물이 있고, 태권도와 피아노를 배우도록 학원에 보내고, 입성을 허름하게 할 수 없다. 소풍, 운동회, 학예회, 학부모총회, 공개수업 등 아이도 엄마도 때와 장소에 적절한 옷차림도 필요하다.

처음에 아르바이트로 준 삼사십만 원으로 일고여덟 식구 수발을 들고 살았더니 길이 잘못 들었다. 해마다 물가가 오르고 아이들이 학교에 다니기 시작했다는 것은 고려사항이 아니다. 그는 백만 원이면 충분할 뿐 아니라 절반은 저금하고 살 줄 안다.

아기 아빠가 첫 월급으로 받은 육십만 원 중 사십오만 원을 저금하며 살았다. 월급이 올라 칠팔십 만원이 되어도 사십오만 원을 적금 부으며 살았다. 아들이 둘이 되어 네 식구지만 어떻게든 돈을 쓰지 않는다. 순수한 생활비는 십만 원 안팎이다. 방 한 칸이라도 보증금을 마련해야 했고, 두 아들을 키우기 위해 방 두 칸으로 옮기는 것이 무엇보다 시급했다. 그나마 안정적으로 월급을 매달 주었으면 한 해에 오백만 원은 충분히 저금할 수 있었으나 이미 몇 해 전부터 직장을 옮기느라 한 해 두 달씩 건너뛴다. 그러니 아무리 알뜰하게 살아도 돈이 계획대로 모이지 않는다. 적금을 깨서 부모님께 드리기를 원하니 고육지책으로 절반가량 보험으로 이동한 영향도 적잖다.

가정 살림에는 적금이 보험보다 훨씬 나았지만, 어른들의 요구를 거절하지 못하는 남편으로 인해 불합리한 경제 운영이 되고 말았다. 보험은 안정적인 소득이 뒷받침되지 않으면 손해를 볼 수밖에 없는 구조다. 적금은 해마다 혹은 이삼 년이면 만기가 되는데, 보험은 납부 기간이 십 년 이상이어서 직장을 수없이 바꾸는 가정 경제와 맞지 않았다. 손해를 제법 보았을 뿐 아니라, 알뜰살뜰 참고 견딘 십 년 세월이 보람 없이 느껴질 지경이었다.

두 살 터울 아들 둘 키우기도 만만찮건만 그가 느닷없이 셋째 타령을 한다. 가정적이지 않고 직업을 이미 열 번가량 바꿔서 안정성이 없는 가장이 밑도 끝도 없이 딸을 낳고 싶다는 말을 노래 부르듯 한다. 활발한 아들만 둘을 키우다 보니 시몬느 드 보봐르가 '여자는 태어나는 것이 아니라 만들어지는 것이다'라는 말이 수긍되지 않았다.

남자로 키우려고 애쓴 것이 아님에도 남자아이는 행동이 굵고 면적이 넓다. 뼈가 굵은 것인가 싶다. 힘이 넘치고 활동적인 아들들을 혼자 어떻게 키워야 하는지 어려울 때가 많았다. 힘에 부치거나, 이해하기 어려울 때가 더러더러 있고, 해주고 싶은 것을 해주지 못하는 일도 다반사다. 게다가 아들 둘을 독박육아다. 사회적 영향은 분명하지만, 생물학적 영향도 만만찮다는 것을 아들들을 키우며 배운다.

그는 집에 거의 없다. 집에 안 오는 날이 수두룩하고, 온다 해도 새벽 두세 시다. 아침에는 아들들이 일과를 시작한 후에 눈을 뜬다. 그는 하루 이틀 아들들 얼굴 한 번 보지 않을 때도 드물지 않다. 오지 않은 그를 기다리다 불면증을 달고 산다. 생각이 많은 나는 불면증을 지병처럼 달고 살게 되었지만 생각하는 것을 싫어하는 그는 불면증을 모른다.

그는 대체로 에너지가 과잉되어 있다. 깊은 밤에 혼자 그를 기다리는 것은 여러모로 싫다. 일만 하지 않는다는 것을 누구보다 잘 안다. 그의 일터는 아지트가 된 지 오래다. 게임이며 화투며 술을 좋아하는 친구들이 번갈아 머문다. 줄곧 노는 이는 그가 유일하다. 객들이야 오고 가는 것이지만 그는 거기 상주한다. 밤이 되면 일터는 객주 혹은 게임방으로 변신한다. 집에 와서 쉬는 것보다 친구들과 노는 게 좋다.

가정적이지 않고, 살림도 빠듯하고, 안정적이지 않은 사회생활임에도 셋째를 원하는 그의 바람은 시들지 않는다.

나도 나를 닮은 딸을 두면 좋겠다는 마음은 굴뚝같다. 그러나 아들과 딸을 선택할 권한이 어디 있어야 말이지. 친정이 딸부자라 아들들 낳았을 때는 아들이 좋았다. 그러나 아들들을 키우다 보니 만만찮다. 딸을 낳는다는 보장이 있다면 살림이 넉넉지 않아도 괜찮을 것 같다. 결국, 셋째가 왔다.

  고민이 만만치 않았기에 용하다는 분한테 동생이랑 가서 물었다. 어찌 되었든 무조건 낳으란다. 만삭까지 아들인지 딸인지 병원에 묻지 않는다. 셋째를 가질지 말지를 결정하는 것이 어렵지, 아들인들 다른 도리가 없지 않은가.

  출산을 불과 서너 주 앞두고서야 아들이라는 것을 알았다. 그로써 나는 아들 셋을 둔 여인이 되었다.

  어렵사리 열 달을 견디고 너무 아파서 숨도 쉬지 못하고 죽을 둥 살 둥 진통을 겪고 막내를 낳았다. 막내가 막바지에 무럭무럭 컸는지 일주일 전에 3킬로그램이 약간 넘는다더니 다음 병원 진료에서 4킬로그램이 넘는단다. 깜짝 놀라서 저녁에 입원하여 부리나케 유도분만을 시도했다. 육 년 만에 낳아서인지, 우량아여서인지 초산보다 힘들었다. 시간은 초산 때보다 단축됐지만 몰아치는 산고는 극심했다.

  무더위가 한창인 팔월 첫날이다. 무더위보다 방학이라 아들을 학교에 보내지 않아도 되어서 다행스러웠다. 출산 전날 저녁, 삼계탕을 사드리고 아들들을 아버님께 이틀만 맡아달라고 부탁드렸다. 다음날, 출산하자마자 아들들이 병원으로 왔다. 아침을 먹었는지 묻자, 안 먹었단다. 허망했다. 퇴원할 때까지 이틀을 부탁드렸는데, 하룻밤 재우고 오전에 데리고 와서 두고 가신다. 기운이 빠진다. 무엇을 기대했던 말인가. 그만그만한 아들 둘이 있는 동생이 아들 둘을 데려갔다. 하루를 병원에 더 머물다가 사흘째 되는 날 집으로 왔다. 한창 피서가 절정인 팔월 초다. 무더위에 창문을 열 수밖에 없다. 나는 안방에서 셋째와 머문다.

큰아들을 낳고 친정에 갔지만, 몸조리다운 몸조리는 아니었다. 둘째 아들을 낳았을 때는 단칸방에서 큰아들을 돌보느라 몸조리는 꿈도 못 꿨다. 둘째를 낳고 난 후 발목까지 시큰거리는 증상이 있어서 셋째를 낳고 몸조리를 하고 싶었다. 현실은 어림없다. 아들 둘 먹이고 씻기는 것은 물론, 걸레 삶아서 청소하고, 갓난아기 산바라지도 해야 한다. 행여 막내 때는 거들어줄까 싶던 어른은 출산 전날 부산 큰딸한테 갔다가 열흘 만에 왔다. 어른은 해운대를 하도 걸어서 사타구니가 쓰리다고 무용담처럼 얘기한다. 열흘 만에 온 어른이 미역국을 한 솥 끓였지만, 아버님과 아주버님이 동행했기에 한 끼에 바닥을 드러내고 가신다.

웬일인지 세 분은 일주일에 한두 번씩 집에 찾아왔다. 막내가 보고 싶단다. 매번 저녁을 준비하여 상을 차렸다. 없는 살림에 부담이 적은 것은 아니나 자식을 예뻐하니 부리나케 한

두 가지를 더해 상을 차린다. 자식을 예뻐하니 좋으나 한편으로는 새삼스럽다. 큰아들과 작은아들은 소 닭 보듯 하던 분들이 웬일인가 싶다. 그들도 시간이 흐르며 변한 것인가. 좀 더 성숙해진 것인가. 손자에 대한 정도 조카에 대한 정도 새록새록 생겨나고 깊어진 것인가.

막내가 돌이 되기 전이다. 아주버님이 그즈음 함께 살던 여자가 있었다. 그들이 거주하는 곳에 가족들이 방문하여 고기를 구워 먹으며 모처럼 우리 가족도 평범한 가족 같은 모습을 보인 날이다.

"아이, 우리 막둥이 진호 안 줄래?"

"네?"

"아니, 만약에 진호가 애기가 없으면 막둥이 안 줄래?"

"젊으신데요. 뭐"

느닷없는 말에 어이가 없다. 기가 막힌다는 말은 이런 때에 쓰는 말일 테다. 조선 시대도 아니고 누가 자식을 남편 형에게 주는가. 그러려고 형편을 걱정하고, 살림을 가늠하고, 아들을 더 낳을지, 딸을 낳게 될지를 수없이 고민하고, 열 달을 시달리고, 죽을 듯 몰아치는 산통을 겪고 자식을 낳는가.

선심 쓰듯 막내가 보고 싶다며 그리 찾아오더니 속셈이 있었던 게다. 십 년이 넘도록 우리 가족한테 그들이 무엇을 보태주었단 말인가. 행여 좋은 것이 실수로라도 1g이라도 갈까 봐 철저하게 살피고 살피던 그들이 아닌가. 헌신만 바라고 희생만 바리며 가사도우미처럼 부리더니, 이제는 아무렇지 않게 태연하게 막둥이를 달라고 한다. 어처구니없다. 기가 찬다. 그러려고 고기를 구워 먹자고 불렀단 말인가. 어쩐지 생전 안 하던 일을 한다 싶었다. 아주버님은 한 달에 이삼십만 원도 못 벌기에 돈을 쓴 적이 결단코 없다. 대부분은 웬만한 지출은 어른이 감당한다. 옷도 사 주고 집도 구해주고, 이사도 해주고, 이천만 원짜리 도자기 가마도 사 주고 교체 시기가 되면 교체해준다. 그러느라 대소사에 쓰이는 모든 비용과 지출은 우리 몫이다. 당연히 그 고기도 우리가 사 간 것이지만, 역시 공짜는 없다.

집에 오니 아버님이 전화를 걸어왔다.

"아이, 그것이 ○○이 멘스가 없단다."

"아! 그렇대요? 그러면 병원 가보라고 하셔야 할 것 같은데요."

아무리 허물없이 이야기를 나눈다지만 큰며느리 감에 대한 내밀한 얘기를 듣는 것이 민망스럽다. 그녀가 불임 진단을 받았는지 난임이라 했는지 알 수 없다. 당시 큰며느리 감이 아기를 갖기 힘든 상황이었기 때문에 막내를 달라는 말인 줄 알지만, 병원에 가보라는 말로 에둘러 모른 체한다. 무엇이 됐든 대단한 일은 아니다. 이미 수없이 여자가 바뀌었다.

몇 해 전, 함께 살던 여성이 아기를 가졌음에도 아기를 떼고 오지 말라고 매섭게 호통치던 어른과 뒤에 숨던 인물이다. 그 아기가 태어났다면 이미 대여섯 살이 되었을 테다. 이번 여성은 아직 예쁘고 좋은 모양이다. 그런들 앞으로도 얼마나 많은 여성이 바뀔지 짐작 불가다. 짧으면 반년이고 길어야 이삼 년을 넘기지 않는 편력을 보인지 이미 오래다. 큰집에 인사시킨 여자만 이미 대여섯 명을 넘기지 않았던가.

하도 많은 일을 겪은 나머지지만 짧은 숨만 탄식처럼 터져 나왔다. 십 년이 넘는 시간 동안 실망한 사건들은 헤아릴 수 없지만, 돌이 되지 않은 막내아들을 달라고 한 말은 최후의 보루를 뚫는 창 같다.

남편 반응은 거의 기억에 없다. 기억에 남을만한 반응은 아니었던가 보다.

인간적 존중감은 스스로 행한 행실에서 나오는 것이 분명하다. 이를 한 마디로 도덕성이라고 할 수 있다. 인간성에는 도덕성이 상당히 포함될 수밖에 없다. 도덕성을 상실한 사람들의 삶에 향기가 난들 악취밖에 더 나겠는가. 아름다움을 좋아하는 만큼 균형과 조화가 틀어진 삶을 싫어하고, 향긋하고 상큼한 향기를 좋아하는 만큼 악취를 싫어하는 것은 순리다.

개업

막내가 돌이 되기 전, 건물을 짓기 시작했다. 대단한 재력가를 만났다가 본처에게 들켜 무산되었던 큰 시누이 재기가 어찌 재개된 모양이다. 큰 시누이가 부산에 거처를 마련하고 다시 일본 남자들이 드나든다고 했다. 어른과 시누이들과 사돈까지 부산에 다녀오는 일이 종종 있는 모양이다.

막내 시누이가 자주 부산에 드나드니 염려가 앞선다. 남의 돈을 무섭게 여기지 않고 우선 보이는 돈은 끌어당겨서 쓰고 보는 성품이 어디 갈까 싶은 게다.

"건물을 지을 거야. 아예 타운을 만들 거야. 가장 좋은 것은 우리 둘째 줄 거야. 진식이가 고생했으니까 살게 해줘야지."

역시 비전이 크고 위대하다. 마취약처럼 환각제처럼 강력한 처방이다. 누구든 한몫 챙겨줄 포스다. 위대한 지도자. 믿고 따르면 된다. 하라는 대로만 하면 된다. 기뻐하고 찬양하면 만사형통 분위기다. 불손한 의심이나 합리적인 이의제기는 허용치 않는다. 귀숙이 결정하면 다른 식구들이 복종한다.

이 집에서 권력은 돈이다. 돈을 가진 사람이 권력자다. 그 돈이 어디서 왔는지는 모른다. 일본 남자들을 다시 만난다는 건 안다. 쥐를 잡는데 흰 고양이와 검은 고양이를 구별하지 않듯 일본 남자 돈이면 어떻고 한국 남자 돈이면 어떤가. 귀숙에게 돈을 주는 남자면 그가 어느 나라 국적이든 어느 연배든 무슨 상관이랴. 돈을 주는 남자면 훌륭한 남자다. 그뿐이다.

"레스토랑이 어때? 이탈리아식 레스토랑! 좋잖아?"

고생한 둘째 동생에게 주겠다는 말은 곧 어른과 기영과 예빈에 의해 변경된다. 행복한 상상을 펼치다가 며느리가 가까이 가면 소곤거리는 일이 여러 차례 반복된다. 그들끼리만 공유할 이야기다. 작은며느리는 알 필요가 없다. 십 년이 넘어도 며느리는 남이다.

땅을 다지고 공사가 시작했다. 행세가 대단했던 분이 정치마당에 뛰어드느라 사업이 기울어 비워둔 집에서 오륙 년 전부터 거처하고 있었다. 석재를 캐던 직원들 숙소로 쓰던 집이었다. 거의 무상으로 쓰는 중에도 어쩌다 보는 집주인은 본 듯 만 듯 백안시했다. 상공회의소 회장을 내리 역임할 만큼 갑부였던 집주인이 내리막길을 걷는 중이기 때문이다. 부자일 때는 조아리지만, 부자가 아닌 마당에 눈치 볼 일이 없는 것이나. 돈이 없는 사람을 무시하는 형태는 변치 않는다.

장사는커녕 다른 사람들한테 서비스 한 번 해보지 않은 식구들이 장사를 너무 가볍게 보는 게 위태롭기 짝이 없다. 아르바이트 경험조차 미미한 자유로운 낙천주의자들이다. 자본과 비용에 대해 알지 못한다. 손익분기점이나 대차대조표는 모른다. 건물을 짓고 사람을 쓰면 저절로 장사가 된다고 믿는다. 더구나 입지가 상당히 외지다. 일부러 찾아와야 하는 외곽지역이다. 산장은 드문드문 있지만, 레스토랑은 생소한 골짜기건만 염려 따위는 없다. 귀엣말을 주고받는 여인들은 소꿉놀이하듯 재밌다. 애당초 가지고 있는 땅에 건물을 올리는 것이 아니라, 땅을 사는 일부터 시작한 일이다. 땅 면적을 조금 줄이면 시내에도 충분히 건립할 수 있다. 건축비야 비슷할 테니 건물이 시내에 있는 것이 여러모로 유리하지 않을까 싶은 마음이 굴뚝같다.

가게 운영이 여의치 않을 때는 세를 내놓아도 되니 운신의 폭이 훨씬 넓을 터이지만, 소용없다. 그들은 가게만 열면 상당한 돈을 벌게 되리라는 꿈에 부풀어 천진난만하다. 십 년 전이나 지금이나 여전히 열 살 안팎이거나 많아도 스무 살을 넘지 않을 정신연령으로 보인다.

거처하는 집에서 가까운 곳에 땅을 사서 건물을 짓기 때문이기도 하지만 매주 빠지지 않고 다니는 걸음을 쉴 수 없다. 부모님이 집과 가게를 짓는데, 안 들여다볼 수 없다. 빈손으로 다니는 법도 없지만, 과일 한 상자쯤은 쳐다볼 뿐, 고맙다는 인사도 생략된다.

겨울이 오기 전에 건물이 완성되었다. 이탈리아식 레스토랑이다. 둘째 시누이가 운영을 맡기로 되었다. 당연히 그렇게 될 줄 알았다. 공무원이 된 남편과 아들 한 명을 두고 살던 둘째 시누이는 사장 명함을 만들고 운영을 맡을 준비를 했다. 직원들은 귀숙을 큰 사장님이라 부르고, 기영을 작은 사장님이라 불렀다. 2층에 거주하는 어른들은 레스토랑을 통해 바깥출입을 할 수밖에 없으므로 직원들은 어른들께도 주의를 기울여야 했다.

의심이 많은 어른이 여러 차례 압박한다. 주방에 우리 식구가 있어야 한다는 논리다. 이탈리아 요리는 요리사를 써야 하고, 아주머니도 있어야 하니, 설거지라도 우리 식구가 해야 그들이 고기를 훔쳐내지 않는다는 논리다. 설거지하는 우리 식구라고 함은 공식적인 가사도우미 같은 작은며느리를 말한다. 밤 열 시가 되어야 끝날 일에 아직 어린 아들이 있고, 초등학생 둘이 있는 며느리를 투입 시키고 싶은 거다.

나는 일을 하더라도 그렇게 소모되고 싶지 않다. 거리도 멀거니와 근무시간이 안 맞다. 너무 늦게 끝난다. 아이들이 방치될 건 불 보듯 뻔하다. 설거지하겠다는 대답을 안 하는 게 괘씸한지 어른은 이래저래 못마땅하다. 그렇다고 그 큰 접시들이며 무거운 그릇들 설거지를 딸들에게 시킬 리는 만무하다. 어른은 카운터와 홀에만 식구가 있다는 것이 여간 내키지 않다. 분명 주방에서 일하는 아주머니들이 검은 봉지에 고기들을 들어낼 것은 안 봐도 뻔하기 때문이다. 어른은 애가 탄다. 어른 눈에 이미 그들은 도둑일 뿐이다. 어른은 레스토랑을 운영하는 내내 '도둑년들'을 입에 달고 살았다.

　내부 구성을 마치고 서비스할 직원을 뽑아 대기한다. 교육을 한다지만 열 명이 넘는 직원들을 보름 이상 대기하는 모양새가 허술하기 짝이 없다. 여기저기서 비용이 줄줄 샌다. 아르바이트 경험조차 없는 식구들이 가게만 열면 엄청난 돈이 저절로 벌어질 거라는 기대에 한껏 부풀어 있으니 웃을 수도 울 수도 없다.

　레스토랑은 지방 소도시에서 보기 드문 유럽 엔틱 가구들로 인테리어를 꾸몄다. 서울에서 실어와 여기저기 이사 다니며 곱게 모셔둔 가구들이 자리를 잡은 것이다. 주차장도 넉넉하다. 현관 앞에 동그란 화원을 두어 멋진 나무를 심는다. 작은 성문처럼 우람한 현관이며, 레스토랑을 빙 두른 정원이며, 냇가로 이어진 돌계단은 동심을 불러오는 마력을 내뿜는다. 멋들어진 외관에 색다른 레스토랑은 이목을 끌만하다.

 드디어 2002년 크리스마스를 앞두고 개업식을 한다. 고모님 두 분을 포함한 친척 몇 분이 왔다. 귀숙은 공소시효 만료로 경찰을 피하지 않아도 되었지만, 일가친척 앞에 모습을 드러내지 않는다. 그러나 1층 면적이 100평에 달하는 레스토랑과 2층에 어엿한 거주공간을 마련함으로써 웅장하게 등장한 거나 마찬가지다. 직접 나타나지 않았으되 더 크게 드러낸 것과 같다. 십 년간의 손상된 체면과 피해는 아직 다 복구할 수 없으나, 건재와 재기를 알리는 것만으로 충분하다. 작은고모님이 7년 동안 대신 갚은 이자만으로도 삼천만 원을 훌쩍 넘으나 피해보상은 없다. 그러니 전면 등장은 아직 이르다. 그렇더라도 귀숙은 10년 만에 화려하게 부활을 알린 셈이다.

 귀숙의 부활은 어른의 믿음이 옳다는 것을 증명하고 남는다. 어른은 이제 예순이다. 어른에게 오십 대는 수모의 시간이었지만 예순은 위대한 영광으로 돌아왔다. 악을 쓰며 맞선 대가다. 하찮은 운명에 무릎 꿇을 연약한 여인이 아니다. 쇠보다 강한 심장으로 독사보다 진한 침방울을 튀기며 쟁취한 승리다.

 "오빠, 애들 아빠도 모르는 돈을 빌려다가, 조카가 두 달만 쓰고 준다고 그래서 그랬는디…. 농사일이 덜 바쁠 때는 건물 청소를 다니네. 근디, 진짜 힘이 들어서 그러네. 우리 동네 사람 돈 좀 갚아주면 안 된가?"

작은고모님이 5년 정도 견디다가 겨우 한마디 했을 때다. 그러잖아도 친정 오빠를 생각하느라 끙끙 앓으며 2부 이자를 감당해오던 분이다.

"아나, 하나 남은 오빠를 잡아 묵어 뿌러라. 아나, 잡아 묵어 뿌러. 이년아. 니가 사람이냐? 사람이여? 오빠 하나 있는 거를 잡아 묵어 뿔라고? 잡아 묵어 뿌러! 이년아. 잡아 묵어 뿌러! 아나, 잡아 묵어라. 이년아!"

방귀 뀐 사람이 성낸다는 말이 딱 들어맞는 상황이다. 농사일과 청소 일에 비쩍 마른 고모님께 입에 담지 못할 욕을 몇 달 동안 퍼붓고서야 어른은 화를 식혔다. 미안해하는 구석은 어디에도 없다. 고모님이 사랑하는 오빠를 위해 마땅히 감수해야 할 부분이라고 믿었던 걸까? 어른은 남들한테 물 한 잔 주는 법이 없건만, 남들한테는 끝없이 한없이 받고자 했다. 채울 수 없는 허기이며 채워지지 않는 탐욕은 누구도 어찌해 볼 도리가 없다.

건물의 완공은 위대한 딸이 훌륭한 영광으로 건재하다는 증거다.

'보아라. 나, 아직 거뜬하다. 이제라도, 앞으로도 두 번 다시 나를 하찮게 여기지 마라. 우리 딸이 살아 있는 한, 나도 절대 망하지 않는다. 남이 버린 빈집을 고쳐 살고, 또 다른 빈집에 거저 산 지 칠 년이지만, 보란 듯 오렌지 빛 스페인 기와를 얹은 새하얀 이층 건물을 올린 것 봤지? 이것이 내 딸이 멀쩡하다는 증거 아니고 무엇이냐. 내 딸이 훌륭하듯 나 또한 훌륭하다. 내 딸이 영광스럽듯 나 또한 옳다.'

어른은 그동안 귀숙에 대한 의구심과 불온한 눈빛을 단숨에 제압하듯 의기양양하다.

외곽지역 빈집에 공짜로 살다가 번듯한 새집에 이사했으니 집들이인 모양새다. 레스토랑은 아직 장사 개시 전이니 음식 대접은 집들이 수준에도 미치지 못한다. 갓 담은 김치와 누른 고기와 국과 생선 약간이 전부다. 어른은 고춧가루를 빻으러 간다고 시내로 나갔고, 큰집 형님들과 작은며느리가 음식 재료를 다듬는다. 김치마저 시작 단계다. 고모님 두 분이 마늘을 까고 파를 다듬어 겨우 김치를 버무리고 먹기 좋게 잘라 통에 담았다. 파산에 가까운 곡절을 겪었기에 친가 친척들은 그도 기쁘게 여긴다. 어른 쪽 손님이 한 명도 없다는 건 항상 진리다. 무던하게 오래 가는 인간관계가 없기 때문이다. 아무리 좋아하던 사람도 머잖아 소리 지르고 오기 부리고 싸우다가 등 돌리고 마는 성미니 어쩌랴.

잔치 끝에 또 한 번 기만당한 느낌을 강하게 받았다. 크고 작은 일들이 자꾸 반복되는 건 의미가 있다. 김치를 자르고 남은 배추 꼭지만 따로 양푼에 놔두었는데, 잔치 끝에 어른이 건네준 것이 그 꼭지 덩어리들이다. 그는 김치가 아니라 양념이 묻은 꼭지인 걸 보건만 별말이 없다. 난감해하지도 난처해하지도 않는다. 허탈하고 황당했을 아내의 어깨 한 번 다독여줬더라면 어땠을까.

얼마 후 엄마를 모시고 친정 식구들에게 음식을 대접했다. 이탈리아식이라고 광고는 했지만, 그냥 레스토랑이다. 개업한 것이니 최소한의 미덕은 갖추어야 하지 않는가. 열 명이 넘는 홀 서비스 직원들이 연말 분위기를 더한다. 친정 식구들은 붉은 기운이 남도록 익힌 고기가 낯설지만, 그 또한 즐거운 일화로 남으면 될 일이다.

연을 끊다

 기세 좋게 레스토랑을 열고 60평인 홀에서 서비스하는 직원이 열 명이 넘으니 아무래도 손익분기점이 마이너스에 머문다. 비용이 너무 많이 들어간다. 새는 돈도 만만찮다. 땅을 사고, 건물을 지으면서 은행 대출도 제법 받은 모양이다. 가게 월세가 나가지 않으나 대출 이자가 월세 느낌이다. 이래저래 부담이 많은 운영이다. 겉보기에는 그럴듯하나 실속은 없는 모습이 또다시 재현되었다.

 귀숙과 어른이 사는 세상은 독특하다. 겉으로는 상위 5% 혹은 최상위에 드는 모습이나 실제로는 하위 5% 내지는 생계유지도 어려운 생활이 지속된다. 잘 나갈 때는 재벌 못잖고 연예인 못잖다. 그 시기가 길지 않다는 게 그들의 삶을 롤러코스터로 만든다. 성공은 아주 잠깐이다.

뭔가를 계획하고 시작할 때 그들은 풍선처럼 부풀어 두둥실 뜬다. 꿈같이 빠르게 흘러가는 순간이다. 그들은 조감도에 샴페인을 티뜨려 환호하다. 그들에게 조감도는 완성도다. 조감도 없이 말만으로도 이미 정상에 도달한다. 꿈을 꾸고 꿈에 부풀지만, 현실에서 꾸준히 구현하는 끈기와 능력은 없다. 열 살 전후 아이처럼 신나고 기쁠 뿐이다. 늘 느끼는 바지만 정신연령이 딱 그쯤이다.

결코, 스무 살을 넘지 않는다. 자아정체성이 온전히 형성되지도 않았고, 성장해가지도 않는다. 아이처럼 기쁘고 즐겁고 신나지만, 어른의 책임과 의무와 노력과 인내는 모른다. 당장 기쁘고 신나는 게 좋을 뿐이다. 그러니 잠시 잠깐의 성공은 있을지라도 진득한 성공은 기대하기 어렵다.

어른의 성향이 그렇고 어른이 지향하는 바가 그렇다. 돈 많은 이성을 만나서 그 이성의 돈으로 호강하는 것. 그것만이 성공에 이르는 길이다. 어른이 아는 성공방식이다. 큰딸이 이성들의 돈으로 호의호식하는 것을 봐서 그런 가치체계가 더 견고해졌는지는 모른다. 부친이 돈이 있었기 때문에 더 아름답고 정숙하고 얌전한 계모를 들이게 된 것과도 연관이 있을 수 있다. 의식하든 의식하지 않았든. 반드시 이성이 아니더라도 돈 많은 사람을 가까이하여 덕을 봐야 한다는 맥락은 같다.

해운대해수욕장에서 건널목 하나 건너면 '하버타운'이 있었다. 상가와 오피스텔이 있는 복합건물이었는데, 시누이는 13층 60평대에 거주하고 있었다. 전세였는지 월세였는지는 모른다. 일본 남자가 보증금을 주었는지 어떻게 마련했는지 정확히 아는 사람은 없다. 다만 거실에서 바라본 해운대 앞 풍경은 그림처럼 훌륭했다. 승강기를 타고 내려가 작은 횡단보도 하나 건너면 바로 백사장이 펼쳐진다. 나중에 그곳은 호텔이 되어 있었다.

기영은 귀숙이 재기하기 직전부터 부산에 자주 왕래했다. 기영은 물론 사돈까지 부산에 초청을 받아 다녀오는 모양인데, 귀숙의 습성을 아니 염려가 없지 않다.

레스토랑을 맡기기 전부터 왕래가 가장 활발했던 사돈은 작은딸의 시어머니다. 어른이 가장 좋아한 사돈이기도 하다. 왕래도 잦았고 식당을 찾아 쇠고기를 대접하는 자리도 가끔 가졌다. 물론 그런 자리에 일꾼인 며느리는 부르지 않는다. 며느리는 오로지 일할 때만 필요한 사람이다.

작은딸은 남자를 만나 그 집에 들어가 살았다. 남자가 시험 공부 중인 상태였다.

"아이, 나는 ○○이가 합격만 하면 인자 소원이 없것다."

욕심 많은 어른이 소원 하나를 그리 썼다. 어쩌면 마지막 소원을 그리 쓴 건지도 모른다. 별생각 없이 말을 했을지라도 경솔함은 어쩔 수 없다. 어른이 예순도 되기 전이었고, 자식은 다섯 명이다. 마지막 소원을 둘째 사위 합격에 쓸 일일까 싶나. 무심코 한 말일지라도 그만큼 둘째 딸과 둘째 사위에게는 마음이 넉넉했다는 반증일 테다.

마흔일곱 살 때 상간녀의 머리카락을 쥐어뜯으러 갔을 때 동행하여 같이 힘을 실어준 딸이 고등학생이던 기영이다. 누구보다 엄마 편에 섰던 딸이다. 둘째 딸한테는 큰딸과 다른 또 다른 깊이가 있던 것이다. 가장 좋아하는 쇠고기를 드시러 가끔 만날 정도로 사돈과도 가깝게 지냈다. 어른의 인간관계 패턴으로 보면 아주 드문 사례다.

좋아하던 딸도 좋아하던 사위도 돈 앞에서는 아무 쓸모가 없다. 돈과 큰딸이 결합하면 천하무적이다. 둘 중 하나만 있어도 어른을 상대할 수 없는데, 돈과 큰딸이 결합하면 감히 누군들 어림없다.

가게만 열면 돈을 맘껏 벌어서 쓸 수 있으리라는 계획은 첫 달부터 직원들 급여 챙기기도 벅찼으므로 실패를 예고했다. 도무지 열 명이 넘는 직원이 서빙 할 정도로 붐비는 식당이 아니다. 주방에 드는 인건비도 만만치 않다. 거래처에서 가져오는 재료비도 밀리지 않게 결재해야 한다. 은행 대출에 대한 이자를 내야 하고, 다달이 전기사용료를 내야 하고 가끔 세금도 납부해야 한다. 크고 작은 비용이 적지 않다. 손익분기점은 어림없고 적자는 지속되었다. 적자가 지속되자, 돈을 여기저기서 빌리는 모양이다. 많던 직원도 차츰 줄여나갔다. 주말에는 겨우 테이블이 차지만, 평일에는 점심시간도 저녁 시간도 한가했다. 게다가 골짜기에 있다 보니 이른 저녁에 손님이 끊겼다. 한두 테이블에 손님이 남아 있다 하더라도 추가로 들어오는 손님은 없다. 한적하고 한가한 레스토랑에 매출은 거기서 거기다.

귀숙은 자금조달을 동생에게 일임했다. 매번 빌려서 메꾸도록 하고 나중에 갚겠다고 했다.

남편도 언젠가 이천만 원이나 카드 대출을 받아주고 갚고 있었다. 한두 달 남았을 때, 알게 되었는데 황당했다. 집에 주는 생활비는 백이십만 원을 넘지 않았다. 막내가 감기 때문에 자주 병원에 다녀도 만 원 한 장 더 주지 않던 남편이다. 명절을 지내거나, 임자 없는 제사를 지내거나, 김장하는 중에도 아들들은 돈가스 하나조차 그냥 먹은 적 없다. 매번 계산했다. 돌려받지도 못할 이천만 원을 주고 비싼 카드론 이자와 원금을 갚았으면 아들들 돈가스 몇 접시는 그냥 주어도 되지 않았을까 싶다. 작은아들을 가졌을 때, 열 달 내내 돈가스가 먹고 싶다고 해도 끝끝내 사 주지 않던 남편이다. 아들들 돈가스도 엄마가 일하러 갔기 때문에 먹은 것 아닌가. 돈은 다 받으면서 수프도 없이 달랑 돈가스만 2층으로 가져다

준 서비스도 서운하기는 마찬가지다. 가족한테 조카한테 그러면서 무슨 장시기 얼마나 잘 되었으리.

기영은 시댁 쪽 어른들에게 여기저기서 수천만 원씩 빌려다가 가게 적자를 메꾸었다. 그때마다 귀숙은 걱정하지 말라며 갚아줄 테니 돈을 빌려서 처리하라고 매번 구두로 지시했다. 더 돈을 빌리기 어려운 지경에 이르자 사달이 났다.

난리가 난 상황을 알고 싶었다. 며칠 가게에서 최저시급도 아닌 돈을 받고 아르바이트한 적이 있다. 그때 알던 직원이 말하길,

"얼마나 무서웠는지 몰라요. 작은 사장님이 엄청 화가 났거든요. 큰 사장님하고 싸웠어요. 큰 사장님이 '나는 모른다, 알아서 해라'고 했나 봐요. 그러니까 작은 사장님이 '죽여 버린다!'라고 소리 지르고…. 그러다가 작은 사장님이 여기 홀 바닥에 쓰러졌거든요. 그런데 큰 사장님이 '119 불러라!' 하고는 2층으로 가버리는 거예요. 그렇게 차가울 수가 없었어요. 무섭고. 근데, 할머니가 쓰러진 작은 사장님한테 얼마나 소리 지르고, 악을 쓰고 난린지. 무서워 죽는 줄 알았어요. 쓰러져 누워 있는 작은 사장님한테 가만히 서서 내려다보면서 악을 쓰고…. 작은 사장님이 진짜 불쌍했거든요. 죽을 것 같고…."

알만했다. 어디든 누구든 우선 돈을 빌려 메꾸라고 지시한 것은 귀숙이다. 귀숙은 당연히 책임지고 갚겠다고 하고 계속

빌리도록 극한까지 밀어붙였다. 빌리기만 하고 갚지 못하는 시간이 길어지자, 기영은 시댁 친척들에게 면목이 안 서는 데다 상환독촉도 받은 모양이다. 계속 내몰리는 상황에 한계가 온 듯하다. 그래서 언제 갚을 수 있는지 물은 모양이다. 불편한 질문에 귀숙은 "모른다. 니가 알아서 해라"로 응수했고. 그런 바람에 기영은 분노와 배신감과 닥칠 현실을 감당할 엄두가 나지 않아 대들고 만 모양이다.

어른은 돈이 어디서 왔고 어떻게 쓰이는지는 관심 밖이다. 귀숙이 가장이나 진배없고 귀숙이 신앙과 다를 바 없기에 귀숙이 아니라고 하면 아니라고 철석같이 믿는다. 귀숙에게 대든 기영은 딸도 아니고 자식도 아니다. 보아하니 더는 기영에게 대접받을 일도 없을 성싶다. 어른은 기영을 포기하고 귀숙 옆에 바짝 붙어서 특유의 사나움과 오기와 독기로 바닥에 쓰러져 누워 있는 기영에게 한바탕 난리를 치고 만 것이다.

어른은 어쩌다 들른 작은사위가 카운터에서 만 원짜리 지폐를 가져간 적이 있다며 도둑 취급을 했다. 몇만 원을 몇 번 가져갔는지 모르나, 어른은 특유의 억지와 우기기와 의심과 넘겨짚음과 단정과 확신으로 거세게 몰아붙여 기영의 가슴에 비수를 깊고 강하게 수없이 꽂고 말았다.

기영은 공무원인 남편과 아들 한 명을 두고 있었고 스스로 부업을 했기에 세 식구가 단란하게 사는 데는 어려움이 없었다. 귀숙이 갑자기 동생을 끌어들여 사장 명함을 만들게 하고 카운터에 앉히더니 자금조달을 맡겼다. 오로지 적자뿐인 가게를 4년가량 끌고 가다가 일억 오천만 원 즈음의 빚만 떠안고 기영은 119를 타고 간 게 마지막이 되었다. 그 후로 기영과 작은사위는 발길을 뚝 끊었다.

기영과 작은사위가 가정을 지키고 살기 위해서는 어쩔 수 없는 선택이라는 데 동의한다. 그러나 부모가 딸과 인연을 끊는다는 것이 흔한 일은 아니다.

딸과 모질게 인연을 끊었을 때도 기막혔지만, 그걸 이십 년이 지난 시점에 어른에게 관련된 이야기를 듣게 되었다. 느닷없이 점쟁이를 등장시키는 것부터 어이 상실이다. 점쟁이를 등장시켜 말도 안 되게 왜곡 각색하는 것을 들으니 입이 다물어지지 않는다. 기함한다는 말이 괜히 생긴 게 아니다. 둔갑에도 정도가 있는 법이련만, 이 둔갑은 그 정도를 훌쩍 넘는다.

"점쟁이가 친정 돈을 훔쳐 가야 잘 산다고 해서 돈을 훔쳤단다. 그래 갖고 지들은 잘살라고 인연을 끊어 뿌릿단다."

그 점쟁이는 어디서 등장한 점쟁이며, 점쟁이가 했다는 말은 또 어디서 나온 말일까? 말이 말 같지도 않거니와 내막을 모르는 이가 들으면 얼마나 정신 사나울까 싶다.

어른이 버젓이 모함과 억지를 부린다. 당시에 기영이가 한 말을 듣긴 했을까? 그러고도 말도 안 되는 억지를 부릴 수 있을까? 친정 돈을 훔쳐 갔다고 모함할 수 있을까? 늘 적자에 허덕인 가게에서 무슨 돈을 훔쳐 갈 수 있었다고 그러는 걸까? 그럴 돈이 있었으면 시댁 일가친척들에게 수없이 4년간 돈을 빌릴 까닭이 없지 않은가? 돈을 빌릴 때마다, 돈을 갚지 못하고 미룰 때마다, 또다시 돈을 빌려야 할 때마다 얼마나 난처했을지 상상이나 하는가? 귀숙으로 인해 진 빚을 감당하며 산 딸과 사위에게 미안해야 하지 않을까? 남편과 자식과 헤어지지 않고 살려고 친정과 끊었다는 것을 진정 모르는 걸까? 그런 친정엄마와 친정 언니와 끊지 않으면 또 얼마나 고통을 당해야 했을지 모른다.

가진 것이 있고 나올 것이 있으면 절대 놔주지 않는 그들이니 기영이가 선택한 단절은 살기 위한 결단이지 않고 무엇이랴. 그때라도 단절했으니 그 가정은 깨지지 않고 보존할 수 있었을 테다. 단절하지 못한 자식들은 모두 온전히 살지 못했다는 결과가 말해주지 않는가. 더 많은 증명이 필요할까?

병원 놀이할까?

어른의 자녀들은 공부에 재능이 없다. 그중 막내딸은 특히 더 그랬다. 학업도 일찌감치 그만두고 말았다. 십 대 후반에 귀숙에게 가 있다가 귀숙의 잠적과 함께 열아홉 살에 집으로 돌아왔다. 집에서 2년 남짓 지냈을까? 서울로 올라가더니 곧 남자친구와 동거를 시작했다. 남자가 군대에 간 동안에는 다시 집으로 돌아와 어른의 심부름을 하거나 자잘한 아르바이트를 하며 지냈다. 예빈은 남자가 제대하자마자 상경했다. 남자는 안정적인 직장에 취직했고, 남자 집에서는 하나뿐인 아들을 위해 아파트를 마련해주었다. 예빈은 딸 하나 낳고 살다가 스물여섯 살에 결혼식을 올렸다. 예빈의 결혼식을 며칠 앞두고 어른이 안사돈과 이불 문제로 오만 욕을 하며 싸운 것이다.

예빈은 건물을 짓기 전부터 부산에 여러 차례 다녀갔다. 순진하고 야물지 않으니 염려스러웠다.

기영이 가게를 떠나자, 머잖아 예빈이 왔다. 예빈마저 부산에 오가더니 시댁에서 마련해준 아파트를 귀숙에게 담보로 잡혀준 모양이다. 머잖아 집은 사라지고, 은행에 다니던 시매부까지 신용불량자가 되었다가 결국 이혼하고 말았다. 스무 살 끝 무렵에 만나 살다가 군 복무 기간에만 떨어져 지냈던 그녀는 스물아홉 살에 이혼녀가 되었다. 원래 마른 체형이지만 더 비쩍 마른 채 여섯 살 딸을 데리고 친정에 와서 허드렛일과 심부름을 하며 조카 수발을 들었다.

막내 아가씨가 가게로 와서 식당 허드렛일과 어른 수발과 조카 뒷바라지를 하는 대가로 귀숙에게 매달 백만 원을 받기로 했다고 했다.

"그럼 1년 동안 월급은 제대로 받은 거예요?"

"삼사십만 원씩 나누어 줄 때도 있고, 오십만 원 줄 때도 있고…."

"혜민이 어린이집도 보내야 하고, 아가씨도 돈이 필요하잖아요?"

"글죠. 그런데, 월급 백만 원 준다고 해놓고, 한 번에 준 적이 없어요. 진짜 속상한 것은 제 월급이 제일 아깝대요. 언니가 제 월급 줄 때가 돈이 제일 아깝다고…."

"하…. 이렇게 그런 말을…."

막내 시누이가 남편 가게에서 아르바이트한다고 했다. 그 즈음 남편은 PC방을 하고 있었다. 어렵사리 중고 컴퓨터를 외상으로 가져와서 가게를 열었다. 처음에는 곧장 되어 외상으로 진 빚도 갚고 차차 돈도 버는가 싶었다. 남편은 누구 못지않게 게임을 하고 '세이클럽'이라는 사이트에 단골로 드나들었다. 초창기 활동가인 셈이다. 무시로 글과 음악을 올리며 낭만인 양 채팅을 즐겼다. 매주 가게 화장실 청소를 하러 다녔기에 어느 정도 상황을 안다. 가게를 살려보려고 컴퓨터 절반을 새로 장만하느라 추가로 빚이 생겼다. 그 정도 투자로는 도무지 가게를 살릴 수 없었으므로 가게를 정리하려고 시기를 보는 중이다. 가게를 넘겨야 손해를 줄일 수 있으나 이미 경쟁력을 잃은 가게를 인수할 사람이 나타나지 않는다.

손해를 최소화할 방법이 마땅히 없던 차에 동생이 야간에 아르바이트한다니, 차일피일 가게 정리도 하지 못하고 엉거주춤한 모양이다. 적자가 지속되는 데다 다른 회생 방안도 없으므로 가게를 정리한다고 한 모양인데, 이것이 그녀에게는 하나의 돈줄이 막히는 일이 되었던가 보다. 그렇다고 아르바이트를 위해 더 가게를 끌고 갈 수도 없는 상황이다. 컴퓨터가 50대이기에 전기사용료와 임대료가 만만치 않다. 매달 엄청난 적자를 감당하며 동생의 아르바이트를 유지할 수는 없다. 한계에 다다른 채 서너 달 이상을 끌고 왔기에 막바지까지 온 상황이다. 파산이라고밖에 할 수 없다. 오래된 컴퓨터를 가져갈 사람이 없기에 가게는 공중분해와 다름없고 남는 건 빚뿐이다.

"아이, 큰일 났다! 막내가 사고가 났다는데, 지금 중앙병원 응급실에 좀 가봐라. 나는 바로 못 가니까, 니가 얼른 가봐!"

"막내? 막내가 무슨 사고가 나?"

막내라는 말에 심장이 덜컥한다. 막내는 어린이집에 가 있는데, 전화해서 갑자기 막내가 사고 났다니 우리 막내를 떠올릴밖에.

"예빈이가 교통사고가 났단다. 핸드폰을 충전하느라 놔뒀는데, 꺼져 있었나 봐. 핸드폰을 켜보니 아부지 전화가 여러 차례 와 있어서 전화해봤더니, 아까 낮에 사고가 났단다. 얼른 가봐라!"

"알았네. 지금 바로 갈게."

남편은 원가족과 우리 가족을 분리하지 못한다. 그전에도 본가 고민으로 일주일을 잠적한 적이 있다. 도통 연락이 닿지 않은 채 사라진 남편을 기다리다가 백일 갓 지난 막내를 업고 집히는 가게로 찾아갔다. 안 지 몇 달 되지 않은 사장님 숙소에 머문다고 했다. 그분이 말하길, 본가 문제로 고민이 많다고 하며 자신의 거처에 머물고 있으나 곧 타일러 보내겠 디고 했디. 초등학생 둘에 막내까지 아들 셋을 둔 가장이 우리 가정 내의 갈등이나 어려움이 아니라 본가 고민으로 일언반구 없이 잠적하고 만다. 무슨 말을 할 수 있었겠는가.

부리나케 택시를 타고 중앙병원으로 갔다. 병원 응급실 문 앞에 아버님과 조카가 있다. 아버님은 손녀를 데리고 안절부절못하고 서성인다.

"아이, 왔냐? 진식이가 전화가 안 돼서 인자 연락이 됐다. 막내가 시방 저기 있는디, 느그 어매가 아무도 손도 못 대게 하고 살린다고 난리다. 시방. 어쩐다냐. 간호사들이랑 난린디, 암도 손도 못 대게하고 살린다고 근다. 시방. 언능 가 봐라. 니가 어찌 좀 말래바라."

"뭔 일이래요? 혜민아, 어떡해. 아버님 얼른 가볼게요."

조카를 안고 인사를 하는 둥 마는 둥 응급실로 들어섰다.

"어머님, 이게 무슨 일이래요?"

"왔냐. 언능 이리 와서 발 좀 주물러라. 우리 예빈이 안 죽었다. 안 죽는다. 내가 살릴랑께. 언능 니도 와서 발 좀 주물러라."

어른이 시키니 하얀 시트 안에 손을 넣어 발을 만진다. 차갑다. 흠칫 놀란다. 이미 상당한 시간이 경과한 후다. 상당히 차갑다. 할머님께서 돌아가실 때 일주일을 함께 했기에 촉감을 안다. 따뜻한 온기를 안다. 예빈이 얼굴은 깔끔하고 단정한데 발이 매우 차갑다. 고개를 돌려보니 저쪽 한 곳에 간호사들을 비롯하여 병원 관계자 대여섯 명이 모여 웅성거린다. 안 봐도 빤하다. 어른의 억지에 학을 뗀 게 분명하다. 아버님 말씀이 아니더라도 그들이 서서 바라보는 모습이 많은 이야기를 하는 것 같다. 근처에 오지도 못한 채 황당한 일을 구경하듯 혹은 지친 듯 수군거린다.

"어머니, 발이 차가운데요."

"아니여. 안 죽어. 나가 우리 예빈이 살린단께. 안 죽는당께. 나가 살려. 살릴 거여. 긍께 얼른 주물러. 발을 주물러라고."

어른은 연신 팔과 상체를 만지며 약도사 능력으로 살릴 수 있다는 확신에 가득 차 있다. 대화 불능이다. 이미 차가워진 발을 계속 주무르고 있을 수 없어서 병원 응급실 밖의 조카에게 갔다. 조카를 안으니 슬픔이 한가득 밀려온다. 결국, 남편이 오고 나서야 응급실에서의 두세 시간 소동이 끝났다. 시신은 인근 장례식장 영안실로 옮겨졌다. 그리고 그만이다. 빈소는 차리지 않는다. 장례식 자체가 없다. 사잣밥은 물론 추모하는 꽃 한 송이 없다. 촛불 하나 밝히지 않는다. 무연고자와 다를 바 없다. 집에서 키우던 강아지가 그리되었어도 그리 안 할 성싶다. 어린 딸 하나를 두고 이혼한 젊은 여성의 가는 길이 초라하다 못해 비참하다. 차디찬 이별을 본다. 가숨에 찬바람이 휑하니 불고 무거운 돌덩이가 내려앉는다.

진호는 이끼 그 병원에 입원해 있다. 이제 어른은 진호 앞에서 한 치도 움직이지 않는다. 이제는 큰아들을 지키는 파수꾼이 되었다. 어른도 아버님도 조카에게는 엄마의 죽음을 비밀로 하라고 당부한다.

조카를 데리고 집으로 돌아왔다. 조카를 씻기고 밥을 먹이고 재워야 했다. 재우려는데, 조카가 걱정이 가득한 채 잠들지 못한다.

"숙모, 우리 엄마, 어떡해요? 우리 엄마 너무 걱정돼요."

"그래, 엄마가 많이 다쳤지. 병원에 있으니 의사 선생님께서 봐주실 거야."

"엄마가 돌아가시면 어떡해요? 엄마가 피가 엄청 많이 났어요."

"아까 사고 날 때, 같이 있었니?"

"예, 할머니랑 나랑 외삼촌 친구 차 타고 같이 갔어요. 외삼촌이 엄마 오토바이 가르쳐주니까."

"그럼 오토바이 넘어진 것도 봤어?"

"다 봤어요. 오토바이 넘어진 것도. 엄마 이빨이 세 개나 빠지고. 엄마 입에서 피가 엄청 많이 났어요. 할머니가 외삼촌한테 밉다고 했어요. 119가 왔는데, 엄마가 말도 안 하고. 피가 엄청 많이 났어요."

"아이고, 그랬구나…. 엄마가 많이 다쳤지…."

"엄마가 무섭다고 그랬단 말에요. 무섭다고 운동장에서 세 번이나 내렸단 말에요. 근데 큰길로 가니까 할머니랑 나랑 외삼촌 친구 차 타고 따라갔어요. 엄마가 무섭다고, 무섭다고 그랬는데…."

"엄마가 무섭다고 했어? 세 번이나 운동장에서 내리고? 엄마 혹시 자전거 못 타니?"

"우리 엄마, 자전거 탈 줄 몰라요."

'아! 자전거를 탈 줄 모르는 아가씨한테 오토바이 타는 법을 가르쳐준다며 태웠구나. 헬멧도 안 쓰고, 속도도 조절하지 못하고, 방향도 제어하지 못한 채 사고가 났구나. 이런 비참한 일을 어쩌나.'

예빈은 이제 서른 살이고, 조카는 일곱 살이다. 몇 달이 지나면 학교에 들어갈 나이다. 그러니 조카는 낮에 본 충격적인 장면들과 대화 내용을 비교적 상세히 알려준다. 슬픔이 한 덩어리 내려왔다. 이런 비극이 있는가.

'기영은 어떻게든 살기 위해 분리를 택한 것이고, 남편과 자식이 있으니 걱정이 덜하다. 예빈은 바보같이 언니한테 집도 담보 잡혀 털리고, 멀쩡한 직장 다니는 남편을 신용불량자로 만들고, 자신도 신용불량자가 되어 돌아와서 짠하더니, 슬픈 서른 살로 이리 가고 말다니. 애석해서 어쩌나. 딱해서 어쩌나. 야물지는 않아도 순진하고 착한 사람이었는데…. 조카는 또 어쩌나. 평생 트라우마로 남을 수 있을 텐데. 조카는 본가로 돌아가게 될까?'

마음이 천근만근 무거운 밤이 지났다. 자식들을 학교에 보내고 막내를 어린이집에 보낸 다음, 조카와 병원으로 향한다. 큰집 형님들과 아주버님들이 왔다. 병실에는 갈비뼈에 금이 조금 간 진호가 누워있다. 조카와 같이 병실에 들어섰다.

"혜민아, 병원 놀이하자. 이리 와."

순간 입이 다물어지지 않는다. 엄마를 잃은 아이에게 할 말인가? 아이가 놀라지 않게 배려한다고 하더라도 '병원 놀이'라니. 나는 아무렇지 않은 척 그 자리에 머물 엄두가 나지 않는다. 병원 복도 의자에 형님들과 앉아 있는데, 아주버님이 조카 손을 잡고 나온다. 걷는 데는 아무 지장이 없다.

"어디 가시게요?"

"예, 혜민이 데리고 매점에 갔다 올려구요."

"아, 네…."

"왜 저러고 다닌대. 제발 가만히 침대에 누워있으면 낫겠 끄마. 왜 저러고 돌아다녀?"

"그러게요. 그냥 침대에 가만히 계시면 좋겠어요."

"글고 제발 작은어머니는 그 가방 좀 떼어놨음 좋겠든만. 무슨 금덩어리같이 가방을 그리 끌어안고 있대? 진짜 보기 싫어 죽었대."

"아가씨 가방이거든요."

"그렇더라도 무슨 금덩어리같이 그리 끌어안고 있어? 돈이라도 들었대?"

어른의 이미지가 또렷하다. 겪은 세월이 성품을 대변한다. 나중에 들으니 가방에 아가씨의 전 재산이나 다를 바 없는 몇십만 원이 들어있었다 한다. 서른 살 유산이 딸 하나와 돈 몇십만 원이 전부다. 슬픈 인생이 아니고 무엇이랴.

곧 천 원도 하지 않을 과자 하나를 사서 온다. 네모난 통에는 작은 사탕 알갱이들이 오래되어 굳어 있다. 아버님은 당장이라도 화장할 수 있는지 알아보는 모양이다. 어이없는 젊은 죽음에 다들 마음이 어수선하고 무겁다. 곧 조카 아빠가 왔다. 전날 연락을 받고 새벽에 나선 모양이다. 머잖아 귀숙도 왔다. 울고 있는 아이 아빠에게 귀숙이 한마디 한다.

"그러게, 잘살지 그랬어!"

귀가 의심스러울 지경이다. 그들끼리 분란이 나서 못 살았다는 걸까? 괜히 집을 담보 잡히고 괜히 신용불량자가 되고 괜히 이혼했다는 건가? 정말 그리 생각하는 걸까? 놀라운 인식이다. 자신의 영향은 한 치도 없다. 오로지 그들 잘못이라고 하는 것이다.

교통사고니 간단하나마 조사과정이 필요하여 화장승인이

바로 안 날 수 있다더니, 어찌 승인을 받은 모양이다. 승인이 나자마자 곧장 회장장으로 출발했다는 전갈이다. 슬픔보다 애도보다 미필적 고의가 아닌 운전미숙에 의한 사고사로 서둘러 감쪽같이 마무리하는 수습이 먼저다. 서둘러 화장장으로 갔다. 연락을 받고 병원에는 오지 않던 기영이가 장례식장 쪽에는 가 있었는지 곧장 따라와서 조금 떨어진 채 보고 갔단다. 느닷없는 동생의 황당한 부음에 달려와 맘껏 울지도 못하고 돌아갔나 보다. 슬픔보다 애도보다 더 절실했던 것은 기영이의 삶이지 않았을까? 아들과 남편과 셋이 독립적으로 살기 위해서는 예전처럼 친정과 엮이는 것만은 피해야 할 일이었을 테니.

스무 살에 만나 십 년을 살다 헤어진 혜민 아빠는 서글프게 울었다. 가장 슬프게 가장 서럽게 운 사람은 그였다. 그는 바닷가에 뿌리겠다는 유골을 달라고 했다. 유골함을 가지고 조카와 함께 부천으로 돌아갔다.

세 사람이 살던 가정을 방해하지 말았어야 했다. 애초에 친정에서 방해하지 않았어야 했다. 그냥 살게 두었어야 한다. 도울 수 있으면 돕고, 도울 수 없으면 최소한 방해는 하지 않는 것이 사람다운 행실이다. 선함과 착함이 대단한 게 아니다. 대단한 성취와 대단한 행실에 있지 않다. 나를 대하듯 너를 생각하고 대하는 것이다. 나만 알고 너를 모르는 사람은 결코 좋은 사람일 수 없다.

한 삶의 마침표는 그렇게 서둘러 초라하게 찍혔다. 다른 누구도 아닌 부모형제의 손에 의해서 마감된 생이다. 어른들은 서른 살 막내딸의 영혼을 어떻게 위로했을까? 기막힌 상실을 어떻게 애도했을까? 만 하루도 지나지 않아 화장하여 수습하는 것이 지상과제인 양 서두른 장례식은 인간성 상실을 여실히 보여주었다. 그렇게 차가울 수가 없고, 그렇게 냉정할 수가 없었다. 식구들의 성격적 결함이 가장 적나라하게 드러난 이틀이었다.

진호는 그로부터 보름 정도 더 입원했으나 병원비가 없어서 퇴원을 못 하고 있다고 했다. 늘 그렇듯 당연히 병원비는 우리가 낸다. 예빈 아가씨 응급실 비용과 장례식장 비용, 화장장 비용도 모두 우리가 감당한다. 누구 하나 한 푼도 낼 의사가 없다.

그러나 남편은 막냇동생을 떠나보낸 것이 마치 자신 탓인 양 괴로워했다. 다른 식구들이 느끼지 않는 죄책감을 혼자 몽땅 뒤집어쓰는 것 같다. 가게를 접으려 하지 않았다면 동생이 오토바이를 배우려고 하지 않았을 거라고 했다. 동생이 오토바이를 배우려고 한 까닭이 우유 배달이라도 하겠다는 의지라는 것을 알기 때문이다. 가게 상황이 파산 지경에 이르렀건만 죄책감으로 그는 우울했다. 막냇동생을 떠나보내지 못하는 마음을 알기에 당분간 그를 놔두었다. 시간이 지나며 상황을 받아들이기를 기대했다. 그러니 그는 마음 깊이 우울감과 허무감과 죄책감을 쌓고 말았다. 우울한 만큼 그는 밖으로 돌며 유쾌하게 어울렸다. 마음을 들여다보기가 원가족을 들여다보기가 누나와 형과 엄마와 아버지까지 있는 그대로 보기 무서웠을까? 너무 외로워질까 봐 겁났을까? 그렇게라도 표면적으로 우애 있고 효도하는 사람으로 남고 싶었을까. 안타까운 방황이다. 멈추지 않는 방황의 뿌리다.

서른다섯 살 이후로 그는 마음이 건강하지 않은 상태로 살아가고 있는지도 모른다. 상실을 애도하지 못하고 회피한 바람에. 있는 그대로의 현실과 결핍과 한계를 보려고 하지 않았기 때문에. 뒤죽박죽인 현실과 끝을 알 수 없는 결핍에서 헤매고 말 인생이 되리라는 건 알지 못한 채.

그가 원가족과 경계와 한계를 설정하고 정서적 정신적 경제적 분리가 이루어졌더라면, 본인의 가정을 우선시했더라면 충분히 더 좋은 삶을 살지 않았을까? 극단적인 양가감정에 휩쓸리며 형성되지 못한 애착 상태로 방황하며 밖으로 돈 이십 년을 좀 더 가정적이며 좀 더 사회 친화적으로 좀 더 성숙한 사람으로 살 수 있는 시간이 되지 않았을까. 결핍과 한계와 단점을 아는 것은 고통을 수반하지만, 그 고통을 돌파하지 않고 성숙해지는 법이 어디 있는가? 자존심은 스스로 고개를 빳빳이 들려고 하지만, 자존감은 자신의 약점과 한계와 결핍을 인식하는 데서부터 가질 수 있는 감정이다. 시작점이 다르고 뿌리가 다르다. 할 수 있는 것과 할 수 없는 것을 구별하고 인정하는 데서부터 성숙이 이루어진다.

언젠가 그는 40kg 쌀가마를 들려 했다. 나랑 같이 둘이 들자고 했지만, 굳이 혼자 들겠다고 하다가 엘리베이터 앞에 포대를 툭 놓고 만다. 포대를 내려놓을 때 살포시 내려놓아야 하는데, 제어할 힘이 부족하다. 쌀 포대가 터지며 쌀이 쏟아졌다. 할 수 있는 것과 할 수 없는 것을 구별하지 않고, 일을 그르치는 모습에 안타까웠는데, 그는 쌀 포대를 터트린 것만 난감해했다. 자존심 때문에 쌀 포대를 혼자 들려 했겠지만, 쌀 포대를 들지 않더라도 자존감을 충분히 지킬 수 있다는 것을 그는 알지 못한다.

골프

 레스토랑을 시작하고 이 년이 채 지나지 않아 조카가 돌아왔다. 큰아들이 5학년이었고 조카는 6학년이었다.
 학예회가 있던 늦가을 어느 날, 조카가 온다고 했다. 조카가 네 살에 본가로 갔으니 9년 만의 귀환이다. 통통한 얼굴로 떠난 조카는 열세 살 덩치 큰 청소년 느낌의 밝은 얼굴로 왔다.
 학예회에 어른들이 조카를 데리고 왔다. 오랜만에 본 조카가 여러모로 안쓰러웠다. 반갑기도 하지만 안쓰럽기도 했다. 부모는 서류상으로 이혼이 되지 않았지만, 생후 열 달이 되기 전부터 따로 살았다. 엄마가 경제적 물의와 사고를 일으키고 잠적한 후에 사기죄로 기소가 되고, 지명수배되고, 공소시효 만료로 사건이 종료되는 과정을 겪었다. 그러는 동안 엄마가 다른 남자를 만나 남자아이를 낳았으나 그도 몇 년 키우지 않고 그만두었다. 다른 남자를 만나기 전이나 헤어진 후에도 다방을 전전하는 등 삶의 여정이 만만치 않게 역동적이었다. 일본 남자들도 여럿 있었고, 나이 든 신사와 살림을 차렸다가 쫓겨나는 수난도 겪었다. 아들이 알아서는 안 되는 일들이 어디 한둘이랴.

부산에서 낳은 아들에 대한 애정은 많이 보여주지 않았으나 첫아들인 조카에 대한 애정은 간간이 보이던 귀숙이다. 조카가 유도 국가대표 출신이었던 아빠를 따라 유도를 한다는 말을 듣고 몹시 흥분한 모양이다. 마침 유도가 힘들다는 아들에게 골프로 전향하자는 제안을 했단다. 생부도 생모가 아들에게 골프를 지원하겠다는 조건을 수락하여 조카가 내려오게 되었다.

조카 방은 레스토랑 2층에 마련했다. 조카 방에는 맞춤 가구들이 채워졌고 골프채는 명품으로 세트가 갖춰졌다. 조카는 택시를 타고 학교에 가고, 택시를 타고 골프장에 가고, 택시를 타고 레스토랑으로 돌아오는 생활을 시작했다. 모든 음식은 레스토랑에서 제공했다. 조카가 말해서 안 되는 것은 없다. 귀숙은 부산이 주 거주지이므로 거의 부산에서 지냈지만, 조카는 소황제 같은 위치를 단박에 회복했다.

어른들 주거지가 레스토랑에 딸려 있으므로 모든 대소사는 레스토랑 2층에서 이루어졌다. 주인 없는 제사와 명절, 김장과 생신 등 여러 가지 다양한 일에 아들들을 데리고 일하리 기면 이들들은 돈가스 한 개도 그냥 먹을 수 없다. 수프도 없이 돈가스 한 접시뿐이건만 반드시 돈을 받는다. 놀러 온 것이 아니고, 일하러 온 것이니 한 번쯤 그냥 줘도 좋지 않을까 싶은 마음이 들 때도 있다. 조카는 주인처럼 모든 음식을 말 한마디로 다 대령해서 먹을 뿐만 아니라, 친구들까지 불러서 파티처럼 즐기는 데 비해 우리 아들들한테는 어림없이 박한 대접이 섭섭할 때가 적잖다.

조카는 몇백만 원씩 하는 골프채를 이 년이 가기 전에 새로 바꾼다. 보아하니 1년에 수천만 원이 드는 운동이다. 강습 비용과 골프장 사용료 외에도 교통비가 꽤 들고, 부대비용도 만만찮다.

조카가 골프를 한 지 3년 동안 레스토랑은 한 번도 흑자를 낸 적이 없다. 매달 적자를 면하지 못하여서 수없이 차입금이 들어왔다. 기영은 시댁을 비롯하여 시댁 주변 친척들에게 1억 5천만 원 이상 빚을 졌다. 남편도 몰래 이천만 원을 빌려주고 갚고 있었다. 딸 한 명과 안정적인 멀쩡한 직장에 다니던 남편과 살던 예빈은 시댁에서 마련해준 아파트를 담보로 잡혀 귀숙에게 빌려줬다가 집은 사라지고, 둘 다 신용불량자가 되었으며 결국 이혼하고 말았다. 예빈은 딸을 데리고 친정에 와서 허드렛일과 여러 심부름과 조카 수발을 들었다.

조카가 내려와 골프를 한 지 3년, 아버님은 결국 마지막 남은 논마저 팔았다.

"아버님, 이번에 논을 팔아서 아파트 하나 장만 안 하시고, 돈을 다 고모님 줘버리면 저, 집에 안 오려구요. 저 밑에 현대아파트 사천오백만 원이면 삼십 평대 살 수 있던데요. 이번에는 집 하나 사 놓으세요. 그랬으면 좋겠어요."

십오 년이 넘도록 그토록 강한 말을 한 적은 없다. 시집살이 삼 년과 따로 살아도 매주 시댁에 와서 청소와 밥을 하며 지냈다. 작은며느리이지만 유일한 며느리이다. 그동안 겪은 일과 한 일이 있으니 강하게 의사를 전한다.

한 달이 지나지 않았는데 이미 논은 팔렸고, 돈은 귀숙에게 몽땅 넘어간 뒤다.

"아이, 나 목욕탕 갈란다. 돈 만 원만 주니라."

시댁에서 내 말이 어떤 값어치도 없고 어떤 효력도 없다는 것을 알지만 허망하고 허탈하다. 결국, 마지막 남은 자산을 팔아 한 푼 남기지 않고 몽땅 털어버리는 용기라니. 큰딸의 무모함과 무책임을 겪고도 또다시 모두 쏟아붓다니. 나는 시댁의 일에 책임이 없다. 이만하면 할 일은 했다 싶은 것이다.

머잖아 기영이 연을 끊고 떠났고 연이어 예빈이 사고로 떠났다.

조카는 중학교 3학년 겨울방학을 앞두고 필리핀으로 한 달

보름간 현지 훈련을 하러 갔다. 조카가 고등학교 진학을 고민하고 있을 무렵이다. 운동을 일찌감치 했을 뿐 아니라 게임을 너무 좋아했기 때문에 학습으로는 고등학교 선택이 난감한 상황이다. 그렇다고 골프 유망주로 인정받아 진학할 학교가 딱히 있는 상황도 아니다. 그런들 조카가 필리핀에서 돌아오기 직전 귀숙은 또 어디론가 흔적도 없이 사라졌다. 두 번째 잠적이다. 난감하기는 조카도 조카 생부도 레스토랑도 어른들도 남편도 나도 다를 바 없다. 물론 개개인이 느끼는 정도의 차이는 있을 수밖에 없다. 주고받음이 다르고, 혜택과 누림의 정도가 다르니 귀숙의 잠적을 대하는 기분은 다를 수밖에 없다.

조카는 엄마를 기다리다가 생부에게로 돌아갔다. 이후 골프를 지속하기에는 한계가 있었던 것 같다. 3년 조금 넘는 시간 동안 조카는 소황제처럼 레스토랑의 주인처럼 만인 위에서 최상의 서비스를 누리다가 돌아갔다. 아쉬움으로 남았을까? 그리움으로 남았을까? 조카가 골프를 하는 동안 직간접적으로 들어간 돈은 1억 5천만 원 정도다.

조카의 위치는 귀숙의 위치다. 조카가 영유아기에 누렸던 지위와 6학년 늦가을쯤 와서 중학교 3학년 끝 무렵까지 지낸 지위가 귀숙과 같다. 조카는 외가에서 누렸던 영광을 결코 잊을 수 없다. 소황제처럼 누리는 세상이 어디에도 없기 때문이다. 물론 부모와 형제자매들이 무슨 곤란을 겪었는지는 알지 못한다. 단지 자신이 골프를 계속하지 못한 것과 엄마를 두 번 다시 보지 못한 것은 한으로 남았던가 보다.

사라진 사람

 귀숙은 항상 자신이 먼저다. 부모도 형제자매도 필요하면 이용했다. 90년에 친정에서 전 재산인 집과 논을 담보 잡혀 돈을 가져갔다가 도무지 손을 쓰지 못할 지경인 92년 시월 어느 날, 한순간에 사라져 버렸다. 친정 식구 누구에게도 귀띔조차 없이 사라졌다. 자신은 책임에서 벗어나 안전지대로 피했으나 식구들은 채권자들에게 시달려야 했고, 담보 잡힌 집과 논을 경매로 넘기지 않기 위해 7년에 걸쳐 4억 정도를 갚아야 했다.
 집을 팔아서 큰돈부터 정리하는 것 외에 해결책이 달리 없었으나 7년씩이나 걸린 것은 어른의 고집 때문이다. 빚을 다 갚도록 어른은 생활비를 한 푼도 주지 않았다. 아버님은 바깥 활동을 제지당한 데다 스스로 경제활동을 포기했으므로 살림은 고스란히 남편 몫이다. 최저생계비는커녕 '생존 가능 비용'이라고 하는 것이 적절한 생활이다.

귀숙은 성공한 연예인처럼 혹은 흡사 재벌처럼 살았지만, 식구들은 거지꼴을 면하기 어려웠다. 귀족과 시녀의 구조, 여왕벌과 일벌의 구조, 여왕과 무수리의 구조랄까. 귀숙은 자신이 군림해야 했고, 자신이 지배해야 했고, 자신이 조종해야 했다. 돈은 자신이 쥐고 있어야 하고, 계획도 결정도 자신이 해야 했다.

그녀는 돈을 움켜쥐었다. 친정 재산을 모조리 담보 잡혀서라도 돈을 쥔다. 돈이 힘이고 돈이 권력이다. 귀숙은 다른 사람이 돈을 쥐는 것은 허락하지 않는다. 오로지 자신만이 돈에 권리가 있는 양 돈을 독점한다. 다른 가족들은 돈이 필요할 때마다 매번 자신의 위치를 절감해야 한다. 돈이 없는 사람은 돈을 가진 사람에게 복종해야 한다는 계산이다. 한시라도 자유를 누리거나 자신의 신분을 망각하는 것은 허락하지 않는다. 용서치 않음은 물론 앞으로 받을 하해와 같은 은덕에서 내쳐진다. 어리석고 혹은 모자라고 때로는 바보 같고, 결코 피지배자의 위치에서 벗어날 수 없는 족속들은 지배하는 게 순리다. 감히 고개를 들거나 감히 이의를 제기하거나 감히 불만을 품는 것은 반역으로 간주한다. 도전 정도가 아니다. 반역이다. 엄한 처벌만이 답이다. 하늘에 태양이 하나

이듯 자신의 세계에서 여왕벌도 하나다. 부모라도 형제라도 허용할 수 없다. 여왕벌이 허니라는 데 동의해야만 이 집단에서 이 집안에서 이 구역에서 머물 수 있다.

귀숙이 돌아오고 남은 논까지 모두 팔아 손에 쥔 후다. 뺑뺑 터지는 예상치 못한 지출 때문에 귀숙에게 수백만 원을 부탁하려 했다. 남편은 불가능이라 믿었다. 그러나 혹시나 하는 기대로 레스토랑으로 가는 걸 말리지 않는다. 일부러 평일 오후에 찾아갔건만 이래저래 피하고 만다. 두세 시간을 기다리고 있는 줄 뻔히 알지만, 오 분도 짬을 내주지 않음으로 메모를 남기고 돌아올 수밖에 없었다. 이러저러하니 요만한 도움을 주실 수 있냐고. 곧 전화가 왔다.

"너, 지금 나한테 돈을 달라고 한 거니?"

"네, 저희가 지금 많이 힘들어서 말씀드릴 데가 달리 없어서요."

"니가 지금 나한테 돈을 달라고?"

"저희도 가게에 이천만 원이 들어갔고, 지금 당장 오백만 원을 구할 데도 없어서요. 혹시 안 될까요?"

"니가 지금 나한테 돈을 달라고 한 거니?"

전화는 차갑게 끊겼다. 십오 년 만에 처음으로 도움을 요청했다. 십오 년 동안 처음으로 의사를 표명했다. 감히 한마디라도 이의를 제기하거나, 감히 말대꾸하거나, 감히 먼저 말을 붙인 행위는 용납할 수 없는 도발이다. 도발이라고 여긴 귀숙은 불같이 분노하였고, 분노는 파장을 일으켰다. 전화가 끊기자마자 아버님이 바로 전화를 걸어와서 귀숙에게 돈 얘기를 했는지 물었다. 바늘조차 들어갈 틈이 없는 사람이니 꿈도 꾸지 말라는 얘기로 알아들었다. 그렇게 귀숙은 네 살 터울 동생 집에는 한 닢 쓰지 않고 말았다. 조카를 네 살까지 키웠어도, 부모님을 이십 년 가까이 봉양해도 무용하다. 자신이 흩뜨려 놓은 집을 다독다독 챙기며 살아온 올케와 동생이건만 한 푼어치 배려조차 없다. 귀숙은 조카들에게도 용돈 한 번 준 적 없다. 본인은 재벌처럼 드라이하는 옷을 하루에 서너 번 갈아입고, 명품 가방을 들고, 명품 구두를 신고, 여행을 다니며 호텔에 드나들고, 산해진미를 즐겼을 뿐 가족들에게는 아무것도 없다.

그나마 우리는 가진 것이 적어서 뺏긴 것이 적은 축에 든다. 물론 각종 대소사와 부모님 봉양과 자잘한 비용이 결코 적잖고, 준다던 집과 논은커녕 단칸방 하나도 얻어 주지 않았으니 받을 것을 못 받은 건 꽤 된다. 귀숙이 아니었다면 그리 힘하게 그리 오래 살았을 것 같지는 않다. 노동은 덤이라 칠지라도.

귀숙이 아니었다면 멀쩡하게 살 동생들이었다. 기영이도 예빈이도 직장이 탄탄한 남편과 자식 한 명씩 키우며 거뜬히 살고 있었다. 귀숙이 부산 해운대에 불러 고급 요리와 부담이 될 선물을 안기고 집을 담보 잡히거나 삶 자체를 담보 잡기 전까지 두 가정은 그리 살았다. 귀숙한테는 동생들 또한 착취의 대상이지 상호존중의 대상은 되지 못한다. 동생들은 감히 언니 발끝에도 누나 발뒤꿈치에도 따라오지 못한다. 도발한 둘째 동생은 가차 없이 응징했고, 막냇동생은 이용가치가 적어지자 '너한테 주는 돈이 제일 아깝다'라며 조롱했다.

　기영이 인연을 끊은 채 떠나고, 이혼하고 돌아온 예빈이 돌아오지 못할 세상으로 떠났다. 1년 사이에 벌어진 일이다. 기영이가 떠났을 때는 당당하던 귀숙이 예빈이 떠났을 때는 마음이 어땠는지 알 수 없다. 귀숙이 제부에게 했던 말은 '그러게, 잘살지 그랬어?'였으니.

　그러나 큰집 시숙들과 형님들이 귀숙의 언행을 보고 말았다. 구겨진 체면이 다 펴지기도 전에 이미지에 치명상을 입은 것이다. 우아하고 도도하여 도무지 소도시에 어울리지 않는 위대한 여성이건만 폼이 예전만큼 나지 않는다. 골프를 배우게 한 아들을 45일간 필리핀에 연수를 보내놓고, 고등학교 진학을 고민했다. 조카는 골프를 특기로 한 고등학교 진학도, 일반고 진학도 어려운 상황이었다.

　그 무렵 귀숙이 부산에서 오면 둘째 아들 아빠인 이 씨를 자갈치 시장에서 몇 번 봤다고 했다. 상대방은 못 보고 귀숙이 발견하고 화들짝 놀라 숨는다고 했다. 그러면서 몹시 두려워했다. 행여 그쪽이 먼저 발견하게 될까 봐 무서워했다. 마주치면 안 될 상황으로 헤어진 듯했다.

귀숙은 첫 남편과 이혼이 되지 않은 상태에서 부산 남항의 뱃사람과 둘째 아들을 낳고 살았다. 기소중지 상태여서 보호자가 필요했던 거다. 부산에서 낳은 둘째 아들을 네댓 살까지 키웠으나 호적에 올리지 못했고, 결국 그 남자의 형 호적에 올렸다고 했다. 매일매일 부산 남항에 거점을 두고 고기를 잡아 파니, 돈은 쓸 만큼 쓰고 살았던 듯하다. 그러나 집을 옮기지 못하고 계속 산 것으로 보아 살림이 부쩍 나아진 것도 아닌 모양이다.

귀숙이 남자와 아들을 두고 홀연히 잠적하는 형태로 집을 나온 것은 명확하다. 어느 날 갑자기 홀연히 사라지는 방법으로 헤어지는 것은 상대방에 대한 예의가 없는 이별 방식이다. 혼자 남겨진 사람은 온갖 감정들에 사로잡히게 되지 않을까? 둘째 아들의 아빠인 이 씨는 한동안 귀숙을 찾았다. 왜 사라졌는지 말이라도 듣고 싶지 않았을까 짐작한다. 이유라도 정확히 알고 싶지 않았을까 추측한다. 이해하든지 용서하든지 한 번은 이야기하고 싶어서 찾은 게 아닌가 싶다. 혹은 누군가로부터 자갈치 시장에 종종 출몰한다는 소식을 접했을 가능성도 있으리라.

귀숙은 불리하면 사라지는 방식을 택하는 사람이다. 귀숙의 성향이 그렇다. 92년 시월에도 그랬고, 1996년 가을에도 그랬다. 쪽팔리는 게 너무 싫은 사람이지 않은가? 수치심이야말로 귀숙이 가장 느끼기 싫어하는 감정이지 않을까. 체면이 깎이게 되면 아예 잠적하여 사라져 버릴지언정 권위를 잃을 수는 없다.

귀숙은 권위를 잃을 수 없다. 다시 재기할 자신이 생겼고, 아직 추종하고 복종한다는 판단이 서야 등장한다. 근사한 도면도 혹은 화려한 조감도와 같은 계획과 같이 등장해야 다시 군림할 수 있다고 믿는다. 실제 그렇게 실현하고픈 마음도 없지 않다. 다만, 자신의 실력이 아니라 운과 타인의 능력과 타인의 자본으로 실현하고자 하니 성공이 쉽지 않다. 잠시 뜻대로 되더라도 오래 유지할 여력이 없다. 거기까지는 계획에 없다. 당장 눈앞에 보이는 것만 처리하기도 정신없이 바쁘다. 여기저기 얽힌 일들을 해결할 능력까지는 없다.

재기하여 멋지게 등장한대도 첫 번째 남자가 우선순위일 것 같다. 두 번째 남자와 둘째 아들에게는 그만한 애정을 보이지 않은 것으로 보아. 재기한대도 부산 남자에게는 돌아갈 마음이 없었을 것 같다. 기소중지 상태에서 보호를 받은 것일 뿐, 뱃사람에게 일생을 의지할 위인은 아니다.

조카가 필리핀에서 돌아오기 며칠 전 부산에 간 귀숙이 사라졌다. 감쪽같이 사라진 귀숙은 어디에도 흔적을 찾을 수 없다.

조카가 돌아와 엄마를 기다리다가 결국 본가로 돌아갔다. 조카는 골프를 더 할 수 없었던 것 같다. 누가 일 년에 몇천만 원씩 들여 골프를 계속할 수 있게 해주는가.

조카는 엄마의 잠적을 아직도 믿지 못한다. 이십 년이 다 되도록 엄마의 소식을 묻는다. 엄마의 소식을 일부러 감춘다는 강한 의심을 지닌 채 몇 년에 한 번씩 주변을 서성인다.

퇴행성 고관절염 수술

늘 밖으로 돌던 그가 병원에 입원했다. 교통사고라 했다. 엄지손가락을 꿰맸으나 병원에 입원할 만큼은 아니다. 상대편 차량에서 발생한 피해가 커서 그리 대응한 것은 나중에 알았다.

하여튼 그는 입원한 채 문병마저 거부한다. 병원이 멀지 않거니와 입원한 가장을 모르는 척하는 것도 불편하다. 아들들과 병실에 들어서자 선걸음에 빨리 가라고 재촉한다. 문병 올 사람들이 있단다. 마주치면 곤란한 모양이다. 비밀이 많아졌거나 공유할 수 없는 영역이 많아진 게다. 온 걸음에 바로 돌아나가지 못하고 휴게실에 잠깐 앉아 있으니 남녀 여러 무리가 병실로 들어간다. 그 무렵 어울려 놀던 무리인 게다.

오륙 년 전에 그는 한 마디 의논 없이 네 회사에 대표이사로 이름을 올렸다. 이름을 빌려준 대가는 밤낮 없는 유흥으로 돌아왔다. 그리 놀더니 얼마 가지 못하고 신용을 잃을 위기에 처하고 말았다.

  그는 당시 서류상 이혼만이 자신과 가정을 구제할 유일한 방안인 양 열을 올렸다. 굳이 법률적으로 유효한 이혼을 거짓으로 할 이유가 없는 데다, 초등학생 둘과 아직 초등학교에도 들어가지 않은 아들을 편모가정으로 만들 이유가 하등 없다. 그렇게 해서라도 지켜내야 할 재산이 달리 있는 것도 아니다. 얻을 것은 없거니와 잃는 것은 너무 많다. 아들들이 있는 가정과 가족으로서의 안정감과 부부의 신뢰 등은 잃고 나면 다시 얻기도 어렵다. 그런 무자비한 선택을 강요하더니 밖에는 이미 파경을 맞았다고 선언한 모양이다. 그를 대표이사로 올려놓고 매달 이백오십만 원의 가욋돈을 주던 형과 담판이라도 짓고 싶었던 모양이지만 너무 안이한 판단이다. 화장실이 급한 사람과 화장실에 갈 필요가 없는 사람의 생리를 모른다. 이미 칼자루는 그 형한테 있다. 신용 1등급에 약간의 땅을 가지고 있던 남편이 필요했을 뿐, 신용불량자가 된 남편이 무슨 소용이랴. 볼일 다 본 마당이다. 협상은 내가 무언가를 가지고 있을 때 해볼 여지가 있는 것이지, 협상할 무엇도 없는 사람을 누가 협상테이블에 앉히는가. 막내아들이 다섯 살 때 그는 신용불량자가 되었다.

어울려 놀던 주변인들에게는 이미 파탄 난 가정으로 말해놓은 듯하다. 그러니 마주치지 못하도록 기를 쓰지 않았겠는가. 씁쓸하고 황당하고 기가 막히고 어이없지만 따지지 않는다. 집으로 가서 아들들과 일상을 이어나간다.

그는 병원을 옮겨 며칠 더 입원하더니 뜬금없는 의논을 한 모양이다. 느닷없이 골반뼈를 통째로 교체하는 수술을 원했다. 도무지 엄두가 나지 않았다. 생소한 수술이다. 수술 자체가 가능한지, 우리나라에서 수술에 성공한 경험이 있는지, 비용은 어찌 되는지, 입원 기간은 얼마나 필요한지 정보가 더 필요했다. 골반뼈가 통째로 나오고 들어가는 수술은 도대체 얼마나 큰 수술일지, 온갖 신경들과 조직들, 근육들은 어찌하며 그리 큰 뼈가 드나들 정도의 절개는 어디를 얼마만큼 하면 가능한지 상상조차 어려웠다. 그가 설명한 방식으로 수술한 적은 없지만 해볼 여지는 있다는 정도, 서울대병원이라면 가능할 수도 있다는 정도의 상담으로 그는 꿈에 부풀었다. 그는 곧 받지 않으면 안 되는 사람처럼 수술에 몰두했다.

그는 돌이 되기 전부터 고관절에 고름이 차는 바람에 걸어보지도 못하고 누운 채 생애 초기 몇 년을 보내야 했다. 네댓 살이 되도록 고스란히 고관절이 썩어드는 고통을 견딘 모양이다.

탈이 날 대로 나고 도질 대로 도진 후에야 수술했다는데, 백모께서 말씀하시길 흰옷만 봐도 기겁하여 울었다니 수술과 회복과정이 또한 극심한 공포였던 모양이다. 뒤늦게 수술한 바람에 겪어야 했던 아픔도 커질 수밖에. 흡사 소아마비를 앓은 흔적처럼 왼쪽 다리가 짧고 가늘었다. 엉덩이와 허벅지에 흉터가 상당했고 왼쪽 허벅지가 가늘고 짧았다.

 남편은 결혼 후 육칠 년 동안 삼복더위에도 긴 바지만 입었다. 내 앞에서는 옷조차 갈아입지 않았다. 콤플렉스를 보여주고 싶지 않아서다. 나는 삼복더위에도 긴 바지만 입고, 집 안에서도 긴 바지만 입는 남편이 안타까웠다. 집에 에어컨이 없던 시절이다. 무릎까지 오는 바지를 사다주고 집에서는 시원하게 입으라고 권한다. 쭈뼛쭈뼛하던 남편이 용기를 내어 시원한 바지를 입는다.

 "안 아파?"
 "응, 아프지는 않아."
 "그러면 됐네. 시원하게 입어야지. 삼복더위에 종아리에 감기는 긴 바지는 그렇잖아."
 "알았어."
 "편하게 갈아입소."

 남편 다리가 아픈지 물어보았을 때 아프지 않다고 하였으므로 수술을 염두에 두지 않았다. 미용상 필요하거나 자존심 때문이라면 둘째 아들이 고등학교를 졸업한 후에 수술해도 되지 않을까 하는 마음이 든 것이다.

"아들들이 더 어렸을 때 수술했으면 부담이 적었을 텐데. 지금은 고3 고1이니 마음이 여간 무거운 게 아니라서…. 둘째가 고등학교를 졸업한 후에 수술하는 게 어쩌겠는가? 그러면 군대에 갈 수도 있고, 휴학할 수도 있고…. 그러면 좀 나을 것 같은데…."

조심스럽게 의견을 내놓는다.

"니가 나처럼 살아봤냐?"

그는 서운한 마음이 크게 든 모양이었다. 고관절에 통증이 오기 시작했다고 말했으면 그의 상황을 더 잘 이해했으련만. 그는 앞뒤 자르고 최소한의 정보도 안 주거나 생략한 채 토라진다.

가정형편과 학교에 다니는 아들들과 수술 방법과 수술비용과 회복 기간 등을 생각하면 선뜻 지지하기 어려웠다. 망설이는 모습에 그가 토라졌다. 그는 자주 토라지고 삐졌다. 십 대 이십 대 그의 별명은 '삐식이'다. 그만큼 잘 삐지는 것을 알기에 말 한마디도 가려서 하건만, 무조건 지지하기와 응원하기, 격려하기와 칭찬하기로는 생활이 되지 않는다. 그러잖아도 간신히 아들들을 키우며 버티며 지켜 온 가정이다. 둘 중 한 명은 현실감을 놓지 않아야 하지 않은가. 아들들이

고등학생이 되었고 그는 아직 신용불량 상태다.

얼마 후 그는 직장을 옮겨 일한다며 다른 지역에서 얼마간 일을 하겠다고 했다. 말리지 못한다. 무슨 수로 말리는가. 일 가는 곳 숙소래야 모텔 남짓일 텐데 그는 양말 한 짝 남기지 않고 모든 짐을 싸서 떠났다. 그가 흔적도 없이 본인 물건을 몽땅 실어 간 것을 보니 수술에 바로 동의해주지 않은 것에 대한 서운함과 화풀이가 잔뜩 담긴 행동 같다. 나중에 짐이 다시 왔을 때 안 사실은 형이 거처하는 곳에 이삿짐 모양으로 상자째 쌓아두었다는 것이다.

"아빠, 걱정하지 마."

아들이 한 말이 아니다. 그가 11살 막내에게 한 마지막 인사말이다.

그는 막내를 걱정하지도, 고등학생인 아들들을 걱정하지도, 아들 셋을 키우는 아내를 걱정하지도 않는다. 오로지 자신을 걱정한다. 그리고 1년 가까이 집에 오지 않는다. 행여 집 근처에 오더라도 집에는 들어오지 않는다. 그가 삐지면 풀릴 때까지 얼마가 걸릴지 아무도 모른다. 그 해는 더욱더 정해진 날짜에 생활비를 주지 않았기에 괴로움이 한층 가중되었다.

그는 그해 수능이 끝날 무렵, 타지에서 곧장 서울 병원으로 떠났다. 학교에 다니는 아들이 셋이니 아들들을 두고 간병은 어려울 것 같다고 양해를 구했다. 부모님께서 아직 건강하시고 남편이 돌도 되기 전부터 아팠던 곳이 도진 것이니 병원 간병은 아버님께서 해주시는 게 좋을 것 같았다. 아버님께서도 기꺼이 요청을 받아들였다.

고관절 수술로 일주일 입원 예정이던 수술이 갑자기 골반뼈 이식이 추가되며 입원 기간도 수술비도 상당히 늘어나게 되었다. 네댓 가지 반찬을 만들어 막내와 수술 당일 병원에 갔다. 다음날이 노는 토요일이어서 일요일까지 사흘을 머물다 왔다.

34일 입원 기간 내내 그에게 병문안을 온 지인은 단 한 명도 없다. 그가 그리 좋아하여 날이면 날마다 어울려 놀던 친구들은 머리카락 한 올 보이지 않는다. 매주 반찬을 만들어서 병원에 갔다. 사나흘 만에 병원비가 천만 원이 넘자 그는 모르는 척했다. 그들 특유의 모르쇠 작전이다. 애가 탄 나는 사회복지실에 들러 사정을 설명하고 필요한 서류들을 떼어 오백만 원을 지원받았다. 서류에서 확인한 퇴행성 고관절염이라는 진단명이 생소하고 서럽다. 그도 나도 고작 마흔세 살이다.

"이제 너를 위해 살게."

그가 퇴원하는 길에 약속했다. 겨울방학이 시작할 무렵 집으로 돌아오면서 한 말이다. 그 순간만은 진심이라는 건 안다. 언제 또 무슨 일로 마음이 상하거나 기분이 나빠서 다른 결심을 할지는 알 수 없다.

"너희까지 못살면 나가 어디 얼굴을 들고 다니겠냐. 긍께 좋게 좋게 살그라와. 나 소원이다."

아버님이 거듭거듭 그에게 당부한다. 그는 입원과 수술과 회복 기간에 가정의 소중함을 조금이라도 느꼈을까? 여전히 온전히 자신에게 집중했을까?

그는 해마다 두 달씩 건너뛰던 생활비를 이번에는 석 달 건너뛰었다. 그러잖아도 수술 때문에 매주 서울에 반찬 만들어 다섯 차례 다녀오느라 비용이 더 든 상황이다. 큰아들은 수능이 끝났고 작은아들은 고등학교 1학년이고, 막내아들은 4학년이다. 불과 한두 달 전에 열흘 넘게 유럽으로 유람을 다녀온 어른들은 십 원 한 푼 내줄 맘이 없다. 어른들은 끝내 한 푼도 내놓지 않았다. 아는 분이 삼만 원, 오만 원 두 번 주더라며, 그 돈으로 한번은 장남 차에 기름을 넣고, 한번은 시장을 봐서 반찬을 했노라고 태연하게 말했을 뿐이다. 머잖아 큰아들이 대학에 가도 만 원 한 장 없이 지나가고 말았다.

수술 직후에는 목발을 양팔로 짚어야 하는 데다 거동이 자유롭지 않으니 실망이 여간하지 않다. 수술만 하면 영화처럼 강철처럼 텅스텐처럼 강해질 거라고 기대한 모양이다. 불편이 길어지며 짜증이 늘었다.

 이빈에는 형이 하루에도 몇 번씩 그를 피롭히기 시작한다. 그가 아직 신용불량 상태라 수술비를 빌릴 데가 없었다. 형한테 수술비를 일부 빌린 모양이다. 한 달도 안 되어 사백만 원을 갚고 이백만 원쯤 남은 것을 날마다 두세 번씩 사채업자보다 지독하게 닦달했다. 남편이 빚부터 갚느라 수술한 달부터 석 달 동안 생활비가 중단되었으니 나도 살림이 빠듯하다. 저녁마다 형 때문에 못 살겠다고 하소연하는 그도, 형이랑 같이 사는 것 같으니 제발 얘기를 삼가 달라는 나도 괴롭기는 매한가지다.

 한 달에 이십만 원 정도 벌던 진호는 자신에게 쓸 용돈도 부족했기에 어른이 대부분을 다 챙겼다. 누굴 도와 본 경험이 없는 사람이라 하루하루가 낯선 세상이었을 것이다.

 그는 여태 옷가지부터 생계 기반까지 스스로 책임져본 바 없다. 어른들이 뒷바라지했고, 누나가 돌봤고 만난 여성들이 챙겨줬다. 이제는 누나도 사라졌고 여동생들도 없어졌고 엄마는 칠순이다. 여성들은 예상과 다르게 큰돈을 쓰지 않으므로 더는 돈이 나올 루트가 없다. 이제 남은 건 남동생뿐이다. 남은 빚이 이백만 원인데, 그는 천만 원 이상 받아낼 폼이다. 어쩌면 두고두고 기댈지도 모른다. 경제적 독립을 해본 적 없기에 충분히 그리고도 남을 위인이다. 빌려준 돈과 받은 돈을 계산하지 못하고 남은 빚도 알지 못하는 사람처럼 날마다 쉴 새 없이 괴롭힌다.

큰아들이 스무 살이고 막내는 이제 열두 살이다. 큰 위기를 헤쳐 왔지만, 살아온 날도 살아갈 날도 막막했다.

두려움이 사라지다

 세월이 가며 조금씩 옅어지기는 했으나 어른은 여전히 두려움의 대상이다. 어른이 미워하기 시작하면 감당할 자신이 없다. 어떻게든 응징하므로 당해낼 재간이 없다.
 속으로 삭인다거나, 역지사지해보려 한다거나, 세상사가 내 맘 같지 않다는 걸 받아들이지 않는다. 어른은 항상 옳다. 타인은 모두 어리석고 모자라고 약하다. 어른은 약도사로 선택받은 사람이고, 세상에 한 명뿐인 능력자다. 누가 감히 어른에게 맞서거나 대꾸하거나 의견을 나눌 수 있는가.
 어른은 기분이 좋을 때는 어린아이처럼 기뻐하고 좋아한다. 기분이 나쁠 때는 몹시 흥분한 채 화를 삭이지 못한다. 대체로 평온한 중간이 없다. 모든 부정적인 감정이 말과 행동으로 드러난다. 어린아이 같거나 무서운 이방인 같다. 보편적 정서는 찾아보기 어렵다.

  어른의 기분을 마냥 맞출 수는 없다. 그만한 돈과 그만한 에너지가 없다. 그만한 시간과 그만한 체력이 안 된다. 어른은 결코 만족하는 법이 없다. 그렇다고 배짱을 부리지도 못한다. 남편이 허용하지 않는다. 시집살이에 이어 십 년 가까이 매주 방문하여 청소와 식사 준비와 집안일을 했다. 크고 자잘한 모든 집안일에는 마땅히 일꾼으로 상주했다.

  햇수로 이십 년이 되던 마흔세 살 초겨울, 남편이 골반뼈 이식을 비롯한 고관절 수술을 위해 입원했다. 수술한 다음 날이 쉬는 토요일이므로 막내에게 서울 병원에 같이 갈 건지 물었다. 막내아들이 아빠한테 같이 가잔다. 반찬 몇 가지를 만들어 서울에 갈 준비를 했다. 서울에 간다고 하자, 아버님께서 어른을 모셔오란다. 어른도 서울에 가고 싶어 하나 혼자서는 찾아가지 못하니 같이 모시고 오라는 분부다. 동서울고속버스터미널에서 병원이 가깝다. 택시를 타고 다리 하나 건너면 병원이 나온다.

  병원에 도착하니, 입원실로 옮긴 남편이 누워있다. 몇 달 만에 보는 남편이 아는 체하지 않아도 만들어간 반찬통들을 냉장고에 넣는다. 보호자 식사를 주지 않으니 아버님 식사가 곤란한 까닭이다.

  어른이 몇 년 전, 나이를 물었다. 마흔이라고 하자, 마흔이면 자식한테도 함부로 말하면 안 된다는 말을 들었다 했다. 그래서 비로소 이른으로 대하는 듯 보였다. 그러나 아니다. 삼 일이 가기 전 어른은 십 년 전으로 돌아갔다. 막내아들에게 온갖 짜증을 내는가 하면, 며느리에게 온갖 간섭을 한다. 환자 식사는 병원에서 제공하나 보호자 밥은 알아서 해결하는 구조다. 많은 보호자가 반찬을 가져다 놓고 일회용 밥을 데워 먹는다.

어른은 남편이 남긴 밥을 연달아 아버님께 넘겼다.

"예, 이거 묵으시오."

어정쩡하게 남긴 밥을 한두 끼가 아니라 이틀 내내 아버님께 넘긴다. 식판을 받아든 아버님은 휴게실 한쪽에서 어설픈 식사를 한다. 어른이 잠깐 곁에 없는 사이 남편에게 부탁했다.

"○○ 아빠, 밥을 더 먹어야긋네. 계속 아버님께 남은 식판을 주니 민망스럽네. 양도 적고 보기도 안 좋고. 그러니까 아버님께 넘겨주지 못할 정도로 더 먹소. 입맛이 없더라도."

"알았다. 그럴란다."

남편이 밥을 더 먹자, 하는 수 없이 지하 매장에서 국이나 찌개를 사 와서 끼니를 해결한다. 한 그릇씩 사서 나눠 먹었으나, 아버님까지 드셔야 하니 두 그릇을 사 왔다.

"아이, 머 덜라고 두 그릇이나 샀냐? 하나만 사 오랑께!"

"한 그릇으로는 부족해요. 그냥 드시게요."

"돈을 그렇게 쓰면 되냐? 하나만 사 오랑께 꼭 두 개나 사 갖고…."

"식사하세요. 시장하시잖아요."

"허기는 한 그릇으로는 부족허겄다. 언능 니도 묵어라."

국물 하나로 식사를 하려면 어른 두 분이 드시기도 부족하다. 아들과 나는 숟가락 갈 곳이 없다. 천 원짜리 한 장 쓰지 않으시는 분이 사사건건 참견이고 타박이다.

"아이, 저것 줘라. 아이, 저것도 멕이고. 요것도 멕이고. 그렇게 주면 된다냐? 국도 멕이고."

어른은 남편이 밥을 먹을 때마다 옆에 서서 숟가락질 한 번에 젓가락질 한 번에 매번 지시하고 평가한다.

수술한 고관절이 자리를 잡을 때까지 통나무 굴리듯 조심해서 돌본다. 이식한 뼈가 붙어야 하니, 매사에 조심하건만 밥 먹이는 행동 하나하나 지적하고 지시하고 간섭한다.

언짢은 마음을 아는지 모르는지 어른은 모처럼 신이 난 것 같다. 아버님과 며느리와 아들과 막내 손자 모두 어른 말 한마디에 좌지우지다.

머잖아 어른은 건너편 병상의 환자를 돌보며 돌아가신 친정아버지를 만난 듯 정성을 들인다. 팔순이 넘었을 어른에게 약도사의 위력을 선보인다. 어른을 만지고 주무르고 기를 넣는다. 그 어른이 재력이 있어 보인 건 우연일까.

어른에게는 가깝고 먼 거리가 없다. 가족, 친구, 친척, 동네, 모임, 지인 등으로 이루어진 크고 작은 동심원이 존재하지 않는다. 체계가 없다. 1미터 안에 둘 인간관계와 3미터쯤 떨어져 있는 인간관계, 10미터 밖 어쩌다 보는 사회적 관계가 없다. 가장 가까운 차원의 세계와 어느 정도 거리가 있지만 만나면 반가운 2차적 관계, 다양한 사회구성원이 있는 3차적 관계라는 체계는 애초에 없다. 그저 처음 만난 사람이 가장 가까울 수도 있고, 한 번 본 사람이 제일 좋을 수도 있다. 어쩌면 대부분 그럴 게다. 시간이 가면 대개는 싸우기 마련이고 안 보고 말기 때문이다.

언제라도 부모, 형제, 자식도 끊어내는 성미다. 누구라고 특별히 애정을 주거나 마음을 써서 베풀지 않는다. 자신이 좋으면 그만이고, 자신에게 도움이 되면 그만이다. 소중하다거나 아낀다거나 중요한 인간관계는 드물다. 그나마 자신의 말에 항상 순종하는 자식이나 지아비 정도다. 그 외는 없다고 봐도 무방하다. 오래 가는 관계가 거의 없다는 것으로 충분히 증명되지 않을까?

새로운 관계는 늘 꿈꾸므로 처음 보는 사람을 누구보다 친밀하게 대할 수는 있다. 그 사람에게 실망하기 전까지는. 실망하면 그 사람을 누구보다 처참하게 깎아내린다. 속았다는 듯이. 속였다는 듯이.

아버님이 막내에게 음료수 몇 개를 가져가라고 한다. 역시 생각이 짧다.

"뭘 갖고 가? 느그 아빠도 묵어야 하고, 할아버지도 묵어야 하고, 손님도 줘야지. 뭘 갖고 가!"

막내아들이 꺼낸 말이 아니건만 홍수처럼 소나기처럼 막내 손자에게 무참하게 퍼붓는다.

"○○야, 음료수는 엄마가 사 줄게."

막내아들이 아빠를 병원에 두고 가는 게 좋지 않았던가 보다.

"엄마, 담주에 아빠한테 또 오자!"

"그럴까?"

"아이, 머 덜라고 쟈를 데꼬 와?"

"또 오자. 근데 다음 주는 '놀토'가 아니어서 힘들겠다. 다담주면 몰라도."

어른은 막내가 머쓱하도록 핀잔을 준다. 삼 일 내내 구박받고 핀잔 듣는 막내가 안쓰러워 나름 방어한다. 하다 하다 이제는 4학년 손자에게까지 구박이다.

노트북이 있어서 일요일 오후 막차를 예매한다. 연결된 자리가 없다. 어른께 버스를 예약하려고 하는데 연결된 자리가 없으니, 앞쪽 한자리와 뒤쪽 두 자리를 예매해도 되는지 여쭌다. 그러라고 하여 예매해놓는다. 터미널에 도착해 표를 발행하면 된다. 시간이 되어 터미널로 향한다. 표를 발행하고, 막내아들에게 햄버거 하나라도 사 먹이고 싶으나 어른이 불호령이다. 저녁을 먹지 못한 채 버스를 타고 순천에 도착하면 밤 열 시가 넘어 배가 고플 것을 염려한다.

"햄버거 살까?"

"뭘 사!"

"시간이 아직 괜찮은데요."

"사기는 뭘 사! 얼른 와!"

"안 되겠다. 어떡하지?"

"엄마, 그러면 과자 사도 돼?"

할머니에 의해 햄버거가 날아간 막내가 과자는 괜찮은지 묻는데 어른이 휑하니, 가버린다. 어른을 따라가지도 못하고 막내를 따라서 가게에 들어가지도 못한다. 가까스로 과자 두 개를 산 막내아들과 부리나케 어른이 간 방향으로 쫓아갔다. 어른이 굉장히 불쾌해한다. 겨우 어른을 모시고 순천행 버스에 오른다. 막차는 리무진 버스라 자리가 편하다.

삼 일 내내 간섭과 지시를 하고 막무가내로 화를 낸 어른에게 서운한 마음이 든다. 돌이 되기 전부터 아팠다는 아들이 수술이 필요하여 수술했다는데, 며느리와 손자에게 짜증 낼 일인가 싶다. 천 원 한 장 쓰지 않으면서 국물 한 그릇까지 사라 마라 할 일인가 싶다. 남편 밥을 먹이는데 숟가락, 젓가락 한 번마다 훈수를 둘 일인가 싶다. 수술비가 천만 원이 넘는다는 말에는 입을 꼭 다물고, 국 한 그릇과 햄버거 하나에 불호령 할 일인가 싶다. 결혼한 지 스무 해다. 아이 다루듯 모자란 사람 대하듯 할 일인가 싶다. 무엇보다 막내에게 온갖 짜증을 낸 게 섭섭하다.

뒤에 앉아 앞을 보니 왜소한 여인이다. 한 달쯤 후면 칠순인 초로의 여인이다. 문득 무서움이 사라졌다. 더불어 두려움이 사라졌다. 자기 기분이 법인 분에게 너무 오랫동안 터무니없이 길들어져 왔다는 자각이 든다. 아들이 당한 수모를 보니 더욱 명료하다. 사람으로 보면 무서울 게 하나 없다. 남편이 지나치게 스트레스를 받으므로 조심한 게 크다. 어른이 부아를 내면 온 식구가 괴로우니 맞춰준 게 크다. 모든 것을 맞출 필요는 없었다. 모든 것을 맞출 수도 없다.

어른이 분노를 말로 쏟아내서 저주했더라도 말일 뿐이다. 오염된 말일 뿐이다. 저주로 누굴 해할 수 있는가? 1992년 말에 잘못된 아이로 인해 두려웠다. 그 후로 어른의 저주가 통한 적이 없다. 오히려 저주를 즐겨한 대가로 자식들 앞길이 막힌 것 말고 뭐가 있는가?

어른은 돌이 되기 전부터 아픈 아들이 마흔 초반에 퇴행성 고관절염으로 수술하는데도 십 원 한 닢 내지 않는다. 수술하지 않으면 십 년 후에는 걷기조차 어려울 수 있다. 지팡이를 짚을지 휠체어를 탈지 알 수 없다. 어른의 생각은 결코 거기에 이르지 않을 터이다.

어른들은 불과 두 달 전에 그리스와 터키를 열흘 동안 다녀왔다. 레스토랑을 처분하고 남은 잔금을 진호 친구가 소송을 걸어왔다. 대부분 중도금으로 받았고, 은행 대출은 인계했으므로 남은 잔액이 팔천만 원이다. 삼 년 동안 재판을 거쳐 지난봄에 드디어 잔금을 받은 것이다. 돈이 없지 않다는 것을 알건만 어른은 돈 앞에서 입을 꾹 닫는다. 우리 힘으로 살아온 이십 년이다. 앞으로도 우리 힘으로 살아갈 것이다. 무엇이 무섭단 말인가. 존경하지 않은 어른이 무서우면 얼마나 무서우리.

논리논술을 공부했고, 대학교에 진학했고, 여덟 학기 전액 장학금을 받았다. 논문도 끝났고 종강이 코앞이니 대학교를 졸업한 것과 진배없다. 머잖아 대학원 면접을 볼 것이다. 무학인 어른이 영향을 미친들 얼마나 미칠 것인가?

다만 남편이 어른에게서 벗어나지 못한다는 게 남은 숙제일 뿐. 어른을 세상에서 가장 싫어하니 효도는 분명 아니다. 그렇다고 벗어나지는 못한다. 양가감정의 폭이 극단적이다. 아들 둘만 남은 어른이 오로지 하나의 돈줄인 작은아들을 놓아줄 리 없다. 남편이 현실을 직시하지 않는다면, 경계와 한계를 설정하지 않는다면 어른은 끝내 우리 가정을 파괴하고 말 것이다. 쥐락펴락할 수 있는 아들이 있는 한.

시외버스터미널에 도착하자, 아주버님이 마중 나와 있다. 예정대로 열 시가 훌쩍 넘은 시간이다. 어른이 앞장서 가다가 장남을 발견하고 갑자기 쪼그려 앉는다.

"이번에 대접 잘 받았다!"

쪼그리고 앉은 채 머리를 짚으며 한마디 한다. 불편한 낌새를 눈치챈 아주버님이 택시를 타고 가라고 한다. 데려다줄 수 없다면서. 기대조차 하지 않았기에 실망이나 서운함이 전혀 없다. 당연히 택시를 타고 집에 갈 생각이었다.

"어머니, 안녕히 들어가세요. 잘 쉬시구요. 아주버님도 조심히 들어가세요."

인사를 꾸벅했다. 대접을 못 받아서 그리 부아가 났다고 하나 달랠 일인가 싶다. 다만 작은아들이 수술해서 다녀오는 길에 무슨 대접을 얼마나 받고 싶었는지는 알 수 없다. 며느리 대접이 그러하고 손자 대접이 그러하고 아버님 대접이 그러했지, 어른이 받고 싶은 대접을 모르겠다. 버스 안에서 덜 챙겨서 그런가 보다 할 뿐.

다음 날, 몇 통의 전화가 연달아 왔다. 아주버님이 '왜 어머니가 기분이 나쁘다고 하시는지' 물었고, 아버님께서도 '왜 어매가 기분이 나빴는지' 물었다. 남편도 '왜 어머니가 기분이 나빴는지' 묻는다. 온 식구가 난리다. 과자를 사는 막내아들을 복잡한 터미널에 홀로 두고 어른 옆에 바짝 붙어있지 않아서? 고작 일 이 분 곁에 있어 드리지 못한 것 때문에? 막내아들 햄버거 하나도 못 사게 호통치신 것은 누구에게도 고려사항이 아니다.

자식들 셋을 학교에 보내고, 병원비를 경감받기 위해 여기저기 다니며 서류를 준비하고, 매주 반찬 네댓 가지를 만들어 병원에 다녀온 것은 한 푼의 가치도 매기지 않는다. 퇴원 후에도 서너 달을 양쪽 옆구리에 목발을 끼고 다녀야 했으므로 여러모로 돌본 건 의미가 없다. 오로지 자신이 행한 것만 위대할 뿐이다. 책잡히지 않으려고 애쓰건만, 어른에게 관용은 없다. 기분이 안 좋으면 모든 게 트집 잡을 일로 각색된다.

그날인지 며칠 사이인지 꿈에 어른을 뵀다. 어른을 뵈었다기보다 어른 뒷모습을 봤다. 젊은 남자 둘이 어른을 두고 떠났다. 호위무사인지 약도사 할아버지와 관련된 인물인지 알 수 없다. 하여튼 그 일이 있은 후로 어른은 두려운 존재가 아니게 되었다. 퇴원 후, 본가에 들렀을 때도 어른은 괜히 막내에게 심술을 부렸다. 이제는 스무 살 아들도 열여덟 살 아들도 열두 살 아들도 마흔넷 며느리도 움찔하지 않는다.

말 한마디

침묵이 금이라지만 언제나 침묵이 능사는 아니다. 분명하게 말을 해야 할 때가 있다. 한마디 말이 사람을 사람답게 한다.

어른을 어른답게 하는 것은 삶 전부를 담은 한마디 말을 할 때다. 온 삶을 아우른 경험과 지혜를 담은 한마디 말이 상황을 규정하고 나아갈 방향을 제시한다. 그리하여 적절한 한마디 말은 천금보다 귀하다. 어른이 어른다운 집은 어른다운 말 한마디를 하는 집이고, 사람이 사람다운 집은 합리적이고 상식적인 말이 통하는 집이다.

어른께 힘든 일을 바라지 않는다. 그저 한 마디 말이면 족하다. 엄청난 지혜를 담은 잠언을 기다리는 게 아니다. 사회적 규범을 크게 벗어나지 않는 상식적인 말이면 충분하다.

자식이 폭주하면 부모는 한마디 말을 해야 할 책임이 있다.

결혼한 아들이 바깥 여자를 데려오면 입을 다물고 말 일이 아니다.

"(사람이) 그러는 거 아니다."

"(사람이라면) 그러면 안 된다."

아들이 사람 노릇을 못 하면 마땅히 한마디 말을 해야 부모다.

"나는 모르겠다. 나는 주는 밥이나 먹고 살다가 죽을란다."

아버님은 난처하거나 곤란한 상황을 맞닥뜨리면 침묵하거나 모르쇠 하거나 맥락과 상관없는 딴소리를 하거나 한마디 말만 한다. 방패처럼 푯대처럼 지침처럼 신조처럼 '나는 모르겠다. 나는 주는 밥이나 먹고 살다가 죽을란다'를 선언한다. 삼십오 년이 넘어가도록 토씨 하나도 바뀌지 않는다.

가치 있는 말이 없는 어른은 인생이 허망하다. 수가 틀리면 세상의 모든 욕과 악담과 저주를 마다하지 않던 어른은 아무리 세월이 흘러도 바른말이 한마디도 없다.

부모가 모르는 척 외면하면 다른 자식은 황량한 벌판에 선 방랑자가 된다. 한술 더 떠 불한당 같은 자식 편에 서면 여태 피해를 본 다른 자식은 애가 끓어질 듯 억장이 무너지다 못해 인연의 굵은 줄이 흐물흐물 풀어져 녹는다. 돈으로 사람을 부리는 자녀가 부모를 엎어 삶아 부모가 한 자식을 엎쳐 뵈면 가장 강한 연줄로 이어진 천륜마저 끊어질 수 있다.

자식보다 돈을 사랑하는 부모가 엄연히 존재한다. 패륜은 전염되어 위대한 가업처럼 버젓이 대물림된다. 소설보다 더한 현실이 몇 겹으로 쌓여 전모를 가늠할 수 없는 부모 형제를 둔 거친 영혼은 그들과 차츰 닮아간다.

어른답지 않은 어른은 무엇이든 온전히 보존하지 못한다. 배우기를 게을리한 유전의 영향은 맹위를 떨친다. 환경과 제약을 극복하지 못한 강퍅한 인성은 가늠조차 할 수 없다.

나이를 먹는다고 어른이 되는 것은 아니다. 아무리 나이를 먹어도 성숙하지 못하고 어른다운 어른이 되지 못하고 마는 사람도 왕왕 있다. 가정을 건사하지 못하고 자식과 인연 끊는 일을 기분 내키는 대로 하고, 어떤 인연도 새털보다 가벼워 스치듯 놀거나 오랜 인연도 싫증 나면 돌아서고, 엉큼하고 음흉한 잇속으로 희생양을 물색하느라 눈을 반짝이지만, 오로지 타인을 착취할 줄만 아는 도덕을 모르는 영혼들이 머문다.

말을 해야 할 때 침묵하는 것은 나무를 깎아 만든 사람이 되기를 선택한 것과 같다. 스스로 생명력을 잃는다. 앞에 선 사람이 억장이 무너져 내리는 것을 모른다. 억장은 하루 이틀 쌓은 높이가 아니다. 그 억장이 무너지는 것은 수십 년 고생한 삶이 허망해지는 것으로 애끓는 서러움과 억울함과 화병을 남긴다. 말 한마디를 잘못하여 오랜 인연과 천륜이 끊어지기도 하지만, 해야 할 말 한마디를 하지 않고 회피할 때도 오랜 인연과 천륜이 아득히 멀어지기도 한다. 무심한 사람은 어쩌다가 수십 년 인연이 멀어지고 끊어졌는지 알지 못한다.

 천 냥의 돈으로 천 냥 빚을 갚아야 할 대상이 있고, 한마디 말로 천 냥 빚을 갚아야 할 대상이 있다. 단시간에 진 빚이라면 돈으로 갚는 것이 마땅하다. 짧은 시간에 빚을 질 일이라면 그럴만한 상황이 있었으리라. 천 냥 빚이 하루아침에 생긴 게 아니고 오랜 세월에 거쳐 쌓인 거라면 돈으로는 결코 갚을 수 없다. 오랜 세월 미안함이 켜켜이 쌓였을 때는 미안하다고 말하는 것이 빚을 갚는 최선의 방편이다. 돈으로 다 갚아지지 않는다. 도대체 얼마의 돈이면 갚아지는가? 돈으로 세월을 사고 돈으로 인생을 되돌릴 수 있는가? 그만한 보상이 가능하기는 한가? 일확천금으로 보상이 가능해진 상황이 아니라면 그만한 보상이 가능해질 때까지 무엇을 하고 있었는가. 더 많이 고통스러워하기를 더 오랜 시간이 흘러가기를 느긋하게 관망하며 기다렸는가.

 물론 천 냥 빚을 갚는 일은 극히 드물다. 머잖아 돈을 갚을 태세인 양 미끼를 보이며 체면을 유지하지만, 하세월일 뿐이다. 돈을 주고 나면 그들을 조종하고 지배하며 겁박할 수단이 사라지니 쉽사리 그들을 자유롭게 놓아줄 리 없다. 돈은 권력과 힘이기에 본인만 쥐고 있어야 한다.

 돈으로 보상이 가능한 관계가 있는가 하면, 돈만으로는 결코 보상할 수 없는 관계도 있다. 씻을 수 없는 상처와 모욕으로 가족을 기만했다면 미안하다는 사과 없이 그 상황을 타개할 다른 방안은 없다.

미안한 상황이 명약관화함에도 미안하다는 말을 결단코 하지 않는 사람이 있다. 미안하다는 말을 입 밖으로 내서 공식화한다는 것은 자신이 잘못했다는 사실을 인정하는 셈이 되므로 한사코 그 말을 하지 않는다. 미안하다고 말하면 체면이 서지 않을까 봐, 그리하여 행여 관계에서의 우위를 잃을까 봐 입을 꼭 다문다. 그동안 잘 포장해온 이미지가 손상되는 것은 여간 내키지 않은 일이다. 켕기던 약점이 드러나게 되어 행여 기세가 눌리는 꼴은 차마 견딜 수 없다. 꿀리고 들어가느니 차라리 공격하고 배제하고 단절하고 말겠다는 장렬한 선택이다. 자기애가 몹시 강한 나르시시스트는 결단코 사과하지 않는다. 강자에게나 자신의 이익을 위해서 사과하는 척할 수는 있으나 진심을 담은 사과는 기대난망이다.

미안하다는 말을 결코 할 수 없는 사람한테는 수평적 인간관계가 없다. 미안하단 말을 할 수 없는 상대방은 동등한 사람이 아니다. 본인이 우위에 있다고 믿어 마지않는다. 우위에 있기에 통제하고 지시하고 지배해야 마땅하다고 믿는다. 상대방은 순종하고 복종해야 한다. 일이 뜻대로 되지 않아 울퉁불퉁 뒤죽박죽되어도 그저 믿고 따르고 헌신해야 한다. 굶어 죽지 않을 만큼 돈을 줄 터이니 그 돈으로 형제자매 보살피고 자식들 잘 키우고 부모님이 언짢아하지 않게 봉양하되 늘 해맑게 웃어야 한다. 형편이 마땅치 잃아 그나마 돈을 못 주는 일이 비일비재해도 행여 의문을 품거나 불만을 표하거나 사색에 잠기는 것은 스트레스를 받게 하니 금한다.

  물론 여자는 날씬하고 아름다워야 한다. 여성으로서의 매력을 망각하는 것은 허락하지 않는다. 참하고 똑똑하고 아름답되 순종해야 하며 살림 또한 완벽해야 아내의 자리에 알맞다. 백설 공주처럼 아름답고 신데렐라처럼 착하고 콩쥐처럼 일하되 신사임당처럼 자식을 키울 것이며 효부상을 받을 만한 여인이어야 아내에 합당하다. 그래야 비로소 자신이 서 있는 자리가 안전하고 완전하다고 여긴다. 하나라도 마음에 들지 않아 거슬리면 어떤 고난에 놓여도 자업자득이다. 모든 고통과 고난은 아내 탓이다. 아내가 자초했기 때문에 원망은 어불성설이다. 셈법이 그렇다. 스트레스를 받게 한 잘못은 후하게 벌을 주어 단단히 값을 치르게 한다.

  돈으로 가족과 타인을 조종하고 지배하는 권력자는 자신에게 순종하고 복종하면 한 푼 두 푼 주고, 비위에 거슬리면 대가를 치르게 한다. 스트레스를 받게 한 벌을 주며 냉소적으로 바라보거나 고난 속에 버려두고 밖에서 즐거움을 만끽하는 것으로 권력의 맛을 누린다.

  아이러니하게도 미안하다고 말하지 않는 사람이야말로 큰

잘못을 오랫동안 해왔을 가능성이 누구보다 크고 많다. 상대방에게 바랐던 완전함에 비해 그들의 행태는 비루하기 짝이 없다. 오히려 평범하고 상식적인 면을 찾기 쉽지 않다. 안정적인 삶과는 거리가 멀다. 직장을 수십 번 바꾸고, 사소한 인연을 끌어당겨 양껏 바꾸고, 시시때때로 거처를 바꾼다. 어지럽다. 가족에 대한 책임과 의무는 어떻게든 피한다. 아부하고 아첨하는 다디단 말을 가장 아름다운 말로 여기며 유흥을 즐기고 쾌락에 젖는다. 오로지 그들 자신을 위해 살기 때문에 떠나지 못한 가족이 고통을 오래도록 감내할 수밖에 없다. 도덕이 없으니 신도 없다. 느긋하게 천국을 누린다.

'미안하다'라는 말을 하지 않기 위해 회피하는 사람은 호미로 막을 일을 가래로도 막지 못할 만큼 일을 키운다. 제방이 터지는 장면은 맹렬하여 도저히 손을 쓸 수 없는 지경으로 보이지만 제방이 터지는 시초는 작은 구멍으로부터 연유한다. 물경소사(勿輕小事) 소극침주(小隙沈舟)라는 말이 있다. 작은 일을 가볍게 여기다가 배가 침몰하게 되니 작은 일이라고 가볍게 여기지 말라는 가르침이다. 작은 구멍이 뚫리기까지 돌출되고 모난 부분이 계속 부딪히며 타격이 행해진다. 작은 일에도 큰일에도 미안하다는 말 한마디 없이 수십 년을 지내면 구멍이 뚫리지 않고 배길 재간이 있을까.

'미안하다'라는 말을 하지 않는 사람은 대체로 고맙다는 말도 하지 않는다. 자신은 시혜자이지 수혜자가 될 수 없다는 신념일까. 미안하지 않으니 고마운 것도 없다는 확신은 강력하다. 작은 일이든 큰일이든 잠깐의 실례든 오랜 기간의 신세든 개의치 않는다. 아마 나중에 돈으로 보상해주면 그만이지 않겠냐는 무언의 항의가 담긴 도도함일까. 양심의 무게를 느끼면 도저히 견딜 수 없는 현실의 부도덕 때문일까. 잠시 숨을 돌리고 쉬는 것뿐이니 신앙처럼 믿고 기다리라는 암시인 걸까? 그도 아니면 말로 표현하고 나면 위대하고 훌륭하여 추앙받는 자신의 힘이 빠질 거라고 믿는 걸까? 구원자에서 타락한 자로 변모한 자신을 인정할 수 없다는 강력한 힘이 내면에 굳건히 자리 잡고 있기 때문일까?

온 마음으로 사과하면 대개는 용서한다. 나이 지긋한 어른이 되어 용서 못 할 일이 무엇인가. 용서받지 못하더라도 진심으로 미안하다고 말하는 것이 순리다. 용서하든 안 하든 용서를 구하는 것은 인두겁을 벗는 일이다. 큰일이던 작은 일이던 좌고우면할 여지 없이 미안할 때는 미안하다고 하고 고마울 때는 고맙다고 하는 것 이상의 대처는 없다.

사람이 사람답게 살려면 반드시 해야 할 말은 해야 하고, 차마 하지 말아야 할 말은 하지 않아야 한다. 고맙다는 말과 미안하다는 말을 주저하지 않고 적절하게 사용하는 사람이 진정 사람다운 사람이지 않겠는가.

효자로 등극하다

어른에게 남은 자식은 그뿐이다. 딸 셋은 이런저런 사유로 떠난 지 이미 오래고, 진호는 사춘기 이후 함께 산 세월이 채 일 년이 되지 않는다. 서른하나에 본가로 내려왔으나 여기저기 거처를 옮기며 살다가 제법 먼 객지로 떠난 지 꽤 되었다.

어른이 작은아들을 칭찬으로 묶는다.

"우리 진식이가 효자라드라."

효자라는 칭찬은 그가 처자식을 돌보지 않는 대가로 듣게 된 말이다. 아들 셋이 어떻게 자랐는지, 학교를 어떻게 다녔는지, 군대를 어떻게 다녀왔는지 모르는 대가가 '효자' 칭호다.

모친은 볼 때마다 작은아들 내외에게 돈 얘기를 하지 않은 적은 없다. 매주, 매월, 매년 돈 얘기는 그칠 줄 몰랐다. 자식을 낳아도, 자식이 셋이 되어도, 이사를 해도, 이사를 서너 번 다녀도 아랑곳하지 않는다.

매주 식비는 물론이고, 월말이 가까우면 전기사용료 등 각종 공과금을 언급하고, 월말이 아닐 때는 황토 매트부터 김치냉장고까지 리스트가 다양하다. 수십만 원부터 일이백 만 원이 소요되는 목록들이다. 명절과 생신과 각종 대소사는 마땅히 작은아들이 감당할 몫이다. 안 하고는 못 배긴다.

손자들에게 반지 반 돈도, 내의 한 벌도, 장난감 하나도, 책가방 한 개도, 연필 한 자루도 없다. 네 번의 이사에도 화장지 한 통 비누 한 장을 주지 않았다. 아예 들여다보지도 않았다. 삼십 년이 넘는 시간 동안 한 푼을 주지 않고 받기에만 혈안이다.

"보초머리가 없어가꼬, 즈그들은 따신 방에서 잠시롱, 진호는 차가운 방에서 불도 못 때고 자는디 보일러 기름도 안 너줘야? 동구 간에?"

누구한테 하는 말인지 모호하지만 거침없다. 큰딸 귀숙이 아니면 작은아들 진식이 내외가 들으라고 한 말이다. 본데없다거나 버릇없다거나 인정머리 없다는 뜻에 가까운 말일 텐데, 어른은 부아가 나면 다짜고짜 불만을 토로한다. 가끔은 혼잣말처럼 청자를 지칭하지 않고 푸념한다. 가까이에서 듣는 자식이 뜨끔하여 알아들으라는 의사 표현이다. 사지육신 멀쩡한 장남이 홀몸 하나 건사하지 못하는 건 고려사항이 아니다. 마흔이 넘어도 자식 노릇은커녕 본인이 거처하는 방에 보일러도 돌리지 못하는 경제활동은 언급하지 않는다. 맹목적으로 옹호한다. 오히려 아들 셋을 키우며 겨우겨우 생계를 유지하는 작은아들을 무시로 비난한다. 비난으로 착취를 정당화한다. 어른에게는 훈계의 기준이 없다. 무엇이 옳은지 옳지 않은지 모른다. 아니다. 어른에게도 기준이 있다. 어른의 기분과 장남과 장녀의 요구다. 훈계 아닌 훈계다.

어른은 진식이 처자식과 사는 게 마땅찮다. 쉰대여섯 살 아들이 처자식보다 자신과 같이 사는 게 훨씬 낫다고 여긴다. 작은아들과 2년 가까이 지내보니 일생 중 편안하다. 귀가 얇은 진식이 처자식에게 돈을 쓸까 봐 조마조마하다. 처자식보다 자신에게 권한이 크다고 믿는다. 진식이 번 돈을 처자식이 쓰는 건 용납할 수 없다.

"나가 아니었으면 어디 거지가 됐을 것들이."

"나가 아니었으면 밥이나 묵고 산다냐?"

"나가 아니었으면 어디 집이나 있다냐? 거지! 거지도 상거지가 됐을 것들이."

어른이 생떼를 쓴다. 자신이 아니면 사람처럼 살지 못할 아들이라고 몰아붙인다. 아들이 돈을 버는 것도 밥을 먹는 것도 모두 자신의 공덕 때문이다. 앞뒤가 없는 말을 맹신하듯 외친다. 아무래도 자신의 노년이 불안해진 모양이다.

"진식이가 없웅께 쎄뜩(선뜩)허다. 진식이가 집에 없웅께 쎄뜩허당께."

아들이 곁에 없으니 선득하니 쓸쓸하고 외롭다는 하소연이다. 집이 갑자기 서늘하게 느껴지고, 무서워진다는 어리광이다. 아들을 집으로 불러들이는 염불이다. 처자식 곁이 아니라 어미 곁으로 오라는 구조신호다.

평생 옆에 붙들어 매어두던 남편보다 오십 대 중반을 넘어선 아들이 더 필요하다. 이제 구십에 가까운 할아버지는 아까워 벌벌 떨 나이가 지났다. 가만히 있어도 뭘 해도 화만 돋운다. 언짢다. 기분이 좋으면 돈도 잘 쓰고, 엄마 말을 잘 들어주는 자식이 낫다. 오 남매 중 유일하게 돈을 주는 자식이니 귀하고 귀하다. 맨 끝에 두었던 자식이 비로소 찬란하게 빛난다. 어른은 어떻게든 진식을 옆에 두려 한다. 돈을 받아 쓰기도 돈을 누구에게 쓰는지 참견하고 간섭하고 감시하기도 쉽기 때문이다.

"나가 며느리가 있냐? 며느리 하나도 없이 사는 것이 사는 것이 아니여. 나가 어디 며느리가 있냐? 며느리가 있어? 며느리 하나도 없이…."

며느리를 업신여기는데 이보다 강력한 푸념은 없다. 효자가 되고픈 아들 가슴에 불을 지르는 주문이다. 고비 때마다 어른이 두는 수는 먹힌다. 강력하게. 화끈하게. 매끄럽게. 적확하게. 며느리를 압박하든 해코지하든 뭐라도 해서 며느리 노릇을 똑똑히 하게 하라는 훈시다.

"나가 손자가 있냐? 손자가 있으면 머더꺼냐? 통 오도 안 허고. 심부름도 안 허고, 넘보다 못 허제."

수없이 시시때때로 호출하고, 닦달하고, 간섭하고, 무시한 건 모른다.

"싸가지가 없어가꼬. 보초머리가 없어가꼬. 나가 사는 거시 사는 거시냐?"

며느리와 손자들이 효도하지 않아서 자신이 외롭고 불쌍한 노인이 되었다는 푸념은 아들을 흔드는 마법이다. 그러기에 기꺼이 푸념과 하소연으로 아들을 옭아맨다. 고비마다 어른의 푸념과 하소연은 맹위를 떨치고 만다. 원하면 어제든 해코지하고 마는 것을 그는 알지 못한다.

그는 평생 어른에게 효를 행해야 했다. 모친이 항상 효와 희생과 헌신을 요구했기 때문이다. 스스로 효를 행하기 어려웠기에 아내에게 떠넘긴 막대한 책무가 효였다. 부모를 봉양하는 의무는 아내가 어떻게든 해낼 것으로 믿었다. 그러던 그가 드디어 원하고 바라던 효자로 인정받기에 이르렀다. 유치한 효자 코스프레를 넘어, 끝없이 요구하고 몰아붙인 어정쩡한 효도 대행을 넘어, 진정한 효자로 등극한 것이다.

그도 늘 돈이 없다. 건강한 신체도 건강한 정신도 아닌데다,

직업이 스무 번 이상 바뀌었다. 안정적인 생활과 거리가 멀다.

비록 돈이 적을지라도 그가 가정과 자식을 중히 여겼다면 삶이 피폐해질 정도는 아니었다. 애당초 무슨 부귀영화를 누리려 시작한 결혼이 아니다. 서로 위해주고 서로 아껴주고 서로 사랑하기를 바란 결혼이었다.

노동으로도 마음으로도 정신으로도 돈으로도 그 무엇으로도 모친의 요구를 감당할 수 없다는 건 자명하다. 어른에게 효자 소리를 듣고, 착한 아들 소리를 듣는 것은 그리 쉬운 일이 아니다.

그러나 그가 결혼의 가장 큰 비중을 효도에 둔 바람에 그도 나도 자식들도 멀쩡한 삶을 살 수 없었다. 모친이 극히 드물게 남달랐으나 그가 인정하지 않았기 때문이다. 인정하기 싫었기 때문이다.

그는 평생 극심한 양가감정에 휘청거리면서도 모친의 말 한마디면 팔랑개비처럼 맥을 못 추었다. 그를 날카롭게 건드는 가시는 대개 모친이다. 모친이 역정을 내거나 불평할 때마다 전기에 감전된 듯 굵은 가시에 손등을 긁힌 듯 극심한 스트레스를 호소했다.

그가 원하는 건 모친의 역정을 듣지 않는 것이다. 그가 택한 최선의 방편이 아내를 모친 앞에 데려다 놓는 것이다. 남편은 데려다주고 나오는 일이 대부분이다. 같이 머무는 법이

별로 없다. 그 와중에 친구들과 논다며, 스트레스 푼다며, 돈을 벌 기회를 만들어보겠다며 온갖 유희와 쾌락을 탐했다. 오로지 고통은 가족 몫으로 둔 채.

그의 삶은 아들들의 아빠보다 모친의 아들로 산 비중이 월등히 크다. 그가 결혼 후에도 모친과 전혀 분리되지 않았고, 중년이 넘도록 경계 설정조차 못 하는 바람에 평생 처자식과 경제공동체로 살지 않았다. 고통만 감수한 처자식은 비참했다. 즐거움은 타인과 누리고, 고통은 처자식에게 떠넘겼다. 정신적 언어적 경제적 폭력과 모욕을 온전히 겪게 했다. 그가 가해자일 때도 드물지 않았고 방관자일 때는 헤아릴 수 없을 만큼 숱했다. 그는 끝내 밖에서 맴돌지도 모른다.

효자가 되어야 했던 삶이 드디어 완성된 것인가? 효자가 되지 않으면 살 수 없었던 삶이 기어이 어른의 틀에 합당해진 건가? 가정을 등한시하고 자식마저 외면하며 마지막까지 붙든 가치가 효였던가 보다. 그 위대한 가치를 마침내 실현한 모양이다. 아이들을 낳고 키우던 삼십 년이 무색하도록 부모에게 붙들려 본가의 가장 노릇을 했으니 이 시대의 진정한 효자인가?

그는 스스로 효자라 생각할까? 그는 '착한 아들'이 된 게 만족스러울까? 처자식을 돌보기보다 어른 눈치를 보며 산 세월이 행복했을까? 그렇게 살아온 삶이 보람될까?

고춧가루

 모친에게 돈은 상수다. 절대 변수가 아니다. 뭐가 되었든 어른의 관심사는 돈이다. 언제부턴가 작은아들 돈을 틈틈이 받아내는 것이야말로 작은아들의 존재 이유다. 작은아들의 쓰임새는 형과 부모를 위해 희생하고 헌신하는 것이다. 처자식을 돌보며 살도록 둘 수 없다. 어른에게 남은 돈줄은 작은아들뿐이다. 하나 남은 동아줄이자 돈줄이다.
 어른의 관심은 어떻게든 가사에 필요한 돈을 받아내는 것이고, 할 수만 있다면 장남에게 소요되는 갖가지 비용을 받아내는 것이고, 할 수만 있다면 먼 남쪽 나라 여성이 아이를 낳아주는데 필요한 이삼천만 원을 받아내서 건네주는 것이고, 할 수만 있다면 장남의 임플란트 비용을 비롯한 여러 사사로운 돈을 받아내는 것이고, 할 수만 있다면 장남이 자리

잡도록 수백 평 땅도 사 주고, 나중에는 건물도 지어주고 싶다. 어른의 관심은 작은아들 돈을 받아내 큰아들에게 건네는 것이다. 작은아들 어깨에 기대고 등에 업히는 것이야말로 큰아들과 부모가 사는 길이라고 믿는다.

 귀숙에 대한 기대와 희망이 진식에게로 향한 지 오래다. 귀숙이 감쪽같이 사라지고 나자 어른은 오로지 하나의 희망인 양 진식에게 매달렸다.

 겨우 간신히 사는 것조차 버겁던 작은아들이 돈을 제법 쓰는 눈치다. 비집고 들어가 간섭할 틈이 보인다. 어른은 전문가다. 구슬리든 당기든 어른은 고수다. 때마침 작은아들이 새로운 사업 얘기를 한다. 드디어 기다리던 때가 왔다. 어른은 꿈에 부풀고 행복에 취한다. 작은아들이 이미 수십억 돈을 번 건 같다. 보이는 건 다 작은아들 거 같다. 이제야 비로소 공들인 보람을 맛보리란 기대에 들뜬다. 이제야말로 큰아들 앞길을 훤히 열어줄 수 있다. 한술 더 떠 우람한 절도 거뜬히 지을 요량이다. 큰딸에게 바란 꿈을 작은아들에게 시시때때로 간간이 틈나는 대로 언급한다. 그럴듯한 절을 지어놓고 소중한 돈을 쥐고 있으면 공양주가 입맛에 맞게 떠받들 것이다. 그런 노후를 기약하자고 되새김질하며 작은아들을 부추긴다.

 어른은 젊어서부터 띄엄띄엄 절 얘기를 했다. 그러나 결코 절에 들어가지 않았다. 그러기에는 쇠고기를 끔찍이 좋아하고 씨알 굵은 생선을 외면할 수 없다. 갈치며 군평서니며 조기며 병어며 민어는 어찌하는가. 기름진 산해진미를 두고 소박한 절 공양으로 내내 살아갈 엄두가 나지 않는다. 술자리와 친구들과 낭만과 허세를 두고 절에서 지낼 작은아들이 아니다. 술자리 없는 심심한 삶을 어찌 사는가. 철학이니, 마음공부니, 탐진치(貪瞋痴)니, 깨달음이니, 윤회를 공부한다는 것은 언감생심이다. 두 사람에게는 어불성설에 실현 불가다. 가당치 않은 희망 사항이며 그럴듯한 이상향일 뿐이다.

돈 욕심이 많고 보여주고자 하는 욕망이 지대한 어른이다. 꿈꾸듯 기와집을 여러 채 지은 까닭일까? 수백 평 땅을 사고 멋진 건물을 올리는 조감도를 상상해서일까? 먼 남쪽 나라 서른두셋 여성이 아기를 낳아주고 환갑에 가까운 장남이 화려하게 부상하리란 기대가 커서일까? 실망이 크다. 현실로 차마 돌아올 수 없다. 코앞에 다가온 성공이 신기루처럼 사라지는 게 견딜 수 없다. 손안에 든 부귀영화가 연기처럼 흩어지는 걸 그냥 두고 볼 수 없다.

일요일 늦은 저녁, 느닷없이 전화가 왔다.
"네, 어머니, 무슨 일 있으세요?"
"아이, 니가 꼬춧까루 뿌려 뿐냐?"
다짜고짜 고춧가루를 들먹인다. 첫 마디부터 어이없다.
"네? 무슨 말씀이세요?"

"아이, 긍께 니가 진식이 일에 꼬춧까루 뿌려 뿐냐고?"

"제가 뭘 알아서 어떻게 하겠어요? 제가 아는 것도 없고, ○○이가 지금 애들 아빠랑 같이 있는데요."

"긍께. 나가 시방 인플란트도 못 허고. 돈을 주라 긍께 진호한테 받아쓰라 근디. 암만해도 니가 꼬춧까루를 뿌려 뿐냐 근다. 시방."

"어머니, ○○이 아빠가 안 해본 일을 하다 보니 일이 잘 안 되는 모양인데요, 저는 아는 것도 없고요. 아들들도 있는데 제가 뭘 어쩌겠어요?"

"저번에도 ○○이가 돈을 써부렀다고 진식이가 펄펄 뛴다. 얼마나 난리가 났다고."

"○○이가 돈을 그리 쓰게 두는가요? ○○이 아빠가 ○○이 앞으로 대출을 받아서 지금 원금이랑 이자랑 ○○이가 갚고 있다고 그러던데요."

"니가 시방 나한테 퍼붓냐? 퍼붓어? 시방 퍼붓어?"

"어머니, 돈은 제가 잘 몰라요. 그래도 ○○이가 돈을 그렇게 쓰게 두지 않죠. ○○이 아빠가…."

"아니, 니가 저번 추석에 뭔 사진을 안 찍었냐? 뭔 사진을 찍어땅께. 나가 시방 인플란트를 못해갖고 밥도 못 묵고. 시방 근디."

"밑에서 일만 했는데 제가 무슨 사진을 찍어요? 화장실 가느라고 2층에 한 번 올라갔다 온 것뿐인데요. 제가 지금 가서 핸드폰 보여드릴까요?"

"나가 아직 진식이헌테 말을 안 했는디, 나가 말 한마디만 허면 진식이 그 성질에 카만히 있는다냐? 느그 집에 불을 싸질러뿔제. 갸가 그냥 놔둔다냐? 느그 집에 불을 싸질러도 질러뿔꺼시다. 진식이가 알아봐라. 카만히 놔둔가!"

"어머니, 지금 가서 핸드폰 보여드려요? 무슨 사진이 있는지 다 보여드릴게요."

"나가 봤당께. 나가 아직은 진식이헌테 말을 안 했는디, 나가 한 마디만 해봐라. 갸가 그냥 놔둔다냐? 느그 집에 불을 싸질러뿔제. 진식이가 알아봐라. 카만히 놔둔가? 불을 싸질러뿔제. 놔둔다냐?"

"어머니, 예전에 아버님이 병원에 잠시 입원했을 때, ○○이 아빠가 여자 친구를 데려와도 말 한마디를 안 하시더라구요. 저는 '그런 거 아니다'라고 해주실 줄 알았거든요. 저는 친정 아부지보다 오래 아버님을 모셨고, 친정 아부지만큼 아버님을 의지하고 살았는데요."

"그때 그 간네는 그냥 친구라고 안 했냐!"

"그때 ○○이 아빠가 집을 나가 있을 때였거든요."

"염병을 허네. ○○…. 아부지도 없이 커갖고 시방 염병을 허고 자빠졌네."

전화기에서 목소리가 멀어지며 중얼중얼한다. 중간에 미처 다 알아듣지 못하는 말도 섞인다.

자식의 허물을 바로잡지는 못할망정, 부모로서 맞는 말 한마디는커녕, 아버지를 일찍 여읜 것을 탓하고 얕보고 만다. 웬만한 부모들의 상식적인 가르침은 고사하고 패륜을 버젓이 사주하는 모양새다. 언제든 아들에게 한마디만 하면 너희는 끝난다는 협박이다. 진실 여부는 아무런 상관이 없다. 작은아들을 부추겨서 무슨 일이든지 행하게 할 수 있다는 자신감이 중중하다. 얼마든지 부릴 자신이 있다. 참담함을 넘어 참혹함을 넘어 어처구니없는 한계를 느낀다.

역시 사람은 쉬이 변하는 게 아니다. 본성은 쉬이 바뀌는 게 아니다. 반성도 성찰도 수용도 불가다. 세월이 흘렀다고 성품이 느슨해지거나 부드러워지는 것도 아니다. 그토록 슬픈 일을 많이 겪었건만 욕심이 고스란히 남았으니 만사가 무용하다.

"나가 뭐라 글드냐. 카만히 있으면 새끼들 결혼할 때 앉어있으라고 헐 건디. 무담시 건들어가꼬. 나가 뭐라 글대? 니가 잘못했다고 글대? 안 글대?"

어른이 툭 전화를 끊었다. 어른은 기어이 갈 데까지 가고 만다. 아무리 경계를 모른다지만 넘지 말아야 할 영역조차 무지막지하게 휘젓고 만다.

팔십 년이 넘도록 평생을 꿰뚫을 단어는 돈과 이득, 의심과 난성과 폄훼와 단절이라고 할 수 있으리라.

어른은 임플란트 비용을 대신 주지 않으면 아들을 부추겨 사달을 내고 말 거라고 협박한다. 무슨 말을 하고 싶은지 알아들었건만 임플란트 비용에 대해 어떤 응답도 하지 않는다. 매월 삼사십만 원을 쓰건만 돌아오는 건 더 큰 금액이다. 이미 부담이 적잖다. 돈이 드는 것도 만만찮은 데다 어른이 며느리와 손자 편이 아니라는 건 적확하다. 한 여성이자 세 아들의 엄마가 심장이 부서지는 슬픔 속에서 인간의 존엄을 잃지 않으려 안간힘을 쓰건만, 어른은 재미난 구경이라도 난 듯 웃었다. 참담한 슬픔과 참혹한 패배를 전혀 알지 못한다. 깊은 상실을 모른다. 당신에게는 결단코 있을 수 없는 일이건만 며느리에게는 웃음거리에 불과한 사소한 일이다.

아들한테 큰돈을 받을 심산이니 며느리와 손자쯤은 기꺼이 내친다. 어떻게든 아들만 붙들고 있으면 목돈은 어른 몫이 될 테다.

명료하게 한두 마디 의사를 전하려 전화를 걸어 보지만 받지 않는다. 아버님께 전화를 건다.

"나는 암것도 모르겄다!"

수없이 들은 말 한마디를 남기고 전화를 끊는다. 그동안 그 말에 가슴이 무너져 내린 것이 몇 번이던가. 다른 여성과 같이 와서 삼십 분 이상 머물러도 끝내 '그러는 거 아니다'라는 말 한마디 없던 분이었다. 또다시 외면하고 만다. 당신의 안락이 중요하고 아들 눈치가 중요하다는 말을 대신한 셈이다.

가정과 인륜과 천륜과 인품을 명확하게 침범하고 만 어른과 평생 마른자리만 찾아 편안함을 누리던 분을 다시금 확인한다. 두 분은 채 십 분도 되지 않은 시간에 평생을 압축할 언행을 보여주고 만다.

무참하다. 참담하다. 손자들 결혼식 혼주 자리에 누가 앉을지를 본인이 정하는 줄 안다. 띄엄띄엄 놀던 먼 남쪽 나라 물색의 술집 여자라도 앉힐 기세였든가? 가당찮을뿐더러 어림 반 푼어치도 없다. 존중받지 못할 언행이 지속된다면 아비조차 불청객이 되고 말 터이다. 앉을 자리 설 자리나 있을까?

머잖아 어른 생신이 다가왔다. 차마 방문은 할 수 없으므로 용돈을 보냈다. 입금을 확인한 후 호들갑스럽게 전화가 왔다. "자식들이 있는디, 무슨 꼬춧가루를 뿌렸겄냐"고 한다. 화해의 손길인 모양이다.

갑자기 무김치를 담가놓았으니 가져가란다. 그러다가 아들이 집에 들어왔으니 멀리 밖에서 가져가란다. 초겨울 밤바람이 차건만 멀리 큰길가까지 수레를 끌고 와 기다린다. 쇠고기 서너 팩을 건네고 김치를 받아왔다.

막상 보면 안쓰럽고 딱하다. 삼십 년이 넘도록 막상 보면 안쓰럽고 딱했다.

  그는 본가에 갈 때, 기쁜 마음으로 가지 않는다고 불만을 도로한 적이 있다. 웃는 얼굴로 기쁜 마음으로 어른들께 가지 않는다는 것이다. 마냥 좋을 수는 없었으나 막상 보면 딱하고 안쓰러운 마음이 들었으므로 별도리 없이 자식 노릇을 며느리 도리를 하고 살았다.

  이후에 어른이 몇 번 전화를 걸어왔지만, 다시 말을 섞고 싶지 않으므로 받지 않았다. 그 어른을 더는 감당하고 싶지 않다. 차갑고 뜨거움이 널을 뛰는 말을 감당하고 싶지 않다. 포악하게 널뛰는 언행을, 언제든 백팔십도 변하고 마는 그 심성을 마주할 여력이 없다.

  어른은 작은며느리와 이렇게 인연이 끝날 줄 알았을까? 무던하고 마음이 여리니 어르고 달래면 금방 돌아올 줄 알았을까?

  고춧가루는 어른이 작은아들 가정에 뿌린 게 아닐까? 집에 불을 싸지르라고 부추기고 사주하겠다는 말이야말로 고춧가루가 아니고 무엇일까? 손자들 혼례에 간섭하고 개입하겠다는 의지야말로 고춧가루가 아니고 무엇일까?

  '도울 수 있으면 돕고 도울 수 없으면 방해하지 않는다.'라는 방침은 서른일곱 살 이후 줄곧 가슴 속에 머무는 말인 것을 어른은 알지 못할 터이다.

여왕벌의 집

하나의 벌집에 한 마리의 여왕벌이 있다. 오로지 하나의 여왕벌이 벌집에 안주한다. 다른 벌들은 여왕벌과 여왕벌이 머무는 벌집의 안위를 위해 조력하고 헌신한다. 벌은 벌집을 떠나지 않는다. 성체가 되었지만, 모체를 떠날 수 없고, 형제자매 또한, 벗어나지 못한다. 다른 벌집을 모르듯 다른 세상을 알지 못한다. 그저 태어난 벌집 하나만 알고 하나의 여왕벌만 안다. 여왕벌에게는 충성스러운 일벌일 뿐이다.

여왕벌은 여성성을 지닌다. 세상의 은밀한 지배자는 여성이 우세하다. 교묘함은 아무래도 여성이 우월하다. 미묘한 감정을 언뜻언뜻 건드리고 모호하게 경계를 넘나든다. 여왕벌은 엄연히 존재하고, 여왕벌 이미지만큼 적절한 대상도 흔치 않다.

왕이든 여왕이든 지배하고자 하는 욕망은 필연적이다. 대상 혹은 상대방을 통제하고 관리하려 든다. 걸보기에 그럴듯하너라도, 때로는 좋은 사람 같더라도 특이섬은 반드시 있다. 의아한 장면은 머지않아 포착된다.

지배자는 교만하고 거만하며 결국은 착취하고 만다. 유혹하기 위해 꿈을 디밀고 환심을 사기 위해 선물을 안기는 것은 마중물일 뿐이다. 샘물을 퍼 올리기 위해 한 바가지 붓는 마중물이다. 한 바가지의 물로 샘물이 마르도록 끌어 쓴다. 샘물이 마를 기미를 보이면 가차없이 매몰차게 샘을 버린다. 다른 샘으로 갈아타기 전에 이미 다른 샘을 염탐하고 물색하는 것은 마땅한 순서다.

잔인한 지배자는 오로지 자신의 이익에만 관심이 있다. 자신의 손아귀에 돈과 힘과 권력을 틀어쥐려는 욕망은 강력하다. 사람을 통제하고 지배하려면 돈이든 힘이든 권력이든 쥐고 있어야 한다.

그들은 진정으로 남을 위할 줄 모른다. 그들은 진정으로 남을 존중할 줄 모른다. 설령 가족이더라도 그렇다. 아니다. 가족은 더욱더 손아귀에 쥐고 흔든다. 가장 가까운 사람이 가장 만만하기 때문이다. 가족을 기망하기를 주저하지 않는다.

그녀에게 집은 자신만의 왕국이다. 세상 어디에도 없는 완전한 왕국. 오로지 자신만이 통치할 수 있는 백성들이 있는 곳. 전지전능한 자신의 힘을 느낄 수 있는 곳.

　어른은 전문가다. 자식들은 어른 손바닥에서 노는 손오공이다. 귀엽게 놀던 자식들이 손아귀를 벗어났다. 북극성처럼 추앙하던 큰딸을 비롯하여 작은딸과 막내딸까지 이러저러한 사유로 떠난 지 이십 년이 넘었고, 장남은 서른한 살에 내려와서 쉰이 되기 전에 경기도로 떠났다. 이십 년을 채우기 전에 탈출한 거다. 진호가 어른과 같이 산 것은 채 일 년이 되지 않는다. 지근거리에 살며 필요한 도움만 취했다. 어른 손아귀에 완전히 잡히는 자식은 아니었던 게다. 어른 손아귀에서 벗어나지 못한 자식은 작은아들뿐이다. 오십 대 중반이 넘은 작은아들이 아직 손바닥에서 논다. 어른은 아직 희망에 들뜨고 여전히 푸른 꿈을 꾼다.

　어른에게는 돈이 신앙이다. 처음에는 큰딸이 돈이었고 느지막이는 작은아들이 돈이다. 그것으로 족하다. 그만하면 됐다. 평생 기름진 산해진미를 먹었고, 평생 걸리적거리는 사람이 없었고, 평생 나오는 대로 말하고 내키는 대로 행동하고 살았으니 원도 한도 없다. 최고의 권력자도 누리지 못할 자유를 어른보다 더 누린 사람이 어디 있으랴. 거칠 것이 없이 휘휘 휘젓고 걸릴 것이 없이 내지르며 산 세월이다. 누가 그런 세상을 여든이 넘도록 살 수 있던가.

　그 집에는 여왕벌이 산다. 여왕벌이 지배하는 집이다. 여왕벌에게 꿀은 돈이다. 여왕벌에게 돈은 힘이고 권력이다. 지혜기 아니고 인품이 아니고 배품(拜稟 : 윗사람에게 공손하게 여쭙거나 아룀)도 아니고 베품도 아니고 인정(人情)도 아니다.

　어른은 불교를 종교라 했으나, 교리는 알지 못한다. 오래 다닌 절도 없고, 오래 숙고하는 화두도 없다. 돈오돈수(頓悟頓修)도 돈오점수(頓悟漸修)도 아는 바 없다. 조계종도 천태종도 태고종도 진각종도 관음종도 법화종도 법상종도 대각종도 여타 어떤 종단에도 속하지 않는다. 불교보다는 무속에 더 가까우리라. 어른이 누군가를 따른다면 이보살이나 약도사 할아버지 정도다. '사람을 죽일 수도 있고 살릴 수도 있는' 약도사가 한갓 절에서 배움을 구할 텐가. 이미 모든 것을 알고 있어서 '세상에서 나를 가르칠 사람이 없다'라고 쉰 살 전에 공언한 어른이다.

　귀숙에게도 나르시시스트의 향기가 아주 짙게 풍긴다. 귀숙의 나르시시스트 성향은 스무 살이 넘으며 발현된 것 같다. 일본말을 배워 일본 남자들과 해외여행을 다니며 명품 선물을 받다 보니 연예인 못잖은 자존감으로 무장된 듯하다. 그러니 집안 곳곳에 대형 액자 사진을 배치하여 자신의 왕국을 만들었던 것 아닐까? 그러니 ≪여성중앙≫과 ≪주부생활≫에 보기 좋은 인테리어 사진을 도배하고 거짓으로 버무린

기사를 신지 않았을까? 정말 그렇게 살고 싶어서. 정말 그렇게 될 것 같아서.

어른의 나르시시스트 성향이 먼저였을까? 귀숙의 나르시시스트 성향이 먼저였을까?

아무리 보아도 두 사람은 나르시시스트 성향이 강하다. 자기 얘기만 한다는 점에서, 다른 사람의 말을 전혀 듣지 않는다는 점에서, 자신들이 위대하고 특별한 존재라고 여긴다는 점에서, 성공에 대한 지나친 집착을 지녔다는 점에서, 자기중심적이라는 면에서, 착취적이라는 면에서, 공감 능력이 없다는 면에서, 지배하려는 욕구가 아주 강하다는 면에서, 경제적으로 주변인을 괴롭힌다는 점에서, 결코 사과하는 법이 없다는 점에서, 인간관계를 피상적으로 맺고 끊어내기를 반복한다는 점에서, 인간관계의 체계가 없다는 점에서, 합리성과 거리가 멀다는 점에서, 상식을 배제한다는 점에서, 특별한 능력과 권한이 있는 줄 안다는 점에서, 거짓말을 잘한다는 점에서, 말 바꾸기를 잘한다는 점에서, 논점이 없거나 논점을 흐리거나 논점을 뒤섞는다는 점에서, 남 탓을 잘한다는 점에서, 자신의 성취에 황홀하게 취한다는 점에서, 대접을 받으려고만 하고 타인을 대접할 줄 모른다는 점에서, 이기적이라는 점에서, 인간성이 파괴됐다는 점에서, 거만하다는 점에서.

여러 장면에서 그들은 자기애성 성격장애라고 판단해도 무리가 없을 언행을 한다. 나르시시스트의 범주에서도 상당히 진한 향기를 뿜는 상위 범주에 있지 않을까 싶다.

여왕벌이 집을 황폐하게 하여 마침내 집이 비었다. 일벌들이 하나둘 쓰러지고 하나둘 떠난 까닭이다. 아흔에 가까운 남자 하나만 곁에 둔 채 혼자 남은 여왕벌은 썰렁한 집에서 무슨 꿈을 꿀까? 단박에 수십억 돈을 벌어줄 아들을 기다릴까? 수십억 돈을 들고 올 귀숙을 기다릴까? 장남에게 수백 평 땅을 사 주고, 건물도 지어주고, 큰 나라 여성에게 자식 낳아줄 돈도 주고, 웅장한 절도 짓고, 씹기도 전에 살살 녹을 쇠고기를 꿈꿀까? 여든이 훌쩍 넘었지만, 아들도 며느리도 손자도 쥐고 흔들 꿈을 꿀까?

여왕벌이 좌지우지하는 공간이 오래오래 아름답던가. 여왕벌이 행세하는 집단이 합리적이든가? 여왕벌이 판치는 집단이 멀쩡하든가?

한 사람이 지배하는 사회에서 골고루 존엄하기란, 두루두루 행복하기란, 더불어 평온하기란 허망한 기대에 불과하다. 한 사람의 지배자가 꽤 훌륭한 인격체라 할지라도 언제까지나 어디에서나 지혜로울 수 있던가. 위대한 인격체는 지배자가 되려고 안간힘을 쓰지 않을뿐더러 힘으로 누르지 않고 어떤 수단으로 통제하지 않는다. 위대하지 않더라도, 뛰어나지 않더라도, 존재 자체를 존중하며 공존하고자 하는 사람들이 있기에 세상은 아름다움을 보존해왔다. 여왕벌은 곤충의 세계에서만 뽐내도 충분하지 않을까? 여왕벌처럼 윙윙거리는 날갯짓을 굳이 사람 사는 세상에서 볼 까닭이 있을까?